# 企業家の論理と体制の構図

——税制過程に見る組織と動員——

渡部純著

木鐸社刊

dedicated to K & M

# 緒言

今日、日本の政治・行政・経済は、様々な面で大きな揺らぎに直面している。戦後日本の体制的特徴として長らく言及され続けてきた自民党優位・官僚優位・大企業優位といった諸要素は、強い批判にさらされ、また変化を余儀なくされつつある。本書は、このような揺らぎが何に由来し、また、それがいかなる変化を指向するものであるかを考察することを目標に、日本の政治経済体制上の特徴を理論的に明らかにするという意図をもって構想された。

本書はイシュー・アプローチという政治学的な手法を用いて、この課題に接近する。この手法は、ロバート・ダールや大嶽秀夫の業績に見られるように、権力構造や経済体制といったマクロな問題を、政策決定のミクロなプロセスから示唆し得るという点で魅力的なものである。

本書では、一般消費税・売上税・消費税などの大型間接税導入という政治的イシューを、特に中小企業の動きに着目して分析し、次のことを明らかにする。

第一に、売上税の失敗（さらに遡れば一般消費税の失敗）と消費税の成功という対照で知られる政治過程は、実はいずれも極めてよく似たパターンを踏んでおり、言わば相似形を示しているということ（これは税制改革過程の理解に新たな解釈を提出するものである）。

第二に、これらの政策決定に大きな影響力を与えたと思われている中小企業は、いずれの過程においても業界団体としては政治的な動員力を持たず、政策決定過程に対する影響力は弱いということ（これは業界団体の圧力によって日本の政策過程が左右されているという見方に留保を求めるものである）。

第三に、中小企業者と自民党政治家との関係は、業界団体を経由せず地域的・個別的なものであり、日本の中小企業はむしろ政治的・経済的に自立性・独立性を持つこと（これは日本の経済体制が規制・保護によっているという主張に対する一定の批判を含意するものである）。しかし彼らの自民党支持の傾向は一貫して強いものであること（これはそのような自民党への強い支持が保護・利益誘導の見返りとしてなされているのではないことを示すものである）。

本書は、分析にあたってまず第一章で差別化という概念を軸にした市場及び企業類型のモデル（それは企業論であると同時に、一種の資本主義論にもなっているはずである）を用意する。

その枠組に基づいて第二章で事例研究を行なった後、第三章では、第一章で提示した差別化という概念を、マックス・ウェーバーの資本主義論を転用した分析枠組に再構築して、これら中小企業に見られる独立・自立志向を位置づけ直し、無差別化と動員という理論的観点から日本型体制の特徴とそれを支えてきた権威体系の構造を明らかにする（それは一種の近代国家論にもなっているはずである）。

政策決定過程研究としての本書の方法的特徴は、企業間の政治的・経済的組織形態という観点から影響力の分析を試みているというところにある。現在の政策過程研究は一般に、政策過程を多元的なアクターの離合集散の場とする見方を大前提としているため、逆に、政策決定において取り上げられ考慮される利益が分別されるときには、それを要求するアクターが社会的実在として当然に存在するはずと見なす傾向がある。アクターの持つ影響力の強弱はそれが求める政策の成否から推定されるため、ある社会集団を代表すると称する（或いは、目される）者が政策過程に登場して、その集団を利すると目される政策が実現された場合（或いは、その集団を害すると目される政策が阻止された場合)、その集団の政治的影響力が発揮されたと推定されることになる。このような判断は、そのような社会集団が一つの利害の下に結集し組織化されていてその利益の実現を目指して行動しているという想定を当然に前提する。利害を共通にするものが一つのアクターとして同定されるため、一つのアクターとしてカテゴライズされるなら利害を共通にしているものと見なされやすい。本来、ある社会集団が実際に利害を同じくし一つの意思を持った一個のアクターであると見なし得るかは、政策過程とは別に社会過程分析を俟たねばならないはずであるが、政策決定過程分析は精度の高い研究を行なおうとして分析対象を政策過程に極力限定しようとするため、政策過程の外部にある要因が等閑に附されることがままある(これは政策過程を市場のアナロジーで捉えることにともなって生じる問題である)。

他方で、政策決定担当者は、決定過程の外部に存在する社会集団を、政策へ圧力をかける存在という観点のみから見る傾向があり、その社会集団の組織力・影響力を過大に見積もることがある。外部からの「圧力」についてのその言説も政策決定担当者が自己の決定を正当化するために用いるレトリックであることもあり得る。政策決定過程研究者も政策過程に視野を限定することによってしばしば無前提に政策決定担当者と観点を同じくしてしまうことがある。

これに対して本書では影響力の強弱は企業間組織の形態によると位置づけている。従来の政策決定過程分析が政策の成否からその社会集団の組織力・影響力の強弱を測定しようとしてきたところから論理を逆転させ、本書では理論的に推定される組織力から政策の成否を予想するという方法を採った(本書の事例研究は、このような理論的な問いの設定によって行論が誘導されているため、時系列を逆転した倒叙法となっている)。本書はこれによって政策過程を社会過程の「文脈」の中に置き、政策決定担当者とは異なる視座から、政策過程の言わば「ゲシュタルトチェンジ」を試みようとするものである。そしてこの組織力という点からその組織形態が持つ体制論的含意を検討する。

企業間組織の形態・市場の組織的編制を重視しているという点では、本書は近年の政治経済学に特徴的な新制度論的な発想を踏まえている。本書の理論的方法は、差別化追求という経済的な行動に着目して、経営主体の組織選好・政策選好のモデルを立て、理論的に一元的な演繹の系を作ろうとするものであり、政治的アリーナにおける経営主体の行動も、経済的合理性の観点から解釈される。つまり、政治的領域も経済的領域も区別なく統一的な論理によって理解され、この点では、本書は、政治という世界の固有性を主張していない。このような方法は合理的選択制度論に近接するところがある。

しかし、本書では、経済的行動の合理性を方向づけるものとして、それ自体は非合理的な要因が関与していることに着目する。本書の最終的な狙いは、その要因を、言わば「転轍手としての理念」として剔抉することにある。この点で本書はむしろ理解社会学に連なるものである。政策過程の次元では国家（および政治）の固有の論理は解体され、社会に対抗・対立する存在としての国家は理論射程から一旦は消失する。しかし、そのように理論構成することによって、経済的合理性を導く権威として国家が抜きがたく関与していることが逆に明らかになる。

迂遠な道ではあるが、本書はこのような方法を採ることで、国家や権威という政治学の伝統的テーマが政策研究の領域でも扱い得ることを示そうとするものである。現代日本政治研究は、一九八〇年前後の、村松岐夫・大嶽秀夫・猪口孝ら所謂「レヴァイアサン・グループ」の登場以降飛躍的に向上したと言えるが、九〇年代に入ると国家・体制といったマクロな問題は正面から取り上げられなくなりつつある。本書はレヴァイアサン世代以前の、所謂戦後政治学的な問題関心を、現代政治学に（再）接合しようとした試みであるとも言えよう。

本書に結実した研究は一九九三－一九九七年度の日本学術振興会研究奨励金および文部省科学研究費補助金に支えられるところが大きかったことを付記する。

目次

# 第一章　中小企業の保守支持

## 第一節　体制と中小企業

### 第一項　中小企業の影響力と自民党への支持

現代日本の体制と言うとき、直ちに想起されるのは、官庁や大企業といった大組織であろう。中小企業は、これらに従属する存在であり、体制的には周辺に位置すると見なされてきたと言える。しかし、日本の中小企業の多さは先進資本主義国の中でも際立っており、それは日本政治経済体制上の特徴とされてきたところと深く関わっている。(一)政治的には、自民党の長期政権は、大企業の利益とともに、旧中間層の利益を保障することで成り立ったとされる。日本には、様々な中小企業政策があり、また、その中小企業経営者・自営業者に一貫して相当程度に強い自民党支持が見られるところから中小企業政策が自民党長期政権を支えた一つの鍵であり、そこには日本の政治構造のある特徴が示されているのではないかと考えられている。(二)また、日本の市場構造については、一方での大企業による寡占状況と他方での多数の中小企業の存在、そして、縦と横の系列関係の存在というところが特徴として指摘されるのが一般的である。このように中小企業は、日本の政治経済体制のキィストーンとなっているにも拘わらず、このような関心から中小企業を論じた政治学的研究の試みは未だ十分なされていない。本書は中小企業に焦点を当てることで、今日の日本における大組織優位の体制の論理を逆に明らかにしようとするものである。

現在政治学においては中小企業は圧力団体として論じられることが多い。中小企業・中小企業団体が選挙に際して「集票マシーン」として機能するという言い方は、マスメディアでも散見されるが、多くの政治学者もそのような「集票力」から、中小企業は政府・自民党に対して大きな影響力を持ち、それ故、多くの保護優遇政策を獲得してきたと指摘してきたのである。

この論点は単なる政党支持の次元に止まらない議論の広がりを持つ。日本と同様に中小企業の多い国であるイタリアやフランスでは、戦後これまで旧中間層による急進的な政治運動がいくたびか起こっているが、戦後日本の政治社会においてはそのような急進化が見られず、中小企業の保守支持の強さは、このような体制内化という特徴の現われであるとも考えられるからである。

本書は政策決定過程の分析によって、中小企業経営者が強い保守支持の傾向を持ちながら、しかし、これまで一般的に思われていたところとは異なり、その政治的影響力は小さいことを明らかにする。(三)そしてこのような中小企業の存在によって特徴づけられるのはいかなる体制なのかを解明することを目指す。

本節ではまず、これまで体制論において中小企業がどのように扱われてきたかを概観する。

## 第二項　二重構造論

日本における中小企業の多さという問題は、長らく、寡占的大企業と多数の中小企業の併存状態、「二重構造」として検討されてきた。この問題はとりわけ、高度成長の前半期に顕在化したものであるが、問題自体は既に戦前からあったと言われている。(四)

その最も代表的な説明は次のようなものである。(三五)

現象としての二重構造は二つの面からなる。一つは大企業・中小企業・零細企業間に賃金格差が存在するということであり、もう一つは、非常に多数の就業者が低位の規模に集中しているということである。

このような状況は日本が遅れて近代化をスタートさせたという事情に由来する。先行諸国が開発した技術を一挙に輸入・模倣して作り上げられた近代的部門と、在来型の企業からなる前近代的な部門が同時に存在するということが、この二重性を生み出している。イギリスなどの先進国では、近代的産業と前近代的産業に二極集中することはなく、また、今日の途上諸国にも戦後の日本のような傾斜をもった規模別賃金格差は存在するが、大企業と小企業がともに一国の経済の中でドミナントな比重をもって相対峙しているのは日本だけであり、そして中小企業に対する大企業による「しわ寄せ」「収奪」が特に日本で他国よりはっきりした形で現われているとされる。

この二重構造論は労働市場・生産物市場・資本市場を一括して分析対象とするものである。まず労働市場については中小企業と大企業の労働市場は切断されているとする。大企業では終身雇用制度・年功序列賃金制度により勤続年数に応じて賃金が上昇し、企業別労働組合の存在が中小企業の低賃金労働者の侵入による賃金水準の切り崩しに対する防壁となる。これに対して中小企業の側では労働力が過剰であり、過剰労働力の重圧が賃金カーブの上にのしかかるとされる。

資本市場では、遅れてスタートした国が先進国に追いつこうとするために資本集中がなされ、大企業に融資が集中し、資本労働力比率（資本集約度）の格差が生じ、そこから生産性格差が生まれ、それによって賃金格差がもたらされるとされる。英米では企業の設備資金は基本的に自己資金であるが、日本では、商業金融が巨額の設備資金を貸すので、大企業側では利用し得る資金は巨額で、それだけ中小企業との格差が拡大するとされる。

生産物市場では、寡占価格と競争価格の乖離が生じるとする。寡占的な大企業においては生産性が向上しても、価格の硬直性と労働組合の圧力から、それは賃上げに吸収される。競争的中小企業では過当競争が存在するために、生産性の上昇は値下がりに吸収されてしまう。さらに、大企業が中小企業を下請けに使用し、自己の系列に押し込めば、所謂「しわ寄せ」現象が賃金格差をさらに拡大することになる。

このような二重構造の形成の時期については、篠原三代平は一九二〇年代以降に賃金格差が拡大したと言う。労働市場では、この頃には重工業が比重を拡大しつつあり、軽工業の不熟練工が過剰気味であるのに対して、重工業の熟練工は不足していた。大企業は熟練工を終身雇用・年功序列賃金制の下に抱え込もうとした。不況の長期的進行と組み合わさり、熟練・不熟練間の賃金格差、重・軽工業間の賃金格差、大・中小企業間の賃金格差が拡大した。

生産物市場では、一九二〇年頃から一九三一年までで卸売物価指数は約半減している。大企業の寡占価格と中小企業の競争価格のシェーレ（鋏状価格差）が拡大し、中小企業の生産物の価格が下がれば、それは中小企業労働者の賃金にしわ寄せされざるを得ない。

資本市場では、相次ぐ金融恐慌で第一次大戦後は中小の金融機関は殆ど倒産・合併しており、融資は大企業に相対的に集中することになった。この時期に企業の合併・カルテルの形成などを通じて集中が進行した。

しかし現在では、このように日本の経済体制を二重構造として理解することに対しては様々な批判が寄せられている。[六] 清成忠男や中村秀一郎は高度成長の後半期には規模別賃金格差は縮小していると指摘する。もともと二重構造論は、農村からの余剰労働力の流出が低廉な労働力となることを前提にしているが、清成らは、労働力がとりわけ一九六〇年代後半以降逼迫しており、この前提が失われていることを指摘している。[七] また、他方では、大企業部門と中小企業部門でのキャリアパスの違いからすると、規模別に賃金格差を比較するということは意味

が大きくないのではないかという指摘もある。(八)

下請け・系列関係については、収奪・しわ寄せの回路として見るのではなく、双方の合理的な選択の結果であるとする見方が有力になってきている。この立場は大企業と中小企業の間に依然として存在する下請関係を説明するのに、下請側の能力が高いことを強調し、この関係は一方的なものではなく、相互依存的なものであると見る。とりわけ、新制度論的な解釈は、取引コスト・内部組織の経済学という観点から日本型の企業間関係を合理的なものとして解釈しようとしている。(九)つまり、大企業が内製化しない理由を考察し、それは大企業にとっても、中小企業の側にとっても有利であるからだと考えるものである。独立させることで活力を確保でき、新規分野への進出も容易になるとする。(一〇)

さらに、このような中小企業と大企業の共存的な関係を特殊日本的な問題として見るべきではないという主張がある。遅れて近代化に乗り出した国が資本主義化を図る場合に共通に発生する現象ではないかという指摘や、また、先進資本主義国の中でも中小企業部門が重要な役割を果たしているとする議論がある。(一一)

二重構造論は、中小企業は零細で競争力に欠け、没落衰退する存在であるという伝統的な理解に基づくものであり、それに対してこのようなリヴィジョニストたちの議論は、活力ある中小企業こそが日本の中小企業の姿なのであるというところを強調するものである。彼らは生業的で零細な中小企業が残存していることを否定するものではないが、生業的なままではもはや存在し難くなっているし、存続し得ているということ自体がその企業が非生業的であることを示していると考えるのである。(一二)

# 第三項　近代化と旧中間層の解体

以上のような中小企業をめぐる論争を考えるためには、その前提に経済の発展段階論的な想定があったことに注意しなければならない。従来政治経済学においては、中小企業の存在は、旧中間層の問題として理解されてきた。マルクスとエンゲルスはその『共産党宣言』の中で、旧中間層の没落の運命について次のように述べる。「これまでの下層の中産階級、即ち小工業者、商人および金利生活者、手工業者および農民、これらすべての階級はプロレタリア階級に転落する。それは、ある場合にはかれらの小資本が小工業の経営には足りず、もっと大きな資本家との競争に負けるからであり、あるばあいにはかれらの熟練があたらしい生産様式によって価値を奪われるからである。こうしてプロレタリア階級は人口のあらゆる階級から補充される」(一三)。これは、資本主義経済の発展によって、社会が資本家と労働者の二極に分解していくであろうという予測に基づくものである。

このような旧中間層の解体という判断は、二つの論理から成り立っている。第一は、小資本は大資本に対して優位に立てないということである。それ故、大企業による独占が進行するであろうと見なされる。第二は、伝統的身分の解体ということである。世襲的な職業継承が終焉し、ギルドが解体すると考えられている。ここでは、機械化によって労働が単純化するという判断があり、それによって、労働の代替可能性が高度に実現し、即ち労働力の無差別化が生じると考えられている。

マルクスらの二大階級への分極化の見通しは、少なくとも単純な形でそのままには実現しなかった(一四)。ただ、マルクスらの二項対立の図式は、それぞれの項に即して見ると、そこでは同質化が進展するという指摘である。あくまでも人間存在の同質性を前提にした上で、それがその持つ財産という形式的な存在によって、二分類されるというものである。[二五] プロレタリアートとブルジョアジーとの間の境界は固定的なものであると見たにせよ、プロレタリアートはプロレタリアート相互に無差別であり、ブルジョアジーはブルジョアジー相互に無差別であると考えられていた。[二六] このように相互に無差別な存在であるからこそ、それぞれの項において労働力の集中・資本の集中が起こると考え得るのである。大塚久雄は、近代市民社会は農民層の解体によって出現したと言う。[二七] 旧中間層である農民層の解体によってブルジョアジーとプロレタリアートがともに析出したとするものである。マルクスらも、近代社会における産業発展が身分を解体し中間団体を消滅させ、社会内の——二元的な——同質性を拡大させると見ていた。このようにマルクスらの指摘の中で社会の同質化の進展という点に着目すると、この議論はその後の近代化論と接合される。

　フランス革命がギルドを解体しそれに代わる個人主義と平等の原理を掲げ高らかに宣言したように、近代社会は何より身分制を解体し中間団体を消滅させた上に設計されている。社会の構成原理は「身分から契約へ」転換した（H・S・メイン）。近代社会においては、人間は「生まれ」「身分」によってではなく「契約」によって律せられる。契約はただ当事者間で合致した意思にのみ由来する。ここでは、ただ当事者がその目的を実現すべく明示した自由な意思のあり様のみが、その意思の所在を外形上測定し得る形式性・計算可能性に即して問われるのであり、当事者は意思主体である限り、その明示した所を以て尊重される。ここには契約の非人格性という本質が示されている。近代国家もまたこのような「契約」（の擬制）の上に成り立っている。

　産業化の進展とともにこのように、計算可能な基準に基づく合理化が進展し「脱魔術化」（エントツァウベルング）が実現される。これは人間の評価基準が「属性」の価値から「機能」の価値・「業績価値」へと転換したことを示すものでもある。[二八] もとより個人間には様々な差異はあり、ここで均質化・同質化というのは、完全な平等化ということではない。それは労働力或いは財産として数量的に表現された上で相互に代替可能な存在となったということである。

そして一九六〇年前後の産業社会論は、産業の高度化がマルクスが想定した階級対立の線をも消し去り、一元的に同質な社会の出現を謳ったものであった。(一九)

このような同質性の実現は、大企業の優位を主張する根拠の一つにもなっている。同質な労働力であれば、それを如何に合理的に無駄なく利用できるかにその産出の大小はかかってくる。このように、規模の経済が効果的であるとするものがフォーディズムである。(二〇)

以上のような発展段階論的前提が、中小企業の「残存」は何らかの「跛行性」「特殊性」の徴憑であると見なす判断を生み出したのである。

## 第四項　体制の引証基準としての旧中間層

産業化の進展が社会の同質化・大組織化をもたらすという理解を前提にすると、解体されるはずの要素の残存形態からそのヴァリエーションとして比較体制論を行なうことが可能になる。旧中間層（的要素）が、何らの理由で合理化されず残存したためにファシズム体制が生じたと考える議論が典型的なものである。(二一)

日本では戦後長らくファシズム論が社会科学的関心の中心にあった。その批判的研究の前提には、近代的市民の不存在という観点がある。近代主義者と呼ばれた戦後社会科学の主導者たちは、ファシズムを、日本における近代的エートスの不成立として論じ、日本の近代化のためには、自立的個人のエートスが必要であると強調した。彼らは近代社会のメルクマールが（形式的）合理性の貫徹にあると見なし、その不徹底がファシズムを生んだと見た。彼らにとって、自立的個人とは、旧中間層を拘束しているような封建的身分制的な秩序や意識からエントツァウベルングされた主体にほかならない。このように近代主義者においては特に政治意識の面で旧中間層的要素が日本ファシズムを特徴づけるものとして引証されている。(三一)

経済体制論という点からは、ハーバート・ノーマンは明治維新を、商人と封建的要素の連合と性格規定し、それにより農村の貧困と中小零細企業が多数残ることになり、これが日本のファシズムを招来したとする。また、大塚も、農民層が十分解体しない状況で上からの近代化が図られたために、旧中間層が残存し、これがファシズムをもたらしたとする。近代化を下から自発的に実現するためには、その担い手として自立的なヨーマンリー層が想定されていた。(三二)

このようなファシズム論は、その後の日本において、長らく日本政治および日本社会を捉える上での引証基準となった。日本についての前近代的なイメージ、他の欧米諸国に比べて劣ったものであるというイメージに基づく発想方法の残存は、このようなファシズム論のイメージの根強さを反映している。そして、農家と自営業者・中小企業に支えられる自民党という捉え方は、旧中間階級に支えられた保守政党というイメージとして、直ちに自民党体制と戦前・戦中的体制との連続性を想起させるものともなった。(三三)

旧中間層の「残存」の仕方が体制の在り方を規定しているとする見解は上で見たようなファシズム論に端を発しつつ、今日の先進資本主義国分析としても行なわれている。その代表的な例は、エスピング-アンデルセンのものである。彼は労働と農民（＝旧中間層）の連携の成立がスウェーデンにおける社会民主主義体制の成立にとって重要であったとする。(三四)

# 第二節　政策による動員

## 第一項　中小企業保護政策

中小企業の多さという日本の体制上の特徴は、政策過程にも当然何らかの形で現象するものと予想される。政策過程の特徴としては、多種多様な中小企業政策の存在を挙げることが出来、そこに着目することで日本政治の特徴を明らかにしようという試みがなされている。特に自民党の代議士は族議員となって中小企業などの業界団体への優遇措置を実現することで、関連する業界団体を自己の後援会に組み込んでいると考えられており、圧力団体としての中小企業団体とその媒介たる族議員が日本の政治過程で強い影響力を発揮しているという叙述は様々な場面で広く見られ、これが日本政治のひとつの固定的なイメージとなっている。[二六]

政治学の立場から中小企業保護優遇政策を取り上げて分析したものに、ケント・カルダーと建林正彦の業績がある。[二七] 彼らはともに中小企業への保護優遇政策が危機時に採られたものであるとする。

カルダーが日本に特徴的な中小企業政策として挙げていくのは、政策金融の数々、優遇税制、輸出振興、流通規制、自動車部品工業や工作機械工業の支援、不況部門の合理化、といったものである。そして、このような中小企業政策が日本に多くの中小企業を存続させ、また、とりわけ、流通部門では〝能率の悪い〟〝肥大化した〟多数の中小企業を保存することになったと指摘する。彼はまた、このような非能率で不合理な産業部門が、他方で余剰労働力の吸収装置となったため、政府は失業問題をあまり気にすることなく輸出部門の振興に邁進できたと言う。

彼は、日本では、様々な弱者保護政策が政治的な危機時に多く採られたと主張しており、中小企業政策はその最も典型的なものとする。彼が日本政治の危機時として挙げているのは、ドッジラインによる一九四九―五四年、安保問題による五八―六〇年、左翼伸張・オイルショック・ニクソンショックによる七一―七四年である。

建林は小売流通政策について類似の政策変化のパターンを提示している。彼によると、日本の小売流通政策には規制の時期と緩和の時期がある。これはこの分野では業界と監督官庁（通産省は六〇年代から近代化政策を指向している）の間で不一致があり、その間に立つ「中間組織」たる自民党がキャスティングボートを握ることになるためであるとされる。この小売流通業界では、近代化部門と伝統部門が競合しており、部門毎の助成による伝統部門の保護という（自民党本来の）やり方は採れない。自民党は政権党として産業政策を進めなければならないので、安定期には近代化政策を採るが、危機のときには業界からの圧力に応じて保護政策を採ることになる。ただし、中小小売店の政治力は圧倒的ではないので、それへの保護を与えるかどうかは、政党間の競争関係や利益集団の関係によって決定づけられたと言う。

具体的には、戦後すぐ（一九四五―五五年）の自由競争の時期、五六―六一年の新百貨店法などの中小小売商保護の時期、六二―七三年のスーパー規制を行なわず流通近代化が図られた時期、七四―八九年の大店法成立に代表されるスーパー規制の時期、九〇年以降の日米構造協議を受けた規制緩和の時期、というようなサイクルが示される。[二八]

政党間競争の激しい時期に旧中間層対策が拡大するということは、それ自体はあり得ることである。[二九]だが日本では、同じ旧中間層を対象にしたものでも、農業政策と中小企業政策の間に或る対照が存在することに注意が必要である。米価政策と農地政策を中心とする農業保護政策は六〇－七〇年代で一貫しているのに対して、中小企業に対する保護優遇政策の拡大は、とりわけ七〇年代に進展しており、[三〇]同じ旧中間層への対策とは言っても両者は同様に進展したわけではない。[三一]六〇年代の中小企業政策は、高度化政策を中心とするものであって、必ずしも、保護優遇政策ではない。[三二]

農業政策での連続性と対比すると、中小企業政策の不連続性は、むしろ自民党からすると中小企業からの支持を安定的に期待できていないということを示しており、また中小企業は政治過程に十分に組み込まれていないということを示しているとも考え得る。[三三]

これらの中小企業政策に着目した議論は、当然、中小企業に対する保護優遇政策が自民党の政権基盤の確保に寄与するという判断（が少なくとも自民党内にあること）を前提にしているが、これらの保護政策が中小企業の数の保存と自民党への支持調達にとって実際にどれほど効果的であったかは必ずしも明らかではない。自民党支持者の職業構成比を見ると、自民党支持者内での商工業者の比率は六割程度で一貫しており、これらの施策と支持率の高低は必ずしも相関を見て取ることができない。[三四]このことは政治家の状況認識と統計的なデータとのズレと考えることも出来るが、保護優遇政策の効果の検証のしにくさを示すものでもあり、これはそもそも中小企業保護政策なるものの意味が理論的に検討されていないことに由来する。

保護政策と呼ばれるものの内容の曖昧さは、例えば、建林とカルダーのズレとしても見ることが出来る。建林は、保護政策の反対局面にある政策として合理化政策を挙げている。ところが、これに対して、カルダーにおいては、中小企業政策と言うとき保護政策と振興政策の区別が明らかにされていない。振興政策は中小企業の合理化・規模拡大を指向するものであって、建林の言う合理化政策にほかならない。カルダーは、日本の中小企業政策が〝能率の悪い〟〝肥大化した〟流通部門を存続させたと言うが、しかし、彼は同時に、その中小企業政策が自動車工業や、とりわけ工作機械工業の発展をもたらしたとする。同じ中小企業に対する手厚い政策が、一方では合理化を抑制し、他方では合理化を促進しうるという矛盾についての言及はカルダーにはない。カルダーはこの双方の局面を含むものとして中小企業優遇政策を捉えるようであるが、合理化促進政策は、建林が保護政策と対置して示したように、場合によっては中小企業側からの反発を受け得る施策なのである。[三五]

中小企業保護政策を成長促進政策と区別できないとする考えはあり得る。例えば、有望産業を、初発段階において――国際的競争力を持つに至るまで――競争圧力から保護することは、成長促進政策の重要な一面である。だが、保護政策と合理化政策の違いをここで重視せざるを得ないのは、言うまでもなく、保護優遇政策が中小企業の政治的な動員と結びつけて考えられているからである。[三六] 優遇政策が中小企業の合理化を可能にし、成長を可能にしたとしても、それが――少なくともその途上において――中小企業者の反発を受けるものであるとしたら、その政策は政治的な支持調達には全く寄与しないであろう。[三七]

このように保護政策による直接的な自民党支持への動員という捉え方に難があるのに対して、旧中間層の政治的体制内化について、ヨリ構造的な理解を提示しているのは、樋渡展洋である。彼は保護政策が直接に旧中間層の体制内化を実現したとするのではない。彼の主張は、旧中間層が系列や農協によって急進化が抑制され非政治化されたとする点に大きな特徴がある。

彼によると、まず、中小企業部門については、一九五〇年代後半から六〇年代初頭以降、競争的寡占業種による系列化が進展し、これによって中小企業部門は大企業の直接的な関与による近代化・合理化を実現することになり、[三八] 大企業と中小企業との間の潜在的な亀裂が拡大せず、中小企業と大企業の利害が一致した。また、育成産業以外では、業界と行政の間の調整によって、問題の解決が図られたとされる。[三九]

このような系列による旧中間層の包括により〔四〇〕、特定の政党が旧中間層の利益を固定的・排他的に代表することがなくなり、政策的な対立は、政党間ではなく、政府と社会――そして社会の利害を共通して代表しようとする諸政党――との間に現われることになり、最終的には、政府と政権党との間で調整がなされることになると言う。そして、労働が企業内に体制化され、左翼運動が停滞したため、旧中間層と労働の間の連携が成立せず〔四一〕、結局、小さな政府を支持する自民党の長期政権が保たれることになったとされるのである。これらの点から樋渡は左翼を支え得るはずの勢力の拡散に一党優位の原因を見出している。

樋渡は、補助金によって自民党の長期政権が可能になったとする見方に対して、日本の政府規模の小ささを以て反論している。実際、日本の政府規模は先進資本主義国の中でも例外的に小さいため、日本で弱小部門に対する再配分的施策が手厚く行なわれてきたとは見なし難く、そのような数字からは、保護政策によって自民党の長期政権が可能であったとは考え難いのである。

ここからすると、樋渡は、系列という組織を媒介にした中小企業の体制内化を指摘しているものと考えることが出来る。他方、保護優遇による支持調達といった議論でもポイントとなるのは、業界団体や商工会議所などによる中小企業の組織である。このように考えてくると、いかなる中小企業の組織が、いかなる機能を果たしているのかということが重要な問題になってくることが明らかになる。

## 第二項　産業政策としての中小企業政策

## 中小企業政策と産業政策

一方、中小企業論の文脈では、戦後日本における中小企業政策の根幹は、一九六〇年代に産業政策として、或いはその一環として、位置づけられたところが重視されている(四二)。そこで次に、産業政策としての中小企業政策が、中小企業の自民党支持と結びついていないかを検討する。

中小企業政策は、第二次大戦後当初は独占に対する対抗力としての役割を中小企業に期待するという姿勢をとっていたが、占領後期において早くも、復活した大企業体制を補完するものへと変容する。財閥系大企業は戦後一旦は分割されるがまもなくその再統合が承認され、一九五三年の独禁法の改正を経て、五四年には企業集団の再編成が実現する(四三)。こうして、独禁政策としての性格を強く持たされていた中小企業政策も、大企業中心の産業政策の中に捉え直されることになった。とりわけ、一九五〇年の朝鮮戦争に際して、大企業は戦時統制経済において協力工場だった下請企業を中心に再び系列化を進展させ、さらに、五六―五八年ごろには高度成長により下請け系列化は一層進展することになる(四四)。

一九六〇年前後とは、また、日本が国内経済を国際的に開放し、自由経済体制に移行することを求められていた時期でもあった。このため、この時期には、中小企業経営を高度化することで、大企業との格差を是正し、日本経済の国際競争力の実現を目指すことを標榜する政策が現われる。この方向性をはっきり示しているのが、一九六三年の中小企業基本法と中小企業近代化促進法（近促法）の二法である。これらは中小企業政策の役割を「産業構造を高度化し、産業の国際競争力を強化して国民経済の均衡ある成長発展を達成」することにあるとし、その施策としては、中小企業の高度化政策と事業活動の不利補正政策が挙げられている(四五)。これは五六年頃からあった業種別の合理化政策を恒久化・体系化しようとするものであった(四六)。

中小企業の側では、四九年のドッジライン、朝鮮戦争後の五四―五五年の金融引き締め期といった不況期に、統制的な同業者組合の設立を要求していた。同業者の組合は占領下の中小企業政策においてはカルテルとして厳しく禁じられていたものであるが、このような中小企業側の要望に応える形で徐々に認められていくことになり、五六年からの中小企業政治連盟の活動は、五七年に中小企業団体法を成立させることになり、これによって中小企業の統制的な組合が実現するのである。(四七)

日本の中小企業政策が、このように、組織化による産業の高度化を指向するものであったとすると、その組織によって中小企業の数を保存し、また、自民党への政治的支持調達を動員することが可能になったのではないかとも考え得る余地が生じる。実際、中小企業の自民党支持は、業界団体が「集票マシーン」となるからと語られるのが通例であり、そしてその業界団体とは、まさにこの組織化政策によって作られたものなのである。そこで次にこのような産業政策が政治的経済的にいかなる効果を持ったかを検討する。

## 産業政策論争

日本の産業政策の効果については、それが日本の高度経済成長にどの程度寄与したのかという論点をめぐって豊富な議論の蓄積がある。(四八)

この議論の口火を切ったのは、チャーマーズ・ジョンソンであった。彼によると戦後の日本では、国家（ジョンソンにおいて具体的にこれに当たるのは通産省である）は、企業に対して合併とカルテル化を推進し、過当競争回避のために競争力のない企業を「合理化」した。ジョンソンはこのような国家介入が日本の高度経済成長に大きく寄与したとする。企業の統合とカルテル化（組織化）による合理化とはまさしく中小企業政策が目指したとされるところであり、この点でジョンソンの指摘は中小企業政策にも当然及んでいると見なければならない。

ジョンソンは、日本の産業政策が企業との協調的なものであったと指摘する。彼はあくまでも日本の通産省は水先案内人であり、国家の介入は市場適合的なものであったと言う。[四九]この場合、その協調を成り立たせる最大の手段は行政指導であるとされる。そしてこのような手段による経済運営を可能にしたのは、エリートの行政部へのリクルートメント・年功序列制度・企業－政府間の大学閥のネットワーク・経済発展へのコンセンサスなどであったと指摘している。

しかし、このような官僚主導説に対しては、国家がそれほど賢明に経済の目指すべき方向を示し得るのかという疑問が常に付きまとう。また、国家が主導したにしても、成功例と失敗例があり、その差は何に由来するのかという問いも生じる。こういった理由から、国家主導説に対して、企業側・市場側の主導性をヨリ重視し、政府の役割をヨリ限定的に見ようとする考え方がある(市場主導説)。このような立場からは、他国との違いは相対的なものに過ぎないとする主張が当然でてくる。[五〇]ここからさらに、市場・企業の主導性を認めながら、他国との違いを説明するために、市場組織にヴァリエーションがあることを指摘し、そこに、日本的な特徴の根拠を見出そうとする議論や、[五一]また、市場の役割は重視しつつも、政府・国家の果たす役割を強調する議論もある。[五二]

このように最近の研究は、国家主導か市場主導かといった二者択一的な議論に代わって、国家と市場の相互作用の局面、「ネットワーク」に注目することで、国家の果たす役割を一層精密に捉えようとする方向で、模索されている。[五三]だが気をつけなければならないのは、新川敏光が強調するように、政治過程上の現象をよりミクロに見ればこのように様々な関係性が射程上に浮上してくるのは当然であるという点である。[五四]したがって、このような相互関係説の含意は、マクロ的議論の中に位置づけられて初めて明らかになるものと考えられる。そこで、次に国家－社会関係の議論を理論的に整理した上で、産業政策論争の意味を捉え直すことにする。

## 第三項　市場の組織

### 国家－社会関係の構図

そもそもジョンソンは市場合理性と効率性を基準とするアメリカなどの規制指向型国家に対置して、日本は計画合理性と有効性を基準にした発展指向型国家であるとしており、彼の議論は本来比較体制論を志向するものであった。この分析は、歴史的パースペクティヴを伴っている。即ち、この日本を含む発展指向型国家は、近代化政策をとる後発国の政治的態様と見、これを後発国の近代化の一つのあり方として位置づけるのである[五五]。

しかし、国家主導による経済運営の態様は一通りではない。ジョンソンは、国家が企業をコントロールしようというやり方として、三つのタイプを挙げている。第一は、戦時下の日本のように、所有と経営を分離し、政府が経営を担当する統制型である。しかし、このような方法はやがて腐敗する可能性が大きい。第二は、カルテルを企業側の自主性に任せる自主規制型である。これは財閥などのリーダー企業の力が強まることになる。第三は、政府がガイドラインを示すに止まる協調型である。協調のために懇談会が設けられ、金融・税制によるコントロールが図られる。ジョンソンは、日本では統制型と自主規制型の間を揺れて、結局協調型に落ち着いたと見る。

ここで、このような国家の経済への関与の類型を理論的に検討するために、産業政策を、方向の指示、特定方向への誘導・動員、離反に対する統御の三要素からなるものとして解析してみると、統制型はこの三要素を最も完全な形で実現しようとしたものであり、自主規制型は、関与が存在しないか方向の指示のみを行なうものであり、協調型は、方向の指示と、特定方向への誘導・動員を行なうものであると分析することが出来る。

この協調型を考える場合でも、問題は、どの程度離反への統御が効いていると考えるかにある。この統御が強い場合には、統制型に近似してくるからである。また動員の局面でいかなる誘因を提供するかでも、その体制の性格が異なってこよう。

産業政策論争はまさに、この統御のあり方・可能性をめぐるものであったと言える。そして、国家と社会の相互関係への関心とは、とりもなおさず、統御のための媒介項への着目であったのである。この媒介項となるのが組織である。組織は上述の政策の三要素に対応させると、構成メンバーに対して、方向の提示（あるいはメンバーの意向の吸い上げ・取りまとめ）、誘導、統御という作用を媒介する。言い換えるならば、産業政策論争で検討されていたのは、国家社会間の媒介項の組織的能力の問題であったのである。[五六]

比較政治学において、このような国家による社会の組織的統御が理論的に検討されたのは、ネオコーポラティズム論争においてであった。[五七]これは、オイルショック後の経済危機の状況にあって、所得政策の実現が中央集権的に統御された労働の組織の存在に負うところが大きいと指摘されたことに端を発する。このコーポラティズムの成立は、高い経済的パフォーマンスの実現、見返りとしての高福祉支出（＝大きな政府）の実現、媒介としての社会民主勢力の存在と結びつけて理解された。

このようなネオコーポラティズム論においても、日本の事例は注目されていた。日本では、所得政策――類似のもの――が実現し、経済的パフォーマンスも確保されたが、しかし、社会民主勢力は弱く、また大きな政府も実現されていないからである。そこで、日本においては、何がコーポラティズムを代替したのかが検討の対象になった。

大嶽秀夫は保守政党であるはずの自民党の中に、社会民主的な部分があると指摘する。これはイデオロギー的には国家社会主義を引き継いだ部分が自民党の中にあり、また、政策的には農業・中小企業政策が実質的に社会

的な弱者への再配分を実現したということを意味している。[五八]

Ｔ・Ｊ・ペンペルと恒川恵市は労働部門においては中央集権的な組織が不存在ではあるものの、その他の農業部門・中小企業部門においては中央集権的な組織が実現していると言う。これは農協や商工会議所・中小企業団体中央会のことを指している。[五九]

樋渡展洋は日本においてコーポラティズム＝大きな政府が実現していないにも拘わらずコーポラティズムが生み出したのと類似の所得政策が可能になったのは何故かと問い、日本経済の系列に見られるような企業間関係（「組織された市場」）が、組織された労働と同様の機能を果したとする。[六〇]

新川敏光もまた、コーポラティズムが成り立っていないにも拘わらずオイルショック後の日本の高い経済的パフォーマンスが可能になったのは何故かと問い、日本経済に特徴的な二重構造（新川はこれをデュアリズムと呼ぶ）が緩衝材として機能したからだと指摘する。

久米郁男は、中央集権化された労働が存在しないが、企業毎の労組が結局、中央集権化された労働の参加（＝コーポラティズム）によるのと同じだけの（或いはそれ以上の）果実を生み出したと評価する。[六一]

これらの議論は、日本の政治経済体制において、コーポラティズムの機能的代替物を見出そうとする試みであり、つまり、そこでは日本独自の組織的統御のメカニズムの解明が試みられているのである。

戦後経済体制分析では、国家主導型は介入主義的な経済運営、即ち大きな政府を指すものとして、市場主導型＝小さな政府と対比して用いられることもある。だがこの大きな政府は、福祉国家として見た場合、先進資本主義国においては、国家主導というより組織された労働の参加によって実現されたものと捉えるのが普通であり、これはコーポラティズムとして国家主導型と区別される。それ故、一般には、市場主導型、国家主導型、コーポラティズム型の三類型が示される。[六二]

カッツェンシュタインやザイスマンの類型論の中では、日本はフランスとともに国家主導型とされているが、近年の日本の政治分析は、日本を単純な国家主導型に位置づけることから、よりコーポラティズム型に近づけて捉えようとすることに努めているもののように思われる。従来でも、一九八〇年代以降の所謂日本型多元主義論者にあっては、その強調点は様々な社会的利益が自民党のとりわけ「族議員」によって統合されているというところにあり、このような回路が（政党を媒介にしているにせよ）政策過程に制度的に組み込まれたものであるというのならば、それはプルラリズムというよりは、組織化された利益の恒常的な関与という点でコーポラティズム的な色彩を持つとする指摘であると理解しなければならない。(六三)

## 産業政策と組織

以上のように国家－社会関係の議論を位置づけたうえで産業政策論争に立ち戻ってみると、それが効果があったか否かという論点は結局、市場がいかなる統御・動員のシステム・メカニズムを持っているかという問題に関わっているのであり、国家と市場の相互作用・相互交渉の解析の試みは、その統御と動員のシステム・メカニズムの分析のためのものであったと言える。

例えばオキモトは、この問題につき、通産省の管轄でなかった部門は政治化したために合理化が進展せず、また、中小企業部門は、自民党の有力な支持基盤であったために、政治化し、合理化が進展しなかったと見る。(六四)これは、通産省によって統御された領域での成功と、自民党の介入した領域での失敗という図式を示して、その媒介項の機能の重要性を示唆するものである。

村松岐夫は産業分野での政治の役割の違いは産業分野の基幹性の程度や市場構造の違いからきていると述べる。寡占型業界では村上泰亮や樋渡展洋のモデルが当たり、これは一九六〇年代の初期までを説明する。これに対して政治が関与するのは、一九七〇年代の繊維産業のような衰退産業を円滑に撤退させるような場合や、政府の政策体系で忘れられ取り残されていた産業分野の場合であると言う。後者の典型が小売流通業であり、これは、一九五〇年代までは官僚の政策ターゲットになっておらず、六〇年代にアメリカ資本の日本進出が感じられたとき、この分野でも欧米型の産業を持とうとしてようやく行政の合理化の努力が始まったと言う(六五)。この村松の指摘は、産業構造・市場組織の違いから、政治の関与が異なることを示唆した点で注目に値するものである。

久米郁男は日本の産業政策が「敗者なき合理化」であったと特徴づける。一般に合理化政策は、企業の整理統合を推進し、体力の弱い企業は切り捨て、力の強いところだけを育成しようとするものであるが、久米はそれを「選択的合理化」と呼び、敗者なき合理化とは区別する。彼の言う敗者なき合理化とは、中小企業を含む業界全体の底上げである。選択的合理化は重化学工業、大企業を重視し規模の経済を実現しようとする輸出主導の資本蓄積重視路線であったが、これは吉田政権から鳩山・岸政権への移行に際して敗者なき合理化へと転換したと言う(六六)。久米はここでは保護政策としての中小企業政策には触れていないが、このような敗者なき合理化が何らかの理由で逆機能に陥った場合には、流通部門で言われるような「非合理性」を生じさせるということは予想できよう(六七)。

だが、仮に中小企業政策が、競争力のない企業の残存に効果をあげているのではなく、逆に、合理化促進の効果を果たしていたとするならば、そのような中小企業政策によって、多くの中小企業を自民党支持に動員することが出来るのか、ということが問われることになる。単独でも競争力を持つような企業は、企業存立の自立性・独立性の基盤を市場において確立し得る(六八)。そのような場合、その企業が政治（からの利益供与）に依存する程度は相対的に低下するから、中小企業が自民党による政治的な動員に一方的に従属するものとは考えにくい。この論点の重要性は、中小企業及び中小企業政策を論ずる政治学者には十分理解されていない可能性がある(六九)。

ジョンソン以後の産業政策論争の焦点は国家と社会が接する媒介項の組織的編制とその機能にあったと言える。

そして産業政策としての中小企業政策がどのような機能を果たしたのかという問いもまた、中小企業を取り巻く組織的編制の解明を俟たなければならないということになる。

次節では中小企業がどのように、そしてどの程度組織化されているのか、そしてその組織によって中小企業がどのように政治的経済的に動員されているのかを解明するための理論枠組を提示する。

産業政策論争・コーポラティズム論争の焦点が、組織的統御の能力という点にあったとするならば、このような企業間組織の分析は、当然日本の政治経済体制全体に関しても一定の視座を提供するものとなることが期待される。

## 第三節　理論枠組――市場類型と経営主体の選好のモデル

### 第一項　方法論上の特徴及び意義

中小企業および中小企業政策を政治学的に捉えようとするこれまでの議論に混乱があったのは、適切な中小企業像を政治学が未だ持ちえなかったという事情にも由来する。多くの政治学者は中小企業と言うときその中に多様性を認めていなかった。そのように中小企業を単色に捉えてきたのは、それが没落する旧中間層に属するというマクロ的な前提を持っていたからである。この前提の故に、中小企業は当然に保護優遇政策の対象となると見

なされ、またそのような政策によって自民党の固定的な支持層となると見なされてきたのである。[七〇]

このような政治学の状況に比して、経営学や経済学では、実証研究においても理論研究においても、日本の中小企業は決して競争力に欠けるものではなく、逆に活力に富み自立的な存在であるという見解が通説になりつつある。しかし、こういった新しい知見は政治学上の議論には十分反映されているとは言い難い。[七一] それは、自営業者・中小企業経営者の自民党支持が一貫している事態に対して、中小企業のリヴィジョニストたちの議論を踏まえた新解釈が提示できないことによる。[七二] 政治学においては、自立的で活力に満ちているはずの中小企業も、零細で保護を求めているとされる中小企業も、ともに自民党の有力な支持層たる中小企業として区別なく論じ続けられているのである。

本書の理論的類型化は、政府・自民党の中小企業政策が、自民党への支持動員についてどのような政治的効果をもたらしたのかを解明し、また、経済的な成長促進や多数の中小企業の残存の理由を解明し得るものでなければならない。ここでは、活力ある自立的な中小企業がいかなる組織を志向し、零細で競争力のない企業はいかなる組織を志向するのかを理論的――演繹的――に提示できるような類型が必要である。[七三]

## 第二項　経営主体の類型学

企業の存立はまず何よりその供給する財の市場によって支えられている。中小企業が構成／依存する市場とはいかなるものであるかというところから検討が始められなければならない。

市場の構造は売り手と買い手の数から次のようなマトリックスで示すことが出来る。

ここで言う売手市場・買手市場とは、需要が供給を上回る・或いは下回るという、需給バランスの不均衡状態

第１図

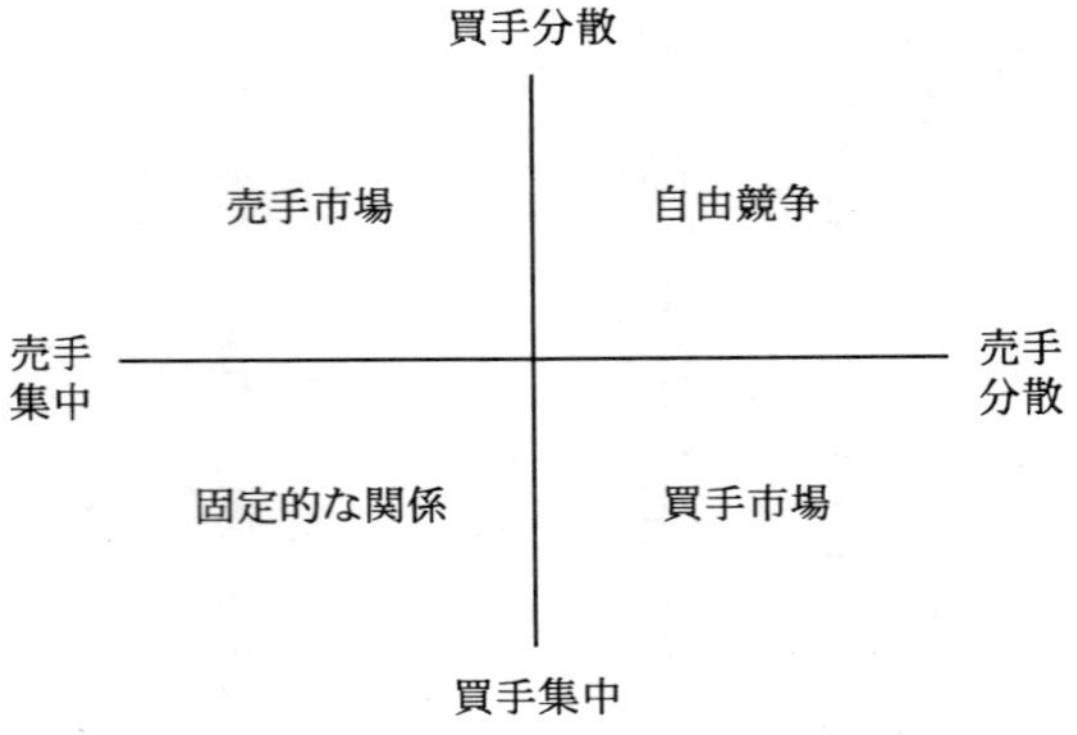


第２図

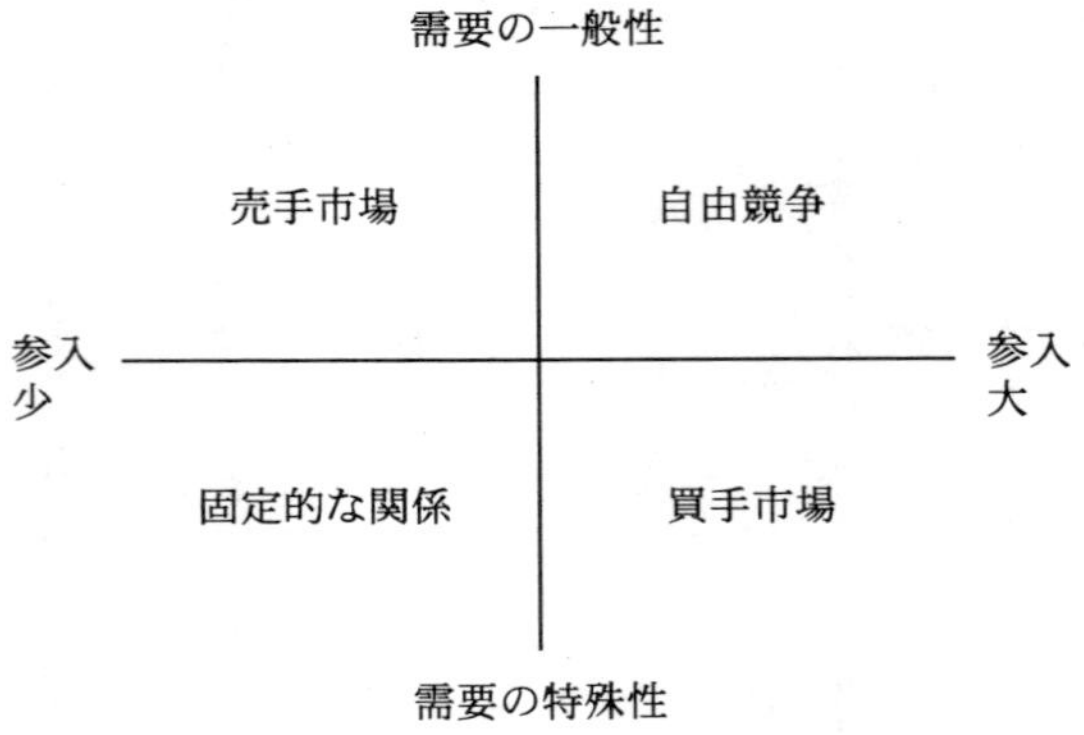


を指すものではない。中小企業のみからなる自由競争市場を想定した場合、一定程度以上の需要が存在するときには、そこに売り手の集中が生じるとは考えられない。中小企業はその規模から言って単独では市場の操作を行なうことが出来ず、競合する新規参入者を排除することは出来ないと考えられるからである。したがって中小企業の中で売り手の集中という現象が生じている場合には、そこに自由な価格競争の追求とは異なる社会的条件が働いていることが予想される。そのような条件とは、中小企業が市場の操作を行ない得ないという前提の上に立

つと、その供給する財の性質に由来すると考えなければならない。

買い手の分散・集中の軸は、その提供する財に対する需要がどの程度一般的なものかを示していると考えられる。また、売り手の分散・集中の軸は、その財を供給しようとする新規参入者の多寡を示しているから、第1図は、第2図のように書き換えることができる。

需要の一般性とは需要する主体の広がりを示しており、どのような属性を持つ主体が需要するのかにかかっている。特殊な需要とはそれが特定の属性にのみかかるもので、その財はその属性を持たぬ者にとっては意味のない財である。需要が一般的な場合の方が潜在的な需要者の数が増え、大きな需要を獲得するチャンスがある。ただし、この差はあくまでも相対的なものである。

新規参入が大きいということは、新規参入者が供給しうる財が先行者の供給している財と無差別であることを意味している。新規参入者は、先行者が実現した差異が需要を生んだのを見、そこにビジネスチャンスがあることを見出す。市場における成功は、そこに需要がありビジネスチャンスがあることを、他者に標示することにほかならない。新規参入者は、先行者の実現したものから市場のニーズを判断し、それに追随し、或いは、一層の改良を加えて需要を獲得しようとする。先行者の成功は即ち競争者の参入の奨励である。先行者が発見した差異によって確保したかに見えた需要は、彼が成功したと見えた瞬間に追い上げられ奪われる危機にさらされるのである。これがまさに、資本主義は差異を蕩尽すると語られることの意味である。(七四)この場合、そこでは、競争は往々価格面での競争へと展開されることになる。

大量の新規参入は普通、そこに需要の大きさを期待するからこそ生じる。仮に一旦参入した後、期待ほどその需要が大きくなければ、企業はその市場から――倒産・廃業という形をも含めて――退出するはずであるのが、市場メカニズムの論理である。ところが市場の規模が小さいにも拘わらず、新規参入が止まらないことがある。

第3図

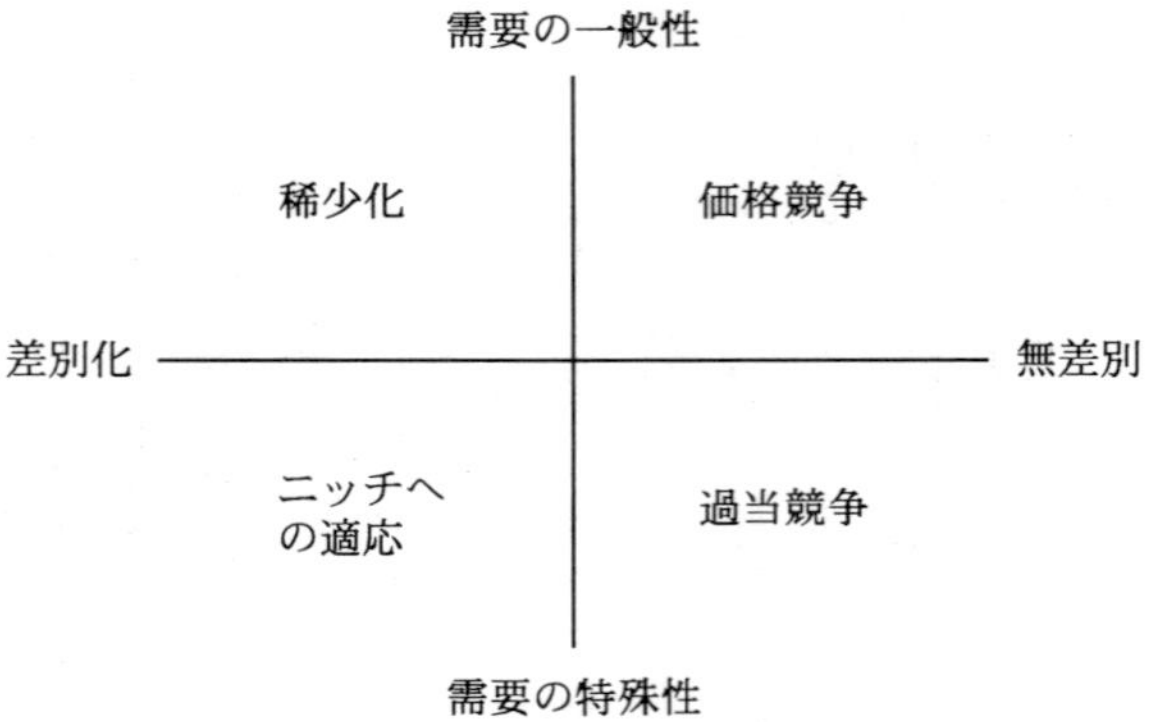


新規参入を強制する何らかのメカニズムが働いている場合である。労働市場を例に取ると、一般に余剰労働力と言われているものがこれにあたる。例えば、第二次大戦前から、少なくとも第二次大戦後初期に至るまでの日本では、農村では生活していけない労働力が都市部に流出し、零細中小企業の労働力となったと指摘されている。[25]このような需要の小ささにも拘わらず、供給の過大な状況が続くことを、以下では過当競争と呼ぶ。単純な市場競争のモデルでは、供給の過剰は、退出と値下げによって回復されると考えるものであるから、ここでは、退出・値下げのオプションを採ることの出来ない何らかの理由があって、市場における均衡が実現されない状況で競争を継続しなければならない場合が過当競争ということになる。[26]

このような過当競争状況では、供給者の提供する財は無差別となるから、その選択権は一方的に買い手の側に与えられる。ここに買い手による中小企業に対する「しわ寄せ」「搾取」「収奪」の生じる契機が存在する。

ともあれ、中小企業は市場における（場合によっては過当な）競争状況で存続を実現しなければならない。では、中小企業は安定的な経営を実現するためにどのような戦略を採るのであろうか。

彼らは他の競争相手との違いを実現することで、一定程度安定した経営を実現することが期待できる。他の供給する財と、自己の供給する財が無差別であるが故に価格競争を余儀なくされるのであるから、他との差別化を実現すれば、その差別化によって安定した需要を調達することが可能になる。このような差別化が実現できれば、新規参入者との競合を避けることが出来る。したがって、この差別化とは、第2図で言えば、左方向へのシフトを試みる戦略であると言うことが出来る。ここから第2図は、各市場に置かれた企業の行動からすると、第3図のように書き換えることが出来る。

中小企業が安定的な経営を実現し得るために、最も望ましいのは一般的な需要が期待される市場において、高度に差別化された商品を実現することである。多くの所謂ヴェンチュア企業が目指すのは、このような成功である。しかし、仮に〝ひと山あてる〟ことに成功しても、それを維持することは容易ではない。新規の一般的な需要は一過性のブームに依存している場合が少なくないし、また、大規模な新規需要が見込まれる場合には、数多くの追従者が市場に参入することが予想され、とりわけ、隣接業界における既存のビッグビジネスがその新規市場に参入してくれば、その利用し得る資源は、ヴェンチュア企業の資源に比して著しく巨大であるから、それは、後発ではあっても、最終的には優位に立つことが期待される。したがって、中小企業が、一般的な需要のある市場において存立を維持していくためには、差別化のみならず、何らかの供給のコントロールが行なえなければならない。この両者の実現を目指すものを、稀少化と呼ぶことにする。例えば、特許や意匠登録などはこの稀少化を固定的に実現しようとするものである。[七七] しかし、現実には、需要が一般化すれば、新規参入圧力が拡大するので、中小企業が稀少性を維持し続けることは容易ではない。このような局面での均衡は成り立ち難く、価格競争局面か、次のニッチ適応局面に移行することが予想される。

中小企業が安定的な経営を実現するために採り得る第二の戦略は、ニッチへの適応である。[七八] ニッチとは、隙間とも訳される。資本主義が発達して来ればくるほど、規模の経済が効かない領域が増えてくる。[七九] また、様々な諸要求に柔軟に対応することが求められる領域が存在する。[七九] 即ち、市場内の様々な特殊な需要を発見しその需要を確保することが出来れば、企業は安定的な経営を期待できる。このような特殊な需要については、需要の規模が小さいだけに、差別化が比較的容易である。このための差別化の方向は、専門への対応という形と、地域への対応という形があり得る。以下、前者を専門的ニッチ適応、後者を地域的ニッチ適応と呼ぶ。ニッチ適応は、無差別化の圧力の浸透を遮蔽しようという戦略であるので、たいていのヴェンチュア企業が——少なくとも初発段階では——狙う戦略である。

ニッチ適応は、企業規模の拡大を志向しないことによって実現される。企業の拡大はそこに需要のチャンスのあることを他者に標示するものにほかならないから、それによって新規参入者を増やす効果があり、新規参入者の登場によって自己は無差別化され競争は一層激化するからである。(一〇)

ニッチへの関心は中小企業論の中では近年においてはかなりの高まりが見える。これは言うまでもなく、中小企業が没落する弱者であるという伝統的な中小企業観の見直しに対応するもので、個別のニッチを確保し得るチャンスは柔軟な中小企業によってこそ可能なのだという評価と結びついている。そこで有力なのは、生物学での最近の議論の援用である。進化の過程が環境適応において生み出してきた生物の多様性というイメージを企業組織論に取り込もうとする議論である。(一一)個々の主体がそのおかれた環境(一二)において発揮する自己組織化の結果、全体としては、様々な多様性を孕む複雑な系が成立する。(一三)

以上の考察は、差別化の実現において、中小企業であっても、安定的な経営を確保し得ること、したがって、中小企業が多いことは決して何らかの保護の成果であると一概には言えないということを示唆するものである。

しかしながら、現実には、生業的な零細経営と呼ばれるような弱者であるところの中小企業も多数存在する。本書の枠組では、市場社会における競争力を欠くような中小企業は、差別化追求の能力がない存在と理論的に位置づけ得る。このような差別化追求能力の欠ける中小企業が存続し得るのは、何らかの理由で、常に一定程度の需要が期待できる場合である。それは、競争が十分にない、経済的に不活性の状況下にある場合や、政策的な全量買い上げ制度がある場合である。また、有名観光地でのお土産物屋などでは、稀少性が企業努力によらなくても比較的容易に実現される場合がある。このような需要の創出は、少なくても、一個の中小企業単独では実現されない、かなり、外部的な条件によるところが大きいと考えられ、そこに、政治的な要因の介在する余地がある。

他方では、差別化追求能力に欠ける中小企業が集団的に稀少化を実現し得る方法がある。それが、集団化である。稀少化は、供給のコントロールと差異化によって実現されるが、集団化は、新規参入をコントロールすることで無差別化を抑制し、また、組織参加者間での供給の調整を可能にするものである。そして、そのようにコントロールされて財が供給されるということは、組織外の財の排除によって、その組織から供給される財のみを差別化するという結果を実現することになる。このような集団による稀少化・集合的な差別化の実現が、単独では差別化追求の能力に欠ける企業が存続する方途となる。このような集団化は、特に、有限な需要を限られた数の参加者で取り合っているという認識が、その参加者の大部分によって共有されている場合に進展する。

本書は、企業の行動の論理から言って、中小企業は、過当競争局面と稀少化実現局面においては均衡を実現しにくいということを指摘した。過当競争局面の成立は、何らかの参入強制要因の働いている事情が予想され、また、稀少化実現局面は、市場以外の要因が介在するか、組織による集団的な差別化が実現しているときに成立すると考えられるということを指摘した。

企業はそれが依存している需要に対して、その供給する財の差別化を実現できないときに、需要を操作し得る側の動員にさらされる。言い換えるならば、無差別化されたとき、被動員のチャンスは最大化する。自民党が競争力に欠ける中小企業を保護することでそこから安定した支持を調達しているとすれば、政府は彼らに十分な需要を政治的に供給しているか、それら中小企業を――集団化によって――無差別化の状況に留めおいていると考えなければならない。

## 第三項　影響力論

前項での理論枠組から本書では、影響力に関する二つの視座を得る。

第一は組織的動員力の関数としての影響力である。本書では市場における存在形態から、組織構成員に対して統御力・動員力を持つ組織が大きな影響力を発揮できるはずという想定を得る。

第二は無差別化された状況におけるヴァラナビリティである。売り手を無差別化する過当競争の状況では、選択権は一方的に買い手の側に与えられる。そのため、売り手は買い手の持つ意向を予期して行動することになる。このようなとき、実際の買い手の意向が具体的に明示されていない場合、競争が激しければ激しいほど、しばしば、横並びの過剰反応・過剰同調が生じ得る。このような売り手の側の反応は必ずしも買い手の側の意向に適っているとも限らず、このような場合には、買い手の影響力行使とは区別して理解する必要がある。

政策決定過程の事例研究では政策の成否が特定アクターの影響力の有無と安直に結びつけられている例が多い。また選挙時に話題になっていた政策への社会からの反対の強弱は、しばしばその選挙結果から安易に推定される。しかし特定政策の成否は歴史的固有の事情に由来するところも大きく、特定の政治的アクターの影響力のみに関係づけて理解すべきではない場合があり得る。本書では政策過程の事例研究はあくまでも理論的な観点から行なわれるから、影響力・選挙結果・政策の成否等を独立したファクターとして扱い得るように、以上のような方法的な整備を行なった。

# 第四節　中小企業の自立性

本節では、日本における中小企業間組織・中小企業政策が、競争を緩和し競争力・差別化追求能力に欠ける中小企業を保存し政治的に動員するのに効果があったかどうかを前節での枠組にしたがって理論的に検討する。日本において発展している企業間組織としては、系列と同業者組織（業界団体）を挙げなければならない。そこで、本節では、この双方が戦後日本でどのように進展してきたのかを概観する。ここで論述されるのは、このような組織化の進展には政治や政策は大きな関与はしていないということ、これらの組織は差別化追求能力に欠ける企業の存続を保障するものではないということである。そして、日本に多く見られる中小企業は自立的なニッチ型ではないかという仮説を提示する。

## 第一項　系列

系列とは日本の企業間関係に特徴的なものとして言及されることが多いが、その言葉で示される内容は多様である。例えば、三菱や三井といった旧財閥系の大企業が相互に株式を持ち合い、社長会を持っているという企業グループを系列ということもある。しかし、中小企業の組織と政治を検討しようとする本書の課題からすると、専ら中小企業にとっての系列が問題になるのであるから、ここでは、特に、下請系列と流通系列の形成について

検討する。(八四)

## 下請系列

戦後日本においての下請系列は一九五〇年代に形成されたものであるが、その前史は、戦前・戦中期に遡る。満州事変時の軍需景気に際して、大企業は内製化を採らず、下請を利用することにした。これは、第一次大戦時の好況期に設備投資を拡大したためその後に到来した不況によって痛手を被った大企業が、その反省に基づいて採った戦略である。大企業は設備投資に消極的で、その代わり、臨時工や中小企業を利用して対応した。そして、日中戦争が始まると、三八年後半からは経済統制が強まったために、中小企業の整理統合政策が採られることになり、協力工場制度が採用されることになった。これは、戦時統制を通じて、大企業を中核とする全面的な中小工業支配を制度化すると同時に中小企業者の労働力の動員を目指したものであった。これが、国家総動員体制と呼ばれるものを形成することになる。

戦後はGHQの指示により、企業間組織は原則として禁止されたが、その後、東西冷戦の激化によって、経済の民主化から経済復興へとGHQの方針が転換されることになり、そして朝鮮戦争の特需によって、戦時経済下の協力工場体制が復活する。一九五一年の停戦後には金融引き締め策が採られ、中小企業に経営難が生じるが、これは下請系列を通したしわ寄せによるものであった。五三年に独占禁止法が改正され、五四年には企業集団の再編成が実現し、系列化した大企業体制が復活する。(八五)

このように、戦後に生じた下請系列は戦前戦中の企業間関係との――戦後初期の不完全な経済民主化の時期という一時的な断絶を挟んでの――一定の連続性が見られる。(八六)このような認識を踏まえることで、現代日本経済の戦前的あるいは戦中的体質が語られることは多い。

しかし、戦後日本におけるこのような系列を媒介にした統御の強さについては、多くの批判がある。(八七) 既に述べたように、現在の新制度論的な経済学は、系列関係の進展を、上位企業の支配の貫徹と見るのではなく、下位企業にとっても合理的なものであることを論証しており、現在ではこれが経済学における通説と言ってもよい。(八八)

本書の枠組に即して言うならば、系列化は中小企業側からするとニッチへの適応戦略の一つである。特定企業の特定の（しかし相当程度に大規模な）需要に対応できれば、経営は比較的安定する。下請という形でのニッチ適応が可能になる条件は、当該買い手（大企業）の提供する需要が売り手にとって十分に大きいこと、また同業の各買い手の間で需要に有意のばらつきがあること、また、売り手にとって長期的に安定した需要が期待できることなどである。

上位企業の側から言うと、特定の企業を下請として系列下に置くということは、その中小企業の実現した差別化を認識してのことであるはずである。その供給する財が無差別なのであれば、系列化を進展する必要はないからである。買い手は一定程度以上の水準の財を長期的に安定して確保したいがために、系列化を進展させる。つまり、系列下に参入し得る企業は、何らかの形で差別化実現能力を持った企業であるはずなのであり、一方的に搾取されるだけの存在ではないと考えなければならない。これは、中小企業の側から言うと金融上・原料供給上の困難に対応しようとする合理的な選択であると考えられる。

系列化を戦時中の上からの統合政策の延長に捉える立場は、統合に対する中小企業の抵抗の大きさを見落としている。(八九) 系列は、系列下の企業の自主性・自律性を前提にして初めて成立するものであり、企業の自立性を解消しようという国家的統合とは別物である。系列によって下位企業の自立性は消滅しないし、それが差別化を実現した場合には関係は双方向的であり、一方的に動員されるということは考えられない。(九〇) そして、とりわけ、金融や原料供給の事情が緩和すれば、系列の統合力は弱まることになる。(九一)

## 流通系列

同じ系列とは言っても、流通系列は、下請系列が後方への組織化であるのに対して、前方への組織化である点が異なる。

これは需要者（多くは消費者）に対する差別化を実現するために制度化された組織である。この流通系列化が進展している商品は、家電・化粧品・新聞・自動車などが代表的な例である。これらは、寡占的な大企業の商品であることが通例である。寡占的な大企業は、その商品の供給と差異をコントロールするため、取扱い業者を系列化する。この系列化が特に進展したのは、とりわけ大量消費社会が到来し、大企業が営業戦略を拡張しようとした一九六〇年代である。この時期にはいまだ日本の流通網は整備されておらず、メーカー自身がその整備に乗り出さなければならなかった。[九一] そのために最も効率的な方法として採られたのが、販売網を本社から独立の組織として展開する手法である。[九二]

この流通系列化について注意しなければならないのは、販売店側の自主性である。このような系列化の進展は、拡張意欲に富む販売店があって初めて機能する。販売店は差別化を実現することで競合する他系列の店と対抗すべく、特定の系列入りをする。そして、その販売店の存立は、何より、その販売店の営業努力に依存する。このような状況では、メーカー側の流通系列を介したコントロールは必ずしも強くはなく、相互依存関係であることが多いであろう。[九三] 販売店には、他系列への移行の可能性がある以上、メーカー側のコントロールが及ばない部分がある。また、家電などの場合には販売店が他系列の商品の故障修理を引き受けたり、部品・商品を取り寄せたりすることも不可能ではなく、[九四] ガソリンスタンドなどの例では、ある会社が複数のスタンドを、別々の元売系列に属するものとして経営していることも珍しくはなく、このような場合には小売店に対するメーカーのコントロールがどの程度効くかは疑問である。

差別化の維持のためには同一の財については価格を一定に維持しなければならない。ここに成立するのが再販価格である。しかし、これも販売店相互の競争が激しくなれば、事実上空洞化する。例えば家電についてみると、量販店でなくても、値引きをするのは普通である。(九五)

以上二つの系列化の論理を見た。系列化の本質は、系列下の中小企業がその自律性を維持しながら特定の大企業と固定的な関係を結ぶという点にある。大企業の側からすれば、しばしば言われるように不景気時には「切り捨て」「しわ寄せ」が可能であるから、安全弁という装置として機能していることは間違いない。また、このような組織構成は、合理化・効率化の進展に有効である。しかし、他方で、中小企業にとってもそれだけ起業のコストを低減できるというメリットがあることを忘れてはならない。また、系列化によって、激しい競争を行なっている他の中小企業との間で棲み分けを実現することが可能になるとも言えるのである。

このような系列によって、系列下企業が差別化追求努力を免れることはなく、したがって、系列は競争力のない中小企業の存続を保障するものではない。

## 第二項　同業者組織

戦後日本で同業者の組織化が進展するのも一九五〇年代である。戦後ＧＨＱの改革によって統制的な組合は否定されるが、中小企業側からの統制組合復活を求める声は強かった。(九六)五六年に鮎川義介の中小企業政治連盟が中小企業の組織化のための立法の必要を訴え、大規模な政治運動を展開し、その成果もあって独禁法が改正され、五七年に中小企業団体法が成立した。これによって統制的な同業者の組合が設立できるようになり、それら組合は、中小企業団体中央会の下に置かれることになったのである。

この組織化については、同じ組織化とは言っても二つの——実はまったく反対方向を向いた——要因があった。一つは、参入規制を実現することで、集合的な差別化を実現するための戦略としての組織化（本書の枠組に言う集団化）である。これは単独では差別化実現の能力、即ち、競争力を持たない中小企業が志向する合理的な戦略であった。五〇年代に中小企業が求めた統制的な組合というのは、この側面が強い。そして、もう一つの組織化のモメントとは、通産省の側にあった。通産省は産業合理化の手段として組織化を志向したのである。既に指摘したように、通産省の中小企業政策は産業政策の下にあり、この組織化はその例である。これは大企業こそが競争力があるという——伝統的な——判断を前提にし、中小企業を組織化することで、言わば擬似大企業を作って規模の経済を実現させようと考えたものである。[九七]これは、企業間組織に統合することで各中小企業の自立性を解消させようとするものであり、戦中の国家主義的な統合政策の延長上にある。[九八]

ここに見られる二つの要因は日本の中小企業組織化政策の中で錯綜しているが、しかし同じものではない。端的に言えば、各企業にとっては、国家主導による上からの統合は企業の自立性を奪うものであるから、歓迎されないものであった。鮎川は、満州で岸信介と結んだ人物であり、彼の念頭にあった企業統合は、中小企業の自立性を奪う恐れもあった。それが、彼の中政連が中小企業からの支持を十分得ることが出来なかった理由の一つである。[九九]

五〇年代の組織化については、その強い要望が中小企業の側から起こったものであったということに気をつけなければならない。このような同業者組織化の要求の強まりは、系列化の進展と時期を同じくしており、両者はともに、中小企業間の激しい競争を前提にそれへの対応として模索されたものなのであった。つまりこの組織化は、各中小企業が自立性を維持しながら存立し得るように、競争緩和を実現したいとして要望したものであった。[一〇〇]

この時期に、企業間の統制が求められたということは、これが本書の枠組に言う過当競争になっていたか、同業者の中に市場の拡大の可能性に楽観的であるものが多数あったということを示している。こういった「業界秩序」の逸脱者は、著しく安い値段でしばしば品質の劣るものを大量に市場に流出させる。このような逸脱は、他の企業の経営基盤と業界の信用を揺るがせる。このような統制（の承認）を国に求めたということは、彼らが自発的に参入制限を実現する手段を持っていなかったことを示している。

## 第三項　参入規制

現在の日本経済については、様々な規制によって業界団体が組織され、それが新規参入希望者に対する重大な参入障壁となっているという言説が広くマスメディアで見られ、これが今日流布する規制緩和論の前提になっている。(一〇一)だが、新規に事業を起こそうと発起した人物にとって参入が法制度上禁じられている業界というのはむしろ少ないことに注意される必要がある。(一〇二)例えば、様々な参入規制があると言われる流通業界にしても、開業廃業の多さからすると、むしろ新規参入は多く、またそこでの競争は激しいと見ることが出来る。(一〇三)

大企業が新規参入にあたって直面する抵抗の大きさとは、その事業規模の大きさ自体に由来するところがある。これは参入における規模制限があるということではない。(一〇四)中小規模の事業者ならごく少数の許認可を得れば直ちに開業できるが、大規模事業者になれば、必然的に関係する許認可が増えるということである。(一〇五)また、独自の形で高度に発展した商業慣行がある社会であれば、(一〇六)その様々な地点で折衝すべきことが増えるのは当然である。(一〇七)そして重要なことは、新規に参入しようという中小規模の事業者が、競争の中で拡大しようと努力することには何ら規制はないという点である。つまり、大規模事業者の参入に対して機能するような事実上の規制群は、実質的には独禁法的な効果を持っているものと言える。他方で、日本では、一定以上の品質の財を安定的に確保するという名目で、大規模事業者にのみ許された資格が数多い。これらは大企業にのみ特権を許し、事業意欲に富む中小業者の参入を排除しているものである。こういった規制が競争力に欠ける中小企業を保護するものとは言えない。(一〇八)

日本においては多くの資格・免許が要求され、これが参入障壁の典型のように言われることもある。しかし、このような各資格の取得は個々的に見ると決して困難なものではない。(一〇九)それには定員がなく、一定以上の水準に達しさえすれば資格が与えられるのであり、審査は——時には——相当程度に形式的なものである。端的には、その資格を得ても直ちに仕事の依頼が保障されるわけではないという事情がこの資格の形式性を示している。(一一〇)これら資格は、開業に際しての形式的な手続きであって、そこで十分な参入規制がなされているわけではない。この規制は、各同業者組織が自律的に認定しているのではなくて、国家が何らかの関与をしているので、そのコントロールが公平性、即ち形式性を帯びることになるのである。参入のコントロールを効果的に実現しようとするならば、それは職業教育の過程によってなされなければならない。(一一一)

参入規制が機能する業界団体のイメージはギルドを原型にしている。ギルドはフランス革命で目の敵にされたことからも分かるように、(一一二)近代市民法が職業選択の自由の制約として解体を目論んだものであり、それ故、近代市民法に敵対的と見える企業間組織はギルド的なものであると見なされやすいというバイアスが——特に英米法の影響下にある人々には——存在する。だが、ギルドにおける参入規制は、身分制的社会秩序を前提とした上で徒弟・職人・親方に至る教育のシステムとして機能しており、その上で構成員の強固な結束が実現されていたことに注意が必要である。つまり、同業者組織であってもそのような条件がなければその結束力は弱いのである。

今日の日本においては、このようなヨーロッパにおけるギルドのような自律性を持つ同業者組織は多くない。(一一三)

新規参入は多く、したがって同業者間では激しい競争がある。日本のように多くの業界の中で大手と中小業者が併存しているのは、参入規制が効いていないことを示している(一四)。このため日本の同業者組織は競争力のない企業を保存する機能を殆ど果たしていないと考えられるのである。

このように参入規制を持たない業界は業界内に激しい競争を抱え込むから、業界団体は組織としての統合力を持ちにくい。業界団体と言えば強力な圧力団体のように考えられるのが普通である。しかし、これは、行政との折衝に際して各企業が同業者組織を構成し常に同業者団体単位で行動しなければならないために生じる印象であって(一五)、政策過程において業界団体を名乗って行動している者が観察されたとしてもそれが当然に構成企業を十分統合動員し大きな影響力を持っているとは直ちには言えない(一六)。

以上代表的な中小企業組織である系列と同業者組織形成の論理を検討し、それらが競争力に欠ける企業の保存には効果を持たないと考えられることを述べた。そしてこれら組織の下でも個々の企業は自立性を持っており、それら組織は構成各企業を一方的に動員するのに十分な統合力を持たないと考えることが出来る(一七)。

## 第四項　中小企業の統合の条件

中小企業が経済システムの中で一定の積極的な機能を果たしているという見地からすると、中小企業が衰退消滅したり、大組織の支配下に統合されるというのは経済的な必然ではないということに気がつかざるを得ない。逆に言えば、中小企業が解消され大組織に統合される一定の条件があるのではないかと考えられる。

ファシズム体制論が端的に示すように、中小企業の大企業組織への組織化・統合が実現するのは戦時であった。しかし戦時においてこのような統合を実現し得たとしても、それをその後も維持することは必ずしも容易ではない。日本でも戦中に様々な形で中小企業の統合が実現されたが、それは戦後になると直ちに分散している。

そもそもファシズム体制について、中小企業が大企業とともに政治体制中に包摂されたと言われていることの含意は、決して単純なものではない。ファシズムが旧中間層を取り込んだとされることは、二つの論点に関わっている。

第一は、旧中間層を組織化して保護することによって、そこからの政治的支持の確保によって安定した政権を実現するということである。第二はそれを上から政治的経済的に統合することによって国家目標に向けて動員することである。

この二つの面は一見同じことのようであるが、実は鋭い緊張関係にある。後者の上からの統合・動員という観点は、上からの近代化・産業化を目指そうというものであるが、これは国家的需要の観点から労働力の無差別化によって実現されるものであるから、旧中間層のもつ身分制的秩序とは本来敵対的なものである。

実際、ナチは、保護を約束して旧中間層からの支持を得て政権を奪取したのにも拘わらず、その後、政権が安定するに伴って彼らを政権連合から除外し、結局ドイツの中小企業は消滅していくことになった。ナチズムは旧中間層の支持によって成立したものでありながら、旧中間層を解体するものとなったのである。つまり、ナチズムにおける企業の組織化とは、ギルド型企業を解体し、国家主導によって大企業を育成しようとするものであった。

このようなファシズム体制の問題からも考えなければならないのは、そのようにして作られた中小企業を統合し動員しようというシステムが、戦後の動員解除後まで当然に機能するとは考えられないということである。

戦中戦後の資源逼迫状況が解消されれば、中小企業は統制的な組織から離脱して自立的な活動を開始することになる。これは、とりわけ戦中において金融や原料供給の制約が大きかったことと関係している。逆に言うとそのような制約がなければ、中小企業を組織に統合することは必ずしも容易なことではないということが予想される。

鈴木良隆は、企業間関係の形態の国家間の違いは、当該経済社会において稀少な資源の相違に基づくのではないかという仮説を提示している。[二八] 日本での歴史的経緯を見ると、系列化・同業者組織化の進展には、独禁法の改正という事情は関係しているものの、まず、金融事情の逼迫という情勢が極めて重要な要因として関わっている。五〇年代初頭には、ドッジラインの施行や朝鮮戦争によって金融事情は逼迫していた。このような情勢において、特定の大企業の系列下にあるということは、融資を受けやすくするものであるから、金融の回路が十分にない企業がその経営戦略として、系列化を進めるということは合理的であっただろう。また、これらの時期は、原料供給に制約の多い時期でもあった。このように当時の経済状況において限られた資源への対応として、系列化・同業者組織化が進展したと考えることが出来る。

日本の中小企業政策の基礎が作られた一九五〇年代は、戦後の復興期であり、大企業優先の経済政策が採られた時期であって、物資も不足していた。しかし、その後もそのような条件が継続したわけではない。実際、中小企業の活力が認められるようになるのはその後の高度経済成長期であり、この時期になると、五〇年代にあった多くの制約は失われているのである。

中小企業はその五〇年代に統制組合の結成を求め、また、同じころに、系列化が進展する。この時期の中小企業の組織化は、資源の逼迫状況で大企業中心の生産を優先的に実現する動員のシステムとなっていた。だが、金融や原材料供給の事情が改善された状況においては、仮に多くの中小企業団体があったとしても、それが各企業に対して資源逼迫時と同等程度の統御力を持ち得ることは当然には期待できないのである。

## 第五節　地域からの保守支持

以上では日本の中小企業政策・中小企業組織は競争力に欠ける中小企業の保存に十分な効果を持つとは考え難く、むしろ日本の中小企業は自立的な存在であると見るべきであることを論じた。このことは、これら日本の中小企業組織・政策が中小企業を政治的に自民党支持へ動員する媒介とはならないということを意味するものである。本節では、中小企業が自立的であり、それらが多く地域的ニッチに適応した事業主体であるからこそ、業界団体を媒介にしない、地域における中小企業と自民党議員との関係によって自民党を支持しているのではないかという仮説を提示する。

### 第一項　自民党と業界団体

自営業者・中小企業経営者に見られる保守支持の強さは、特に業界団体を媒介にした動員・支持調達と結びつけて理解されているのが通例であった。[二九] 本項では、業界及び業界団体がどのように、そしてどの程度保守政党と結びついているのかを検討する。

保守政党の有力な支持団体として語られている団体は数多い。このような多様な団体の包括性こそが自民党の長期政権を支えてきたとも言われる。[三〇] ジャーナリズムによって「集票マシーン」として名を挙げられる団体も多様である。

政治的に有力であると言われている諸団体を、さしあたりその構成員の同質性・多様性に着目して分類すれば、次の三つに分けられよう。

第一は、特定の職能の同業者の組織である。これが一般に業界団体と言われるものであるが、このうち特に政治的に有力とされる業種は、例えば、建設・医師・繊維・環境衛生業（理容・美容など）、化粧品・薬局、農業・林業・漁業などであり、また、特定郵便局も一種の同業者組織を構成するものであると言えよう（さらに、理論的に考えれば、労働組合も、労働力という商品を販売する同業者の組織であると見ることが出来、この類型に属すると言える）。

第二は、複数の業種にまたがる組織である。例えば、商店街・商工会議所・中小企業団体（これには民主商工会も含まれよう）・青色申告会などである。

第三は、職能以外の特定の共通利益に基づくもので、例えば、宗教団体や戦没者遺族会などがこれにあたる。

このような団体と保守政党の関係は、さらに行政をも取り込んで、鉄の三角形を構成していると言われ、それが、日本の政治過程についての一つの代表的なイメージとなっている。これは、業界団体と、保守政党内に形成される特定の業界利益を強く代表する「族議員」と、その業種を所轄する官庁の三者から構成される持ちつ持たれつの相互依存関係である。その関係は、次のように理解されている。まず、業界団体はその利益実現のために、「族議員」に働きかけ、行政に圧力を行使することで、所期の利益の実現を図る。「族議員」の側では、この業界団体から提供される資金と票によって安定した地位の確保を図る。他方、所轄官庁は、政府内で予算を獲得し組織利益を拡張していくために、業界と「族議員」の支援を利用する。また、官庁では、政策の作成・執行を円滑に行なうためにも、業界との良好な協力関係を実現・維持しようとする。上に挙げたような諸団体に対しては特に優遇と見なしうる諸政策が採られているところからもその有力性は推定されている。

このような三者の密接な関係は、閉鎖的な過程であるとして次のような多くの批判を受けているところでもある。政治・行政はこのように組織化された業界の利益の擁護にばかり目を向け、その他の利益には関心を向けない、こうして保護された業界は既得権益を守るために業界の秩序の逸脱者に対して多くの制約を課し、新規参入者を排除する（そして、このように統御されればされるほど組織はさらに効果的に集票・集金を実現するであろうと、予期される）、これらの結果、とりわけ、組織化されていない一般消費者の利益が殆ど無視されることになる、と。(三)

このような通説的な理解に対して本節で検討しようというのは、この業界団体が、どの程度、或いは、どのように、政治と結びついているのかである。

自民党の有力支持団体の集票力は一般に、参院選の全国区・比例代表区での得票・名簿掲載順位で推定されてきた。それを見ると上に掲げた諸団体はいずれも参議院に業界代表と目しうる議員を送り込んできている。だが、これについて知らなければならないことは、仮に参院選で集票力を示したとしても、それが衆院選においても同様な集票力を持つかどうかには疑問があるということである。(三)

まず第一に、一般に候補者は自己の脆弱性を極大化して考えようとする傾向があり、支持を与えてくれそうな団体であればどこにでも関わるし、また、敵対する団体については過大に見積もろうとするところがある。したがってその候補者は、敵対する候補を推薦する団体の集票力が大きく、さもそれが決定的であるかのような非難をしがちである。(三)だが、候補者はまず確からしいところから固めようとしているだけで、その団体の関与が、本当に決定的であるかは明らかではない可能性がある。

第二に、参院選で集票力を示す団体でも特に親自民党であればあるだけ——特に中選挙区制の下では——当該選挙区から出る自民党からの立候補者凡てに対して、中立的に接する可能性が高まるという点である。全部を推薦するか、誰も推薦しないということはよくある(二四)。そうなれば個々の候補者は、業界団体の集票力（それがあるにしても）を期待できまい。また、地元の団体が、当然に中央の頂上組織と一枚岩であるとは限らないため、中央での決定によって直ちに当該地域での動員が期待できるというものでもない。この地元の団体を個別に動員できるかどうかは、あくまでも、その候補者個人と、その団体との関係に関わるところが大きい。特に、その地元団体の長とのパースナルな関係、その長の意向がものを言うことも少なくない。このような状況では、業界団体は、選挙区内で統合力を発揮するというよりは、各候補者の後援会組織毎に分断されるという可能性が高まる(二五)。実際、業界の中で有力であればあるほど、他の同業有力者と共通の政治家後援会には関わらないことの方が多い(二六)。

商工会議所が自民党の有力な支持基盤であることはよく言われているが、会議所内で或る争点、例えば、消費税反対や大店法規制について関心を共通にする事業者であっても、選挙に際して具体的に誰を支持するかでは、一致が見られるわけではない。事例研究で見るように消費税への反対と個々の政治家への応援は、必ずしも結びついていなかった(二七)。

商工会議所は通常、その政治団体を持つが、自民党候補であれば原則として誰でも推薦している。売上税反対が非常に盛り上がった岩手県の参院補選においても、岩手県内の各会議所は売上税反対の決議をしながら、しかし、多くは自民党の候補を推薦していた。これは形ばかりの推薦であったと言えるかもしれないが、推薦ということ自体がそもそも形ばかりのものであるとも考えられるのである。

また業界団体自体が集票活動にどの程度貢献しているかにも疑問がある。業界団体から推薦状を得たとしてもその業界の票が自動的に集まるわけではないからである。同一の選挙区で複数の候補に推薦状を発行する団体も(二八)あり、また、推薦状を出しておきながらその団体が別の候補の支援にまわる恐れもあると言われる。候補者にとっては推薦を得ることは足掛かりであるにすぎず、それをもとに個々の事業者に個別にアプローチしていくのである(一二九)。推薦状を得たからといって後援会がその業界団体を丸抱えし得るのではない。

業界団体の集票活動の最も中心にあるのは名簿集めであるが、それにしても選挙運動においては名簿収集はゴールではなくてスタートである。事業者が名簿集めを頼まれた場合(一三〇)、「名前だけ書いてくれればいいから」と言ってその周辺から名前を集めている(一三一)。言うまでもなくそのような名前がいくら集まっても集票し得たとは言えないのであって(一三二)、その名簿に挙げられた名前に対して、如何に積極的に働きかけるかが、候補者及び選対の仕事になるのである(一三三)。このように利益誘導の効果は過大に見積るべきではないと考える(一三四)。

石川と広瀬も指摘するように、後援会の中心部は地縁や人脈によって形成されており、所謂業界団体は、その外縁部に位置する(一三五)。このうち、候補者を支える固定的な支持層は地縁・人脈によって形成された中核部分であり、候補者が丹念な〃草取り〃によって維持しなければならないのは、この部分なのである。候補者が〃金帰月来〃で小まめに選挙区内の冠婚葬祭に顔を出さなければならないと言われるのは、それによってパースナルな関係を維持・確保しなければならないからであって、このような選挙区回りに候補者が忙殺されているという事態それ自体が、この部分はそのようにしてしか維持されないし、また、その部分の維持が候補者の死活問題であることを示している。これに対して、利益誘導なるものは、その候補が有力議員になりさえすれば実現が可能になるものであり、逆に言えば、党内で力をつけさえすれば、利益誘導を求める層は、自然に彼の周りに集まってくるのである。そして、このような利益を求めてくる業者たちは、利益さえ得ればいいのであるから、フリーライダー化して選挙においては十分役に立たない可能性もある。このような業者たちに対しては、締め付けのための何らかの回路を持たなければ、その集票力をあまり期待できないものである(一三六)。

一般に選挙戦が激しくなれば、既存の組織の取り込みを図ろうとする傾向が強まり(一三七)、その取り込みが可能か否かで勝敗が決まるかのように語られることが多くなる。また、他の候補に対して自己の脆弱性を意識する者は、他が既存の組織に依存して容易な選挙戦を戦っていると、羨望しながら、相手の組織力を過大に評価し意識しがちなのである。実際は、その関与は趨勢に付随的な効果を及ぼすに過ぎないという可能性も小さいものではない[三八]。

## 第二項　中小企業経営者の地域志向

以上では業界団体による組織的動員力についての疑問を示した。本項では自立的な中小企業が自民党支持の中核にいる可能性を検討する。

既に体制論において検討したように、保護・優遇政策による自民党への動員という発想の前提には、中小企業は競争力に欠け当然には没落衰退するはずであるという想定がある。このような想定のために中小企業の政治運動は、旧中間層の急進化として捉えられることが多かった。このように捉えられてきたものに、中小小売商の大規模店への反対運動がある。近年では大規模小売店舗法（大店法）をめぐるものがそれである。これが注目されるのは、大店法が、特に自民党の有力な支持層を保護するものとして語られるからである。

大規模小売店に対するこのような中小小売商の政治運動は古く、戦前から展開されてきたものである[三九]。一九三〇年代に百貨店が出現すると同時にそれを取り巻く中小の小売業者の反対運動が起こり、それを受けて第一次百貨店法が成立するのは一九三七年のことである。その後の戦時統制で中小商業は衰退するが[四〇]、それも戦後は復興し、様々な商業者の運動が見られる。

だがこのような中小商業者の大規模店舗への反対運動も、その中核は決して零細業者ではなかった。例えば、一九三〇年代の反百貨店運動の中心は、中上層であった。没落すると想定されるような小規模零細店は、そもそ

も百貨店とは競合していなかったのである。[四一]

また現在の大型店の出店への反対運動については、反対に取組むのが競争力に欠ける非企業家的・生業的な零細企業であり、競争力に富み企業家精神を持った中小企業は反対運動には加担していないかのように見られがちであるが、大店法の運用にしても、地域内の中小商業者間で大規模店舗反対で一致が見られるわけでもない。大規模店舗の中にテナントとして地元の企業が出店することも何ら珍しいことではないからである。[四二] また、大規模店は集客力を持つから、地域内に一定のバランスで配置された方が周辺の事業者にとっても利益になり得るのである。[四三]

石井淳蔵は、大規模小売店に対して、没落するプチブルが反発し、勃興する新ブルジョアが賛成するという単純な図式で見ることには異議を唱える。彼は、反対運動と適応行動を分かつのは、資源回収可能性と地縁依存性であるとする。それは上の図のように整理できる。

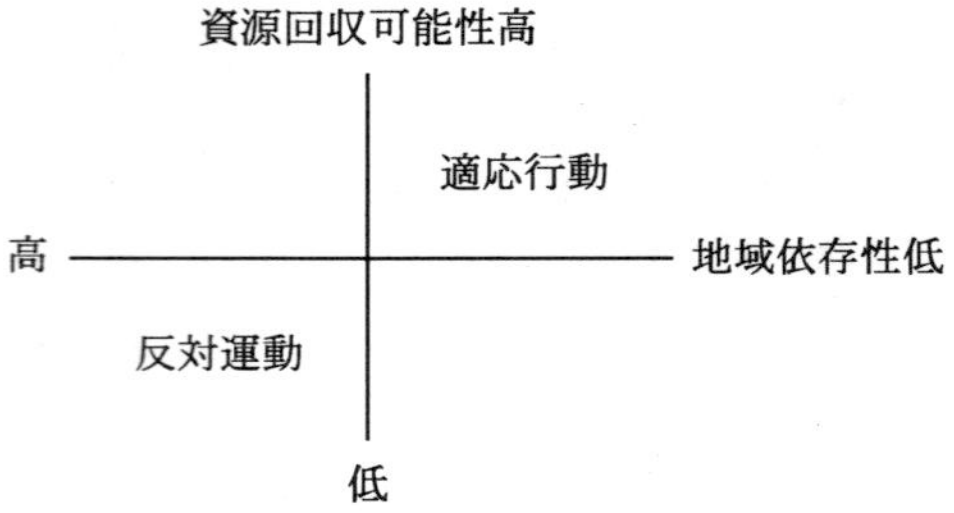


石井によれば、このような対応の差はその企業の扱っている商品・市場の性質による。企業経営に当たって投下した資源の回収可能性が高く、また、その取引範囲が地縁への依存性が低い場合には、その企業は大規模店が出店しても個別企業として適応が可能になる。それに対して、反対運動の担い手になっているのは、地域内の特定顧客に特化した資源を蓄積しているためにその地域から移動した場合には資源の回収可能性が低い企業であるとする。また、地縁に基づく中小小売業組織では業界団体内での利益の結集に不確実性が生じ、集団として積極的な適応政策が採れず防衛行動に向かうのだと言う。つまり、こういった中小企業が企業家的行動を採らない（採れない）のは、適応意欲や革新意欲を欠いているからではなく、資源の制約を受

け、地縁集団に賭けざるを得ないからであると見るのである。(一四)

これは、本書の枠組みでは地域という特定のニッチに対応した企業であると言える。このような企業は顧客を固定的に確保することで価格競争圧力の浸透を遮断する可能性を持っている。だが、その価格差が著しいときには、この差別化による障壁は解体し得る。また、価格格差によって需要の均衡が一時的に失われ、その企業が対応していたニッチが一時的に消滅した場合、時期をおいてそのニッチが復活しても、その均衡に至る間、とりわけ、企業規模が小さい場合には、経営を維持することは困難となる。そして、このように一旦企業が消滅した場合にはそこにあったはずのニッチも拡散するので、そのニッチを再び集約し、安定した経営を実現するためには、また相応の時間が必要になる。ニッチに対応している企業が防衛的な行動に走る所以である。

地縁集団に依拠した場合積極的な経営展開が出来ないとされる点には疑問も残るが、このような企業の立脚点に着目した石井の合理的解釈は本書の理論枠組から見ても説得的である。

既に強調したように、今日の日本においても、小売商業部門への新規参入は少なくなく、競争がないとは考えられない。ただ、特に日常的な消費財については、その購入のために費やし得る時間の量から言って、購入のために時間のかからない店を選択する可能性が増え、小売商の側からは、ここに地域的なニッチに適応し得るチャンスがある。地域に対応して彼が作り上げ確保した差別化は、他の地域に移った場合には汎用が困難な性質のものである。それ故、このような小売商は、彼が適応したニッチを消滅させる可能性のある新規参入者に対して、強く反発する。

ただ、彼は、新規参入者一般に反対しているわけではないことに注意される必要がある。同等程度の規模の企業であれば、彼はその営業努力によって対抗し得るし、また実際にも、そのような新規参入を彼は抑止することは出来ないのである。そして、彼は、そのような新規参入の可能性に常に脅かされるからこそ、自己の地位を守るために、顧客の具体的なニーズに細かく対応しようとする地域的ニッチ適応戦略を採っているのである。大規模店への抵抗が争点化しやすいのは、それが、規模の経済によって、一挙に安価な商品を提供し得るからである。その安価戦略に中小小売商の側が抵抗できないと直ちに言うわけではない。彼にはそれまで蓄積した個別顧客のための差別化があるし、また、仕入れの工夫などによって、相当程度に安価な商品も提供できるのであり(一四五)、また専門的ニッチ適応にシフトしていくことも出来る。ただ、このような立て直しにはいくらかの時間がかかる。また、中小小売商の経営基盤は強固ではないから、大手の側が採算を度外視した安売りを一定期間継続したとすると、それに耐えることは難しい（大手の側では、周りの中小小売商が消滅した後で、価格を引き上げて採算を回復することが出来る）。一旦つぶれてしまえば、その後、顧客の中から彼が実現していた差別化を求める声が再び生じたとしても、経営の再開は初発段階でのコストから言っても容易ではない(一四六)。

安い商品を大きなスペースに並べ、巨大な駐車場を整備することで近隣一帯から集客するような大規模店舗は、例えば――宅配制度を整備しない限りは――自動車を運転できないような老齢者の需要には十分応えられない。地域の顧客に細かく対応しようとする「三河屋さん」（『サザエさん』）に対する需要は、今日でも常にあるのである。一般に中小小売商が消えていくのは、競争力に欠けるというよりは、後継者がいないという事情によるところが決定的に大きい(一四七)。

このような中小の商業者は、地域的な市場に特化しており、個々の顧客とのつながりというのみならず、その地域社会全体の振興が直接に自己の売り上げに反映されるということからも、地域という問題について強い利害関心を持つ(一四八)。そのため、彼らの要望は地域的なものとして地域毎に現われる(一四九)。彼らの利益は、特定の業種の業界団体としての利益として概括的に把握できるものではなく、業界への利益誘導というような包括的な施策で十分対応できるものではない。

中小小売商による大規模店の出店反対がその地域的ニッチ適応の故だとすると、彼らの経営基盤は自立的であり、保護優遇政策によって組織的に統御・動員されるものとは考え難いことになる。しかし地域的ニッチに適応するが故に自民党政治家とのつながりが出てくる可能性がある。

## 保守政治家の地元志向と非党派性

中小企業は保護・利益誘導政策によって自民党に包括的に統御・動員されているとは考えられないことを以上で論述してきたが、以下では彼らが特に地域的ニッチ適応型経営主体であるが故に自民党支持の中核を占めているのではないかという仮説を理論的に検討しておく。

第一に指摘しなければならないことは、自民党政治家の地元志向という点である。一般に、自民党の政治家は、地元への利益誘導によって再選を確実にしようとしていると言われる。典型的には公共事業の誘致がそれにあたる（一五〇）。

だが、このような政治に左右される市場に依存した業種は、自由経済体制の下では必ずしも多いものではない（一五一）。商業者でも、政治的に供給される需要に恒常的に依存する業者は一般的ではない。ただ、商店街の振興は、個別の企業努力だけに還元されない部分がある。特に、専門的ニッチ適応を実現せず、他地域の同業者との競争にさらされている業者であればあるほど、当該商店街での集合的な事業に強い関心を持つことになる。商店街全体としての集客事業、例えば、大売り出し（一五二）などのほか、街灯やアーケードの設置といったインフラストラクチュアの整備である。これは、商店街が協同組合として行なう例が多いが、これら協同事業の実現に際して、補助金の交付を得ることが出来るかどうか、或いは有利な融資を受けることが出来るかどうかは重要であり、この点で地元選出の政治家の介在する余地がある（一五三）。ただ、言うまでもないことだが、このような事業における政治家の関与は、当該商店街の繁栄にとって必ずしも決定的なものではなく、それは事業者個々の営業努力に負うところの方がはるかに大きい。そのような場合、政治家の提供した便宜が恩恵として感じられる程度は下がるから、政治家が期待し得る見返りも大きくない可能性があることには注意が必要である。(一五四)

このような媒介者への志向は、革新系政治家にも見られるものであるが、(一五五)特に保守系の政治家は国会議員であっても地域から生じる様々な要求を積極的に政治過程へ媒介しようとする――ポーズを作る――ところ、即ち非政治性・非党派性という点に大きな特徴がある。(一五六)この部分で、とりわけ労組に依存している（と目される）左翼政治家がまとう地元（の利害）代表の外見は完全ではない。(一五七)

この保守政治家の「非党派性」とは、単なるポーズにとどまるものではない。多くの選挙マニュアルが示唆し、また実際に保守政治家が語っているところによると、政治家たらんとする者にまず重視されているのは、同窓会などの〝仲間〟である。彼は、そのような――〝地元〟の――仲間たちを訪ねることから後援会の中核部分の育成を図る。それは、直ちに何らかの利益誘導の保証を意味するものではない。(一五八)彼がそこに作ろうとするのは、〝地元〟、仲間たちの代表という意識である。既存組織に依存して立つのではない保守系候補はこのようにして中核部分を形成しなければならない以上、彼が中央から統御された（というイメージを生むような）党派色をまとうことが出来ないことになる。(一五九)

## 中小企業経営者のマンタリテ

次に、以上のような意味で「非党派的」と言えるような保守政治家に対して、地域の中小企業経営者がどのような論理で支持を提供しているかを自立的経営者のマンタリテという観点から検討する。これは、経済社会におかれた経営者の立場から演繹して彼の選好を導出し、その特徴を理念型的に構成して、――政治的に提供される利益と互酬的なものとして保守支持の強さを説明するものとは別の――中小企業経営者の保守政治家或いは自民党への支持の「動機」の理解を試みるものである。(一六〇)

第一は、経営環境・経営者の立場という点からの解読である。

経営者は一般に自己の基盤の脆弱性を過剰に意識する傾向にある。そのために、現状肯定的・保守的な行動を志向しがちである。これは大嶽が大企業経営者の態度を解析して示した点であるが、経営者である以上中小企業の経営者にも共通して見られる。(一六一)とりわけ、中小企業の場合は、間接金融への依存度が高く、経営基盤も往々強固なものではないから、特に景気や金利の動向には敏感にならざるを得ない。(一六二)

このような点から中小企業経営者は、経済のマクロ的な安定を支持することになる。このような態度は、大企業経営者と何ら変わることがない。中小企業の自民党支持が大企業とプチブルの連合として奇妙な連携として語られることも少なくないが、(一六三)その利害状況は、この点については相当程度に同質なものである。

第二は、地域での名士としての側面である。

彼らは往々ロータリークラブやライオンズクラブのメンバーとなって、地域の名士にもなっている。このためにも、彼らが求める代表性は、特定党派に片寄ることを嫌う。自分たちの仲間、自分たちの代表を求めるのである。

彼らの顧客はその地域というにほかならないから、地域経済全体の振興には強い関心を持つ。彼らは、地域のインフラストラクチュアの整備には関心をもつ。これは、各企業が単独では実現し得ないものだからである。それ故、彼らは、地域の代表を求める。既に述べたように地域代表志向は中央集権的な党派性とは相容れない部分がある。

第三は、「自前」意識の問題である。

三宅一郎は自民党と非自民党の支持層を分別する基準として、自前－非自前の二分法を提示した（一〇四）。これは中小企業経営の自立性を強調してきた本書の立場と共通するものがある。中小企業経営者にしても、自立的な経営者であろうとするからオーナーとなり経営者となるのであって、したがって、何らかの党派に従属することを好まない志向があり、これは自民党・保守系の政治家の非党派性と共通する。

自立的に自前の経営を行なっている主体を想定する場合、さしあたりそのマンタリテは、自己責任、経験主義、権威主義という三つの特徴を想定できる。

しばしば誤解されやすいが、中小企業経営者はまずビジネスでの成功を目指すが故に経営者なのであるから、その第一の関心は企業経営にあるという当然のことから確認しておかなければならない。彼らは自己の努力によって経営上の成功を目指す目的合理的な存在であると想定しなければならない。その営業はまず、一次的には個人の努力によるのであって、政治・行政への期待が第一にあるわけではない。政治的な差別化を果たさなければならないような官庁相手の特殊な業界を除けば、彼らの成果は、政治行政には直接は左右されない。

第二は経験主義である。今日日本のビジネス書のベストセラーなるものの大半が、実体験に基づく教訓話に終始しているのであり、戦国武将の伝記や、大河ドラマが受けるのも、このような教訓が求められてのことであり、また、有名なスポーツ選手が選手活動引退後、講演活動で生計を立てることが出来るのは、その成功の「秘話」から、「教訓」を得ようとする多くのニーズがあるからである（一〇五）。

企業経営において革新的であり享楽的であったとしても、その収入は企業収益に直結しているから、実利信仰が著しくなる。これは、特に（ヨリ不安定な消費動向に依存するところの）商業者の場合に顕著となろう。投機的な性格が強まるし、現世的な結果を生み出すものなら、何でも試そうとする。実際神社仏閣の有力な後援者に、中小企業（特に商業）の経営者は多い（一〇六）。

第三は権威主義的な性格である。抽象化を拒絶する自らの体験に基づく経営は、従業員に対して、権威主義的な態度を生み出し得るものである。

権威主義的な体質というところから言っても、経営上の便宜から言っても、中小企業経営者が、自己の企業内に自己に敵対的な組織が生じることを嫌うのは当然であり、企業内の「家族」的協調的組合を超える労組に対しては許容的ではないだろう。また、競争社会における自助努力を追求するところからすれば、大組織やエリートに対する反感も強い。自助努力の強調は、徴税に対する反感もあって、反福祉という方向に向かいかねない。中小企業経営者が非政治的な存在であるとしても、本人が、常識・良識・「正論」と語るその内容に、右寄りのバイアスがあることも確かなのであり、まさに丸山眞男が言うように「社会の下士官」として、日本のファシズムを支えた「マス」がここにいるのであり、岸信介が「声なき声」としてその支持を期待したのも、これらの層であったと見ることが出来よう。

このような自営業者・中小企業経営者のマンタリテは、保守系の政治家のそれと通じるところが大きい。保守系の候補者は、自営業者と同じく、自分で後援会を作り上げ〝経営〟していく存在である。たたきあげ、自己責任による目標の追求という志向は、自営業者、中小企業経営者のそれと共通のものである。また、営業活動において足しげく顔見せすることで取引相手から〝信用〟を獲得して取引に食い込み拡大していこうとするところや(二七)、組織運営において家族親族を重用し大番頭を配置するといったところなど、中小企業の営業・経営戦略は、保守政治家が日常的に地盤で行なっているところと類似性が高い。実際、保守系の地方議員には自営業者・中小企業経営者の経歴を持つ者が多いし、そこから国会に出てくる者も珍しくはない(二八)。このような保守政治家の最も典型的な例として、田中角栄を挙げることが出来よう。そこには日本における巨大な中小企業経営者の姿を見ることが出来る。彼の徹底的な具体的思考、体験から「マニアックなまでに」教訓を引き出そうとする発想は、日本の多くの中小企業経営者が持っている実感信仰の強さを最も徹底した形で示したものと言える。また、数こそ凡てという田中の信念は、儲かりさえすれば何でもよいという考え方と、軌を一にする。(一六九) このような意味で彼は本来非政治的政治家であったと言うべきであり、この非政治性は、多くの中小企業経営者の持つものと言えよう。

田中角栄のほか、浜田幸一や中川一郎にも見られるようなたたきあげの――そして大衆的な支持を調達するような――態度は、エリートへの反感を背景にしている。彼らは地域内では、ダンナ衆の伝統的な支配を打破し、中央では、エリート官僚の支配を突破することで庶民の支持を得た。田中角栄で言えば、地主・地元のダンナ衆が支持する民主党候補を破って国政の舞台に登場し、エリートを排除して庶民に直接利益を持ち帰ると広言して人気を博したのである。(一七〇)

自民党の中には、ここに見られるような大衆政治家と、それに批判されるようなエリートという両側面がある。しかも、この双方は、必ずしも二項対立を示しているものではないというところが最も重要な点である。大衆政治家が地位を固めそれが二世・三世に引き継がれれば、それは、かつて初代が打破しようとしたエリートと何ら選ぶものではなくなる。このことは、新興企業経営者も地場を固めれば、地域の名士の仲間入りをし得るということに対応している。この〝成り上がり〟と〝エリート〟の間に、一定の緊張を孕んだ連続性が認められる点が、自民党の強さの一つの理由であろうし、また、中小企業を中小企業として一くくりにしては見えないところなのである。

## 中小企業と左翼支持

以上では日本における中小企業経営者の保守支持の構図を検討してきたが、しかし、他方で、中小企業経営者の中に、一定の左翼政党の支持層が存在することを看過することは出来ない。また既に述べたように旧中間層が

左翼・労働と提携する可能性はある。（二七）

わが国の自営業者の政党支持を見ると、常に一定程度の革新支持が含まれており、これが、農業者との重要な違いになっている。（二八）これは、単純に利益誘導によって保守政党支持が調達されているわけではないのではないか、という可能性を示唆するものである。実際事業規模が小さい層（つまり保護を求める度合が一層強いのではないかと考えられる層）でこそ、共産党や（旧）公明党支持が見られるのであり、（二九）また中小企業組合の中には民社党支持があった。

本書では先の理論枠組に即して、農業者の場合、コメの需要が政治的に包括されているため組織的に統御され、その全体が自民党支持に動員されており（＝それだけ持続的動員力を持ちそれ故政治的影響力も大きいと予想される）、それに対して中小企業の場合は業種によっても多様性があり、その中でも、単独では差別化を実現できない経営主体群による企業間組織が、一定の組織的自律性を持った場合に自民党支持から離れ左傾化する可能性があり、したがって、ここから理論的には、最も左傾化するのはギルド型に組織された企業ではないかという仮説を立てることが出来る。

## 註

（1）日本の中小企業の数の多さについては、清成一九九七など。

（2）カルダーは日本のような中小企業政策の発展は他に例を見ないと指摘している（Calder 1988: Ch. 7）。Cf. Beason *et al.* 1991.｜党優位政党制については岡沢一九八八、ペンペルほか一九九四。Cf. Arian *et al.* 1974; Levite *et al.* 1983.

（3）わが国政策決定過程における中小企業の影響力の大きさについては、既に、真渕一九八一、北山一九八五、樋渡一九九一によっても、これを否定的に捉える見解が示唆されている。

(4) 中村ほか一九八九。
(5) 篠原一九七六。
(6) 石川一九八九、清成一九九三、一九九七、中村一九八五、一九九二。
(7) このような清成らの批判に対しては、オイルショック後に二重構造が復活した、逆に言うと、二重構造の解消と見えたのは一時的な現象であるとする反批判がある。Eg. Goldthorpe 1984. また新川一九九三参照。
(8) 中小企業労働者は若年で独立することが多いため、高年齢に至るまで労働者の位置に留まることがそもそも少なく、その結果、終身雇用によって高年齢に至るまで労働者を抱え込む大企業との平均賃金の差を比較することにどれだけ意味があるかと批判される。また、三輪はそもそも、二重構造なるものはなかったのではないかという批判を展開している（三輪一九八九b）。
(9) Aoki 1988; 三輪一九八九a、浅沼一九八九、伊藤一九八九、今井一九八九、今井ほか一九八九。
(10) 大企業でも、合理化を進めようというとき、「分社化」の戦略をとるのは珍しくはない。
(11) バーガーは、産業化は社会的均一化を促進すると同時に不均一を強化再生産すると言い、そのような事情は国毎に違いが存在すると言う。そして、とりわけ、フランスとイタリアに注目し、両国では伝統的セクターの数は大きくは減っておらず、減っていても重要性は変わらないと言う。この中小企業からなる伝統的セクターは現代的セクターの拡大に寄与しており、この伝統的セクターの残存は政治的恣意の結果ではないと言う。伝統的セクターが果たす政治的経済的機能としてバーガーが挙げるのは、現代的セクターの作れない製品を作ること、労働の戦闘性と組織を弱化させること、経済に柔軟性を与えること、有権者として一定の数を保つこと、政治的社会的秩序を維持すること、などである（Berger *et al.* 1980）。

また資本主義経済体制論としては、ピオーリとセーブルがデュアリズムによる経済的危機克服を指摘している。それによると、大量生産体制（フォーディズム）は競争力維持のためには価格面での競争を余儀なくされ、価格引き下げのためには固定費用を拡大しなければならない。しかし、一九七〇年代の経済的に不安定な時期には固定費用の拡大は困難であったため、大量生産体制は競争力を保てなくなった。これに対して、伝統的なセクターに見られるようなクラフトマンシップは状況の変化に柔軟に対応することを可能にしたとする（Piore *et al.* 1984; Acs *et al.* 1996; Bagnasco *et al.* 1995. また、小川一九九六)。この例として、労働危機への対応として小企業を分離しそれが経済成長を可能にしたイタリアのケースと並んで、日本の例が挙げられる。下請の存在は親会社への従属と受け取られてきたが、下請側は高度の技術力と自律性を持ち、ここから生まれる柔軟性が日本の高度経済成長とオイルショック後の危機克服を可能にしたと言う。また、九〇年代終盤のヴェンチュア企業・社内起業家への関心の高まりは、長引く経済停滞状況を打開するための活力源としての期待に基づくものであろう。

(12) 勿論このような指摘に対しては、一部の優良中小企業をのみ取り上げて〝普通の〟中小企業の姿を捉えていないのではないかという批判がある。

(13) マルクスほか一九七一、四九－五〇頁。

(14) この論点については諸家の実に様々な論評があるが、それに立ち入ることがここでの目的でもないし、そもそもその能力もない。ただ、概略述べれば、所有と経営の分離の実現による所有の分散が資本家階級の集中について、また、ホワイトカラー層の拡大が労働者階級の集中について、それぞれ予想されなかった事情であり、このことが、彼らの見通しの額面どおりの実現を阻害する要因となったということにだけ触れれば足りる。この論点については例えばダーレンドルフ一九六四やギデンズ一九七七を参照。なお、このように言ったとて、マルクスらの予言が外れたと直ちに言うことではない。

(15) なお、ここに言う「形式的」とは、ウェーバーが実質合理性と対比して示したところの形式合理性に即して、という意味である。形骸化した、或いは、表面的で内実に不適合な、といった価値判断を――少なくとも第一次的には――含まない記述上の概念である。本書が「形式」という言葉を使う場合、このような意味で用いられているということをここで念のため註記する（シュルフター一九八四、一九八七、モムゼン一九七七、一九八四、渡部一九九三参照）。

(16) このように数量化され無差別化され対象化された状況に置かれることを疎外と言い換えることも出来よう。

(17) 大塚一九六八。

(18) 丸山一九六四。

(19) Bell 1988. リースマン一九六四、ベル一九七五、ガルブレイス一九九〇。

(20) 山田一九九一、一九九三。

(21) 旧中間層の存在形態に着目して、ファシズム体制を比較体制論の中に位置づけたものとしては、古典的には Moor Jr. 1966 があり、近年では、Luebbert 1986 がある。

(22) 丸山眞男は「擬似インテリ」が日本ファシズムを支えたと言う。この「擬似インテリ」というのは、都市の旧中間層と重なるところが多い。彼はまた自営業者は「社会の下士官」であるとも述べている（丸山一九六四、六七頁）。下士官層が日本（陸）軍のありようを集約的に示していることについては、大岡昇平『野火』、『俘虜記』、野間宏『真空地帯』、安岡章太郎『遁走』などの小説や、映画『戦場のメリークリスマス』にも明らかなところである。

(23) ノーマン一九九三、大塚一九六八。また、ナチズム研究においても、ドイツの特徴として旧中間層がナチを支持したという指摘がある。山口一九七九によると、これに対してイタリアでは、ファシズムを支持したのは新中間層であった。ドイツの旧中間層とナチの関係については、ヴィンクラー一九九四。なお、コーンハウザーは、ナチズムと同様の、没落する旧中間層の大衆的政治運動としてプジャード運動を捉えている（コーンハウザー一九六一、一七六－一七七頁、二三九－二四六頁）。

(24) 大嶽一九八六、一九九六a。

(25) この理解の構図は、マルクスらが旧中間層はプロレタリアートと連携し得るとしたところに由来するものである。また、日本では、樋渡や新川がエスピング-アンデルセンらを踏まえ、そのような連携の不成立という点から、日本の体制上の特徴を理解しようとしている。なお、中間団体のありように着目する体制論自体は従来より少なくない。多元的国家論や新旧のコーポラティズム論、また、多極共存型民主主義論などをその例として挙げることが出来よう。

(26) そもそも族議員ということが言われるようになったのは、日本経済新聞の特集記事に始まるが、日本政治研究の中では、猪口・岩井の研究、佐藤・松崎の研究で広く知られるようになった（日本経済新聞一九九四、猪口ほか一九八七、佐藤ほか一九八六）。今日でも、例えば、自民党の行革推進本部が中小企業への融資が主な業務である国民金融公庫・中小企業金融公庫・商工中金の三法人について、「充実しても縮小することはない」と報告すると、これについて毎日新聞の七井辰男記者は、「これは有力な族議員である商工族と、それを支え、選挙で力を発揮する中小企業、商工団体を念頭に置いたものだ。『行革』本来の目的は置き去りにしても、目前の選挙戦が大切という思惑がにじみ出ている」と指摘している（毎日新聞一九九七年七月三日）。

(27) Calder 1988. 建林一九九一／一九九二。

(28) 政策の進展について時期区分を行なうことは必ずしも容易ではない。このようにほぼ類似の問題領域を取り上げつつも、カルダーと建林では若干のズレが現れているし、カルダーにおいては、行論の中でも、時期がずれてきたり、また、中小企業政策について言及していく中で、結局、政策展開は漸進的ではなかろうかと思わせる叙述も見られる。

(29) Berger *et al.* 1980 : pp. 115-123.

(30) 特に七〇年代に進展する保護優遇政策としては、大店法に見られるような参入規制（外国からの参入への規制を含む）、マル経資金、優遇税制、補助金、経営危機時の救済制度、信用保証制度などがある。

(31) 六一年の農業基本法は大規模化を目指し、土地改良事業には変化が生じている。このような大規模化の指向は、中小企業政策がこの時期に大規模化によって近代化合理化を実現しようとしたのとパラレルである。だが、それにしても、農業保護政策の柱であるところの、米価政策と農地政策については、この基本法によっても変化していない。橋本一九九四、宮本一九九〇。

(32) 七〇年代における中小企業保護政策は、石油危機後の不景気と、保革伯仲状況の双方への対応と言える。だが、このうちのどちらの要因が自民党にとって決定的であったかは直ちには、明らかではない。中小企業は景気変動の影響を受けやすいから、経済的危機において、中小企業政策として危機への対応策が採られることは――日本の経済のかなりの部分を中小企業が占めている以上――不思議ではない。そのような危機は自民党の危機とは一次的には別のものである。政党の危機とシステムの危機を区別しないカルダーの危機概念の曖昧さが、ここに現れている。

(33) 七〇年代の中小企業保護政策の試みとしてしばしば言及されるものに田中政権時の中小企業向け無担保融資制度（マル経資金）がある。このマル経資金は商工会議所を媒介にした中小企業の組織化・政治的動員を狙ったものと言われる。一九七〇年代の中葉には、自民党は大都市部での民主商工会・共産党の伸長に苦慮していた。その中で、参議院選挙対策として取り上げられたのが、中小企業に無担保無利子で資金を融資できるようにしたこの制度である。この融資に当たっては、商工会議所が窓口となり、審査を行なう。広瀬はその融資のルートを通じて、商工会議所が、農村における農協と同様に集票機関として機能することになったと言う。即ち、「融資するかどうかは商工会議所の一存で決まる。商工会議所への加入こそ条件になっていないが、会議所ににらまれるような行動があっては、いろよい返事をもらえそうにない。まして民商にはいっていれば具合の悪いことになりかねない。すべては、商店主や工場主が経営指導員に相談をもちかけるところから始まるが、指導員と商店街、町工場のつながりがつよくなること、まちがいなしだ。『都市の農協』になったのである」。日商が商工会議所を媒介にして全国の中小企業の活動を統御しているという政治学者のイメージは、この広瀬の『補助金と政権党』での叙述に負うところが大きい(広瀬一九九三、五〇頁)。組織化され有力な支持基盤となった中小企業が論じられる場合、この広瀬の指摘が引かれることは多く、カルダーも広瀬に拠って自民党の危機対応戦略としての補償政策を挙げており、升味もこれを重視している (Calder 1988: p. 319. 升味一九八五、四八八頁)。ただ、後に詳述するように、本書はこの政策の効果には極めて懐疑的である。

(34) 例えば、三宅一九八九、八八頁。これに対して、猪口は、一九七〇年代末からの保守復調が、自営商工業者への利益誘導政策による支持調達に負うところが大きいとする (猪口一九八三)。

(35) 一口に中小企業政策と言っても、その機能は複合的である。類似の政策が国によってはまったく別の機能を果たすということもあるし、立法目的からかけ離れた運用がなされることもある。また、単一の政策が複数の機能を(同時に或いは状況に応じて)果たす場合もある。このような事情から、現実の中小企業政策の評価は必ずしも容易なものではない。だが、理論的に見た場合には、中小企業政策は、独占禁止政策(不利是正)・産業政策(適応助成)・保護政策(競争制限)に類型化できる。独禁政策とは、大企業が規模の格差を利用して中小企業に不利な取引を押し付けることを規制しようとするものである。このような政策の背後には、大企業による独占に対する拮抗力として中小企業を位置づけようとする発想がある。産業政策とは、特定領域の企業の成長を国家の関与によって実現しようとするものである。保護政策とは、通常の市場競争においては脱落していくはずの企業に何らかの支援を与えることでその存続を実現しようとするものである。それ故これは競争制限政策とも言われる。

このような諸政策のうちどれに力点をおくかは国によっても異なる。アメリカの中小企業政策は競争的秩序維持のために中小企業の育成が必要だという理念に基づく。イギリスでは、中小企業を経済の活力の源泉としての役割を持つものであるとしてその「苗床」機能を評価し、中小企業政策は国民経済の健全性維持のための政策として展開すべきものであるとされている。ドイツでは中小企業が大企業に比べて能率が劣るとし、規模による差別排除の政策に限定しようとしている(有田一九九〇、一七〇－一七一頁)。これら各国の政策は基本的には独占禁止政策として考えることが出来る(なお、ドイツでは、手工業保護政策が、例外として、なされてはいる)。これに対して日本では、日本経済全体の国際競争力の強化という視点が中小企業政策においても戦前戦後で一貫しているとされる。即ち日本では中小企業政策が産業政策としての比重が大きいというのである。

しかしながら、一つの政策を一つの特定の類型に属するものと簡単に判断できるわけではない。例えば有田は、わが国の中小企業政策は理念が不鮮明であるために、産業政策的政策や独占禁止的政策であっても、競争制限的政策と区別がなされない側面があると批判している（彼の認識によれば、これは、中小企業が大きな票田であるためである)。このような事情のために、中小企業政策がどのように展開されてきたのかを整理することにも、困難が伴う。政策意図とその効果が一致していることを当然に期待することも出来ないし、また、そもそもその政策意図が何であるかが必ずしも判然としない場合がある。

(36) 産業政策としても、一体何が有望な産業かをどのようにして判定し得るかという重要な問題がある。これは、後述する「方向の提示」の要素に関する問題である。

(37) 前述のように、政権維持の不安という言わば短期的な危機への対応が、経済システムにおける危機への対応と逆方向を指向するものであることは何ら不思議なことではない。カルダーが、その両者を区別なく、単一に危機として捉えようとしたことの難点が、このように中小企業優遇政策の整理の混乱にも現れている。

(38) 即ちこれは、国家の中小企業振興政策を、中小企業における合理化の第一次的要因とは見ないことを意味する。

(39) 樋渡展洋が、自民党の長期政権の成立の要因として、農家および中小企業（自営業者）の体制内化に注目するのは、両者が産業化の進展により経済的に没落し多くは急進化し得る存在であったと考えるからである。彼はエスピング－アンデルセンに拠り、それらが、社会民主主義政党によって体制内化したならば、左翼の優位が生じるという比較の枠組を想定している。むろん、そこでの前提は、右派にせよ左派にせよ、それら旧中間層の保護を実現し得る政権によって、それらの体制内化が実現されるというところにある。Esping-Andersen 1985; 樋渡一九九〇参照。

(40) 農業部門については四〇年代末までに、農協によって農民が包括されたと言う。
(41) 樋渡は、この連携が社民政権を成立させるものであると言う。
(42) 戦前から日本の中小企業政策には国際競争力強化という視点が強く現れていたと言われる。有田一九九〇、一九九七、鶴田一九八二、寺岡一九九七。
(43) その後の日本の独禁法については、産業政策的見地の下で運用されていると言われている。
(44) 有田は、日本の中小企業政策の柱は、第一次世界大戦以降、組織化と金融政策であったとするが、中小企業を主たる対象とする主要金融機関の整備も、大凡一九五三年頃には終了している。
(45) 中小企業基本法。
(46) 一九五六年の機械工業臨時振興法、繊維工業設備臨時措置法、五七年の電子工業振興臨時措置法などは業種別に中小企業の合理化を実現しようとするものであったが、その多くは臨時措置法であった。
(47) なお、競争の激化が下請・系列化の進展と統制的な同業者組合化をもたらしていることに注意。
(48) Johnson 1981. それ以降、日本の産業政策に取り組んだ業績は極めて多い。例えば、Zysman 1983; Friedman 1988; Samuels 1987; Okimoto 1989; Johnson *et al.* 1989; Tilton 1996; Callon 1995; Uriu 1996; Vogel 1996 ：小宮ほか一九八四、北山一九八五、大山一九九六、久米一九九四、大嶽一九九七、松井一九九七、鶴田一九八二などである。産業政策論争については、建林一九九四が見通しの良い整理を与えてくれる。
(49) この点に関し、真渕一九九四aは、通産省の政策が大蔵省との二重のチェックを経ることになったため、市場適合的な政策が残る可能性が大きくなったという事情を指摘している。
(50) これは言わば、日本の高度経済成長に〝奇跡はなかった〟と見る立場である。
(51) 例えば、今井賢一は産業政策が意図せずして競争を加速したという評価であり、村上泰亮は、政府規制の役割は競争のための仕切りを作りそれを維持することであるとし、どちらにしても企業の競争エネルギーの大きさを重視する。ただ、この場合には、そのような市場組織の編制に何らかの形で政府・政策が寄与している可能性は考えられる。

(52) 村松は、日本は小さい国家でありながら様々な回路を用いることでその活動量は多くプレゼンスが大きいとし、これを最大動員システムと呼ぶ(村松一九九四)。これは市場の活力を政府が効果的に動員しているという指摘である。オキモトは日本を関係重視型国家・ネットワーク型国家と呼び、政府と企業の間に広範に拡がった相互依存的なネットワークを重視する。サミュエルズは、政府が経済に関わる機能を管轄とコントロールの二つに分け、日本の政府には前者はあるが、後者はないとする。市場をコントロールするのはあくまでも私企業であるため、国家は私的利益との間で繰り返し相互作用を行ないその過程で管轄を得るが、コントロールは拒否されると言う。政府も財界もともに市場を信用しておらず、過当競争を懸念しているため、その限りで国家は管轄を認められ保証人として機能するのだと言う。そして、国家の権力は市場との間での相互の調節や相互の了承によって増やされたり限定されたりするとされる。

(53) 建林一九九四は、官僚規制論・市場規制論に代わるネットワーク論を、産業政策論争の第三の実証的議論として取り上げている。

(54) 新川一九九二。

(55) その基本的な枠組みはガーシェンクロンに負うものである (Gershenkron 1962)。この点から、日本の事例は、西欧諸国との比較のみならず、東アジア諸国との比較の対象となる。またこのように考えると、国家主導型の一つの典型例としては、ファシズム国家を想定することが出来る。したがって、日本について、官僚主導説の描く国家が、ファシズム国家と連続的なものとして受け止められるのは故なきことではない。例えば、最近の典型的な国家主導モデルである野口の「一九四〇年体制」論は、戦時体制として構築された大蔵省の経済統制システムが戦後も日本経済を規定し続けたとするものであり、国家主導型とファシズム体制との近似性を如実に示していると言えるし、ジョンソンの国家主導モデルがその後本人の意図とは離れて、通産省による統制経済体制のイメージで捉えられるようになるのもこのような理論の出自が反映していよう。

(56) 以下にはこれら三要素のうち主に統御の問題について検討するが、方向の提示が正しく出来るのか、という問題も重要な論点であった。これは、媒介項たる組織が如何に各構成メンバーの要望を吸い上げ集約し国家の決定へ媒介し得るのかという問題である。

(57) Schmitter *et al.* 1979; Offe 1984; 井戸一九九四、篠田一九八九、新川一九九三。

(58) 大嶽一九九六。

(59) Pempel *et al.* 1979.

(60) 樋渡一九九一。

(61) 久米一九九二。

(62) Katzenstein 1978; Zysman 1983.

(63) 加藤淳子は、所謂日本型多元論者には制度論的な発想が強いと指摘している（加藤一九九三）。

(64) Okimoto 1989. だが、このオキモトの論旨は、流通業が典型的な商工省・通産省の所轄分野であるのに、合理化が進展しなかったということを十分説明しないし、そもそも政治の介入を許した分野が合理化を進めなかったというのであれば、問われるべきは、何故他の業界が政治化しなかったのかということであって、それを説明しない以上彼の論旨はトートロジーに陥っているのではないかと思われる。さらに言えば、彼は、中小企業部門を政治化し不合理を残存させたものであると見なしているが、彼が肯定的に取り上げるハイテク産業における中小企業部門は、彼の考える中小企業ではないらしいのである。

(65) 村松一九九一。ただ、村松の指摘は、既に戦前から、中小の小売商を保護しようとする動きとこれを統合しようとする動きが拮抗していたという事実については説明しない。

(66) 久米一九九七。彼の取り上げる例は関西のミシン産業である。そこでは、業界団体が商工省の官僚の助言を容れてミシン技術委員会を作り商品の企画化を進め、中小部品メーカーの生産特化が図られ、そしてこの関西での成功が敗者なき産業政策の有効性を広く認識させることになったと言う。

(67) ただ、ここで久米が挙げる関西のミシン産業における「大阪府の工業奨励館にいた商工省出身の技官」の関与が産業政策の例と言えるかには大いに疑問がある。

(68) このような現代企業の政治からの自立性を、大企業を素材にして明らかにしたのが、大嶽秀夫の業績である。

本書の企業権力論は、大嶽が二〇年近く前に提示したところから、依然として進んでいない。大嶽一九七九参照。また、本書における市場のイメージは、多くをDahl *et al.* 1975から学んでいる。

(69) 実は中小企業政策については、その経済的効果に多くの疑問が投げかけられている。中小企業は規模の経済の効きにくい領域でこそ存在意義があるのであるから、組織化によって大規模化、即ちミニ大企業化を指向させようとするのは、中小企業としてのメリットを失わせようというに等しいものであるというのである。つまり、そのような政策意図の下での中小企業政策は、多くの効果をあげたとは言えないということが含意される。その代表的な論者は清成一九九七。また、Miwa 1995の議論も参照。

(70) 例えば、升味一九八五、四八五－四八八頁の叙述を見よ。このような理解に対して、旧中間層を保護優遇政策で動員するには日本政府のリソースは十分でないことを指摘し、通説の難点を明らかにしたのは、先に述べたように樋渡の功績である。だが、彼の議論にしても、フランスやイタリアの旧中間層に比べて、日本では、中小企業を含む旧中間層には政治的な急進化が見られないのは何故かという問題意識の上に立っており、その点ではやはり中小企業は当然には競争力に欠け没落し、それ故に本来急進化するはずの存在であるという発想をともにしているのである。

(71) 石油危機後の経済過程において中小企業部門が失業緩和の機能を――コーポラティズムの機能的代替物として――果たしたとし、中小企業セクターが現代政治経済の中でも重要な役割を果たしていることを指摘したのが、ゴールドソープらの議論であり、日本でも、新川の重要な業績がある。ただ、このような危機への緩衝材としての中小企業という指摘は日本で伝統的に二重構造論として語られてきたところと同一の構図を持つ。また、大嶽は、ゴールドソープや新川の議論を認めながら、しかし、それに続けてピオーリ・セーブルを引いて、そのような日本でもフレキシビリティをもった中小企業がいち早く状況に適応し得たと評価する。だが、ゴールドソープのデュアリズム論と、ピオーリ・セーブルやバーガーのデュアリズム論は同じデュアリズムという名を名乗ってはいても、方法的にも異質であり、また、このような接合は、とりわけ、ゴールドソープらのマクロ的な問題認識を無視するものであると言える。とは言え、これらの議論が、近年の新しい中小企業論に政治学が対応しようとした、比較的少数の例である。大嶽一九九五、九二－九三頁。

(72) 無論、中小企業の自民党支持は強くないとすれば、リヴィジョニストたちとの知見との整合性は直ちに期待できる(これが建林の立場である)。だが、本書の事例研究に見るように、彼らの自民党支持への偏りは明らかである。

(73) 媒介項としての組織に着目しようという本書の観点は、近年隆盛を見るに至っている(新)制度論の観点とつながるものである。企業間組織の存在形態は、市場の制度的態様であるとも言えるからである。Cf. Coase 1988; Williamson 1979; 1985; 1996; Hirshman 1970; 1992; Dahl *et al.* 1976; Lindblom 1977.

(74) ボードリャールなどに代表される多くの消費社会論を参照(現代資本主義の見取り図としては、浅田一九八三)。激しい競争が同質性を生むというのが本書の最も重要な主張(の一つ)である。例えば、日本人は選択において周りと同じものを望む傾向にあるとしばしば指摘される。それを以て日本人は個性がないと言われたり、和を尊ぶ文化があると言われたりする。だが、日本人が周りと同じという選択をしているというだけなら、日本社会に生じる様々な流行のダイナミズム(それを以て、日本人は熱しやすく冷めやすい、とも語られる)は説明できない。そのような流行は、流行をいち早くキャッチすることで流行に遅れている人々と自らを差別化しようとする強い意向があるからこそ生じる。そこには特に〈見られる〉ことを意識した激しい競争がある。周りの人と同じようにしたいから目立たないように誰もが同じブランドの品物を持とうとしているのではなくて、そのブランドを持たない人と差をつけたいからブランドを志向するのである。このような精神構造を如実に描いたものとして田中康夫の『なんとなくクリスタル』(一九八〇)は、今でも興味深い。なお、日本人論については、南一九九四を参照。

(75) 館一九九一、中村一九九三。また、一九九〇年代の半ばには、景気の停滞に伴い、各企業が新規採用を控えたため、多くの大学卒業生が職を得ることが困難になったと言われている。これは、日本の――大企業を中心にする――労働慣行が、原則として二二~二四歳の大学新卒者をのみ新規採用の対象としており、また、学生の方でも、通常四年(ないし五年)で大学を修了した後は直ちに企業に新規採用される以外の選択肢がないために、労働市場に押し出されることを余儀なくされることによる。尤も、その就職難と言われる状況も、従来の終身雇用体制における終身雇用を期待しての採用状況と比較して言及されているところは大きく、所謂アルバイト・フリーターといったパートタイムを含めた求人の全体の大きさを考えると、大学新卒者が本当に職がないと言えるかどうかには、若干の疑問がある。

(76) 尤も、競争圧力下にある企業は往々経営の困難の感覚を以て過当競争と呼ぶであろうことには注意が必要である。本書ではそれを「過当競争感」として、ここに言う理論的な過当競争状況とは区別して論述している。

(77) ただし、技術革新の早い領域では、特許を取得してもすぐに新技術が導入されるから、特許の取得は無駄なコストになることもある。

(78) 清成ほか一九九六。

(79) Piore *et al.* 1984.

(80) 京都のある経営者は、京都ではヴェンチュアが育ちやすいと語る中で、京都には、他社の模倣を好まない、また、売上高競争を志向しない経営文化があると指摘している。実際、京セラ・堀場製作所・オムロン、といった特色ある企業が戦後の京都から輩出したことは事実であり、ヴェンチュア育成にとって何らかの好条件が存在する可能性を感じさせる。一般に多く語られるのは、京都大学との産学共同といった点であるが、このような経営文化の存在は、確かに各企業のニッチ適応を容易にするものであると考えられる(イタリヤード社長)。また、京都出町の布団店主の息子であった樋口広太郎は、京商人は平素は仲良くし、品質だけで競い合う誇りを持っていると指摘している。これは後述するギルド型の企業タイプに見られる志向である。京都の経営文化に関しては、梅棹も、京都の町衆にD.I.Y.（Do it yourself）の文化・独立自営の文化があると言う（梅棹一九九七）。また、和田亮介が大阪船場にあったとする「扇子商法」も、このようなニッチ適応に適合的な経営文化を示すものである。これは、扇子は開き過ぎるとたたみにくくなるところから、扇子の要を企業理念に見立て、好況不況にかかわらず、バランスの取れた経営を目指すものであると言う(和田一九九八)。ドーンと儲けようなどとは決して考えず、地道に努力し信用を得、身の程を知ることなどが重要であるとする。和田はこのような船場商法が戦後必ずしも受け入れられず、戦後の五〇年は堅実より成長の風潮であったと語る。

(81) 西山一九八九、一九九二、一九九七。

(82) ただ、企業にとってニッチは所与の環境ではないことは注意される必要がある。企業化とは、社会内に分散した多種多様な需要を一定規模に集約したとき成功する。このような企業努力によって集約された需要がニッチなのである。また、生物においても自己の生存に有利なように環境を操作するということはあり得るのである。

(83) このような議論は、複雑系・アフォーダンスといった現在の知的関心のトレンドへも接合している。例えば、村上一九九七、松原一九九七、リード一九九七。

(84) 浅沼一九八九、今井一九八九、伊丹ほか一九八九、伊藤一九八九、三輪一九八九a・b、富永一九九一、植草一九八二、大園一九八二。

(85) 有田一九九〇。

(86) 近年の代表例は、野口一九九五。

(87) フリードマンは戦中においても、中小企業に対する統制は強くなかったと見る (Friedman 1988: Ch. 2)。

(88) Aoki 1988.

(89) 例えば出版業界では、紙の供給が国家的な統制下にあったため同業者の統合が実現したが、戦後原料供給が確保し得るようになると、各企業は直ちに自律的な出版活動を再開している。

(90) 他方、下位企業が実現した差別化が、容易に無差別化し得る程度のものである場合、つまり、新規参入の潜在的な脅威にさらされている場合——上位企業の立場から言い直すと容易に取引先を変更し得る場合——には、下位企業は上位企業からの動員に対して自律的ではあり得なくなる。

(91) 野口の一九四〇年体制論は、現代日本における諸制度の起源が戦中にあったことを明示した点で、注目すべき議論であるが、しかし、ある制度の起源がそこにあるとは言えてもその制度が五〇年間維持・運用されてきたのは何故かという問いには何も答えない(これは歴史的制度論一般に見られる難点である)。戦中に起源のある制度も、場合によっては、戦後の自由経済体制の中でまったく別の機能を果たしながら存続するということは大いにあり得ることではないだろうか。パンダの手首の骨が「親指」になったように、である。この比喩は、〈貨幣〉について岩井克人が行なったところによる(岩井一九八五)。

(92) ただし、これも独禁法の改正とは関係している。

(93) だからこそ、メーカーは金融等の手段で離脱を抑制しようとする。

(94) 尤も、商品の差別化が著しい場合には他系列商品による代替は無意味になり、また大嶽の事例研究におけるホンダ会のように、同一系列内で激しい競争をさせれば、それは販売店相互が無差別化するということであるから、メーカー側からの影響力を受けやすくする。大嶽一九七九、四二－四三頁。
(95) そのような値引きは広告等で告知されたり店頭で明示されているものには限らない。顧客へのサーヴィスとして購入時に――購入者側からの申し出がなくても――行なわれるものがある。
(96) 現在、このような同業者団体が、業界内の競争を制限し自民党の集票マシーンとして機能するものと見なされているわけである。
(97) 既に述べたが、このように通産省が規模の経済を実現しようとして組織化政策を打ち出し続けたという点こそ、清成らが、日本の中小企業政策は効果がなかったとする所以である。
(98) 国家による統合を志向する――社会民主主義的な――要因は、岸信介以来のものである。
(99) 田口一九六九、小林一九五七。
(100) 近年では、中小企業政策として一つの行政主導の異業種交流プロジェクトが語られることも多い。これも組織化政策の新たなヴァリエーションである。だが、当の中小企業から見ると、行政の熱意に比して、どれほど多くの実効が上がっているかについては疑問がある。行政の主導性に対して、〝おつきあい〟程度の期待しか持たない企業も多いのではないか(製造業者へのインタヴュー)。また、様々な共同研究の可能性については、特に同業者間では容易でないと語られる。これは業界内に激しい競争があることを反映したものである。他方で各企業は、ビジネスのチャンスがあれば、そのような紹介の機会がなくても、様々な機会を捉えて他の業種の企業にアプローチするものであり、アプローチしなければやっていけないのが企業なのである。この異業種交流が、各企業の個別の努力によっては開かれない回路を開くことが出来たのであれば、当然評価されなければならないが、現実には、そのような機会はさほど多くない。恐らく、大学に蓄積された情報の公開が最も期待されるところであろう（大企業は多くの大学の工学部とかなり密接なつながりを持っているが、中小企業ではかなり個人的な関係に依存しなければ、大学の研究室とのアクセスは得にくい）が、そこから生じるビジネスチャンスというのも、必ずしも大きいわけではない（実際、産学協同を掲げない工学部は、国立大でも稀有であり、たいていは公開を標榜しているのである）。
(101) ダイエー社長の中内㓛が、店舗を一つ出すのに受けねばならぬ行政的な許認可が膨大な数に上ると語ったのは、その例としてよく言及される。

(102) 中小規模の新規参入希望者にとって参入し難い業種こそ参入障壁の高い業界であると言われるべきである。典型的には銀行・証券業界があたる。農業も農地の規制から事実上新規開業は――既存業者から権利を取得する場合を除くと――容易ではない。

(103) 中小企業白書によると、個人経営の小売店は減少しているものの、中規模小売業者は増加している。全産業ベースでは一九八〇年頃までは概ね、開業率六－七％台前半であったが、一九八九年から一九九一年までの間に両者は四％台となり、初めて逆転が生じた。その後、廃業率は横ばい、開業率はやや上昇している。

(104) 大店法が競争を緩和しないことについては後述。

(105) 勿論一つの事業が大きくなると、それが複数の官庁の所轄にまたがるため、実質的に同じような内容の許認可を複数の官庁から受けなければならなくなるという煩瑣の可能性は拡大する。また重要な点は、大規模事業者の場合、特に土地の利用制限規制が大きな障害となることである。京都市街で、大規模流通業者が出店しにくいのは、強い土地利用規制も関係している。

(106) 商業慣行は、それぞれの文化においてそれぞれ独自の合理性の下に進展するものであって、一つの形のみが合理的であるとは言い難い。一般に現代資本主義に適合的と想定される近代市民法に基づく契約法上の法規制は、ローマ法以来の伝統の上に築かれたものであるが、例えば江戸期の商業慣行法がそれらに比して後進的であり合理性を欠くとは決して言えない。また三輪一九九一参照。

(107) したがって、障害に直面する印象を、とりわけ外国からの参入を希望する大規模事業者が多く感じるのは当然である。

(108) 例えば、九四年の酒税法改正までビールの製造販売は一定以上の規模（年間二万キロリットル以上）を持つ者にしか許されなかった。小規模のビール醸造業者の企業経営が成り立ち得ないという規制の根拠が如何に不当なものであったかは、規制の緩和（年間六〇キロリットル以上）後の全国各地での地ビールの隆盛からも明らかであろう（日本地ビール協会によると、全国の地ビール工場は、九四年には二〇店、九六年には八〇店、九七年末には約二〇〇店になっている）。日本での代表的な寡占業界の成立こそ、このような規制の産物であった。

(109) 井上一九九七a・b。

(110) 逆に言えば、参入規制として機能している資格とは、その資格を持てば直ちに仕事を得るチャンスを期待できるという資格であり、例えば、日本では、弁護士・医師・公認会計士・不動産鑑定士などがこれにあたる（勿論これらも客商売であるから、開業にあたっては、資格を持っているだけでは足りないというのは言うまでもない。また、医師の場合、設備投資や医療保険の負担の大きさから、新規開業の困難さは一層高まっている）。税理士・司法書士・行政書士といった資格は近年では、それを単独で持っても直ちに安定した仕事を確保できるわけではないようである。教員免許も同様である。他方、囲碁や将棋のプロの免状というのも、その資格を持てば一定の生活の保障が期待できる資格と言えるかもしれない。

(111) 前の註で参入規制の厳しいとした諸業種はいずれも教育期間において厳しい選抜が実現されていることに注意。また取得が容易であるとした諸資格にしても、一定の実務経験を要求するものは多く、それは、事実上教育過程を媒介にした参入規制の一種とも言える。

(112) 樋口一九九二。清成一九七一、岡田一九七五のほか、『社会科学の方法』誌上で展開された営業の自由論争も参照。

(113) 勿論日本においても伝統的には職人たちの同業者組織があった。ただ、その特徴は、メンバー間に同胞の意識が弱かった点である。日本の職人間の関係は、親子関係に擬せられるものであり、親方や兄弟子には絶対服従が要請された。また、封建的な上下関係に組み込まれていた。これに対してヨーロッパのギルドでは徒弟・職人もやがては親方となり同等な関係に立つはずのものとして遇されており、そこには原則として平等な関係があり、またその組織は封建的な権力に対しても自律的に対峙しうる基盤でもあった（遠藤一九六一）。だが、反面、このような日本的な組織は、（擬似的な）一家・流派ごとの競争を奨励するものともなった（日本の「イエ」を、事業主体・競争主体としてみる見方は、村上ほか一九七九）。日本では、明治維新後の近代化の過程において伝統的職人層が、新来の西洋的な技術に必ずしも敵対せずそれを取り込もうとしたという動きが見られる。これには当時の国家的な事情も反映していようが（後に詳述するように、開国以後、日本国民が国際競争圧力の中で国家的な方向に動員されたという側面は重要である）、職人間の連帯の弱さ・競争の激しさが新来の技術の導入を容易にした点は否めない（西洋建築技法の取り込みについて初田一九九七。金属加工業と機械工業における職人の貢献については、尾高一九九三。また、江戸時代から明治期に至る職人のあり方を伝えるものとして高村光雲の懐古録は興味深い)。ヨーロッパにおいては、職人は資本主義に対抗する勢力であったのであって、彼らが近代的労働者となったのでもなく、また、ギルドが労働組合となったわけでもないことに比較すると、ここにも、近代日本の資本主義化の成功の一つの要因が見て取れる(松村一九九五。Thompson 1991.)。

(114) このような大と小の共存が無い業界こそが規制の厳しい業界なのである。今日でもフランスで最も重要なギルドの一つである製パン業者は、何を以て「パン」と呼び得るか、つまり、「パン」を「パン」たらしめる条件を決定することで大手事業者の大量生産方式を排除している。ギルドの中でも、このフランスの製パン業ギルドの歴史は古い。また、ドイツでは、手工業保護政策が採られておりそれによって独自の職人的技能が保存されているが、その場合でもそれを支えるものとしての教育制度が確立している。これは比較的若年で職業教育への分岐があることを意味する。ドイツでは小学校四年で、大学に進むか、事務職か、労働者かの三つのコースに分けられる。これに対して日本では殆どすべての国民が一八歳まで事実上普通教育をうけている。日本では、専門学校への進学の際にも高卒の資格が求められる(数少ない例外は調理師)。

(115) 制度論的に言えば、官庁組織がそれに対応する業界団体を組織させたということになるが、しかし、そのようにして組織された業界団体が各参加企業に対して動員力・統合力を持ち得るかどうかについてまでは、この制度からは説明できない。だが、これまでこのような同業者組織の動員力・統合力については十分な関心が向けられてきたとは言い難い。

(116) 日本の業界団体の持つリソースのうち最も重要なものは、公共性(の外観)である。業界団体と言っても多くは必ずしも自立性を十分持つわけではなく、会長担当企業の組織リソースによって運営されているというのが実態である。したがって業界団体の意向として語られるものも、実質的には会長企業(の会長)の意向が強く反映されている。だが、その意向自体は会長企業のものであるにしても、それを業界団体の長として語ることはそれだけ、公共性に開かれたものとして、語り得る。個々の私的利害に関わる主張であるかもしれないものを、そのような手続きを経ることで、公共性を持つものとして正当化して語り得るのである。

一般には業界団体は利益団体の典型と受け止められており、私的利益を表出し、しばしば政治過程の公共性を歪曲するものと考えられている。ところが、各企業及び企業経営者の意識では、企業の立場の発言と、業界団体を通しての発言とでは、その意味はまったく異なるものである。これは、日本の業界団体と行政との関係に由来する。日本では多くの業界団体は行政と密接な関係にあるために、業界団体の意向として示される場合、それは半ば公的な性格を持つものとして主張されているのである。実際、行政は個々の企業単独の陳情は受け入れないので、企業は業界の意向としてとりまとめて、陳情を行なう必要がある。その場合、集約された（という外観を持つ）業界の意向というのは、半ば公的な性格を持つものということになる。

企業として発言するというのではなく、業界団体の声として発言するというのは、それだけ日本の公的秩序の下で正当な主張であるということを示そうというものである。企業側では、業界団体を経由しての許認可によって、公的に正統な立場で営業を行なっているという意識がある。行政の網の目が張り巡らされている状況で、企業経営は私的財産権の不可侵という点からのみ正統化されているわけではないのである。このように、業界団体は機能面のみならず、正統性の面においても事実上行政の外縁部を構成する。

また、自己の企業リソースを政治的アリーナにおいて公然と動員しようとする場合、業界全体の利益に関わるという――少なくとも――外観を持たないと、その政治活動は正統性を持ちにくいという面もある。とりわけ株主に対して正当性を提示できないであろう。

(117) なお、日本における中小企業団体として注目されているものに、商工会・商工会議所がある。新聞記事などで商工団体と言うとき、これらを指していることは多い。だが、商工会議所による組織化が中小企業の保存そして政治的・経済的動員に寄与する程度は低い。

フリードマンは、日本型の国家社会関係の特徴をネットワークの存在に認め、その媒介項として商工会の存在に注目する。彼は長野県坂城町での製造業の進展に着目し、そこで商工会の果たした役割の大きさを指摘している。彼は坂城町における製造業者の事例を丹念に紹介しているが、そこではこのようなフレキシビリティの実現に、地元の商工会が関与したことを指摘している。商工会や商工会議所の役割への着目は、広瀬の業績などとも共通するところであり、日本の中小企業を論ずるときには取り上げられやすい点なのであるが、フリードマンもその役割をである。

過大に評価しているきらいがある。例えば彼は、商工会の職員は長野県庁の職員として採用されるとして商工会の公的性格――つまり行政的なイニシアティヴの存在――を指摘している（Friedman 1988: p. 188）が、私が調べた範囲では、そのような事実はない。商工会の職員は商工会連合会が採用試験を行なって各商工会に割り振るものである。

本書の事例研究において明らかにされるように、地域の商工会議所は、あくまでも地元の事業者の動きを受けて活動するものであり、それが単独でリーダーシップを発揮するという性格のものではない。

このような商工会・商工会議所を媒介にした組織化については、広瀬に見られるようにマル経のような金融回路の重要性が強調されるが、これには大きな疑問がある。現在、中小企業の利用し得る金融の回路は複数あり、勿論マル経も一つのオプションとして存在することで中小企業側に選択肢が増えたという意味はある。特に、これは、従来の商工会議所の中心的なメンバー層より低い層の中小企業を対象としたものと言え（有力メンバーはこのような資金を利用することはない）、その層は、確かに民商が対象にしている層と重なる。だがこれもオプションの一つに過ぎない。そもそも、この資金は商工会議所の会員にならなくても利用できるのであり、現に民商の会員の利用もある。また、会員になるにしても、個人では年間一万五千円から、法人なら二万五千円から支払えばよいだけである。そして、その運用の実際を見ると、この資金の消化率は高くなく、七八年度以降は三〇％以上の使い残しがある。むしろ、会議所はこの資金の消化のために営業活動を行なっているのである。

商工会議所を媒介にした中小企業の組織化・動員という発想は、中小企業を農家と同様なものと捉えていることを示しているが、農家は従来事実上のコメの全量買い上げ制度によって一定程度の収入が期待できたのであり、常に倒産の危機を意識している中小企業者とはおかれた状況が全く異なる。中小企業は、少しでも得になることを求めて、日々（時には〝えげつない〟）苦労を重ねているのであって、たまたま提供された金融の回路の一つに過ぎない商工会議所への依存度は決して高いものではない。

(118)　鈴木一九九二。また、Chandler 1977. 鈴木ほか一九八七参照。

(119)　以下の叙述は、選挙制度の改革に十分対応していない。九六年の総選挙は新制度下の第一回目とあって、むしろ従来型の選挙戦術が――しばしば極端なまでに――採られたと観察できるが、これが第二回目以降も続くかは定かではない。制度改革にかかわらず見られた選挙戦術の連続性については、大嶽編一九九七。
(120) 猪口ほか一九八七、佐藤ほか一九八六。
(121) こういった批判は、今日喧伝される多くの規制緩和論に見られるところである。Wolfern 1989 などの所説を参照。
(122) そもそも組織票が決定的であるかどうかということについても、八九年の参院選挙でも、一人区で自民党の候補が惨敗したという過去があり、疑わしい。
(123) このような事情は、選挙制度の改革がなされたばかりの状況では、特に過剰に現れる可能性がある。
(124) カーティス一九七一、一七二－二〇〇頁。彼のこの指摘は今まであまりに軽視されてきたように思われる。
(125) 多くの中小企業が経営困難にさらされていた一九五〇年代中葉においてすら中政連の活動が多くの中小企業を持続的に動員し得なかったことは、中小企業を組織的に統合することの困難さを示している。鮎川の戦略は、地域の顔役的な業者を動員することで、末端までも動員しようとしたものであったが、そのような動員は成功しなかったのである。鮎川の日産財閥の財力を持ってしても動員し得なかったということの意味はよく考えられるべきである（田口一九六九、小林一九五七）。
(126) 対比してみると、創価学会のような宗教団体の組織は統合力・動員力があり、頂上組織からの指示が末端まで有効に効くであろう可能性は高いが、それでさえも、本部中央による指示に構成員の誰もが盲目的に従っているわけではなく、その候補について自分たちの仲間であるかどうかという意識が持てるかどうかで、熱意・動員力に相当の差が出ると言う（北川ほか一九九五）。保守系の候補が選挙区内の宗教団体の行事に積極的に参加しようとするのは、自分の宗教的な熱意を当該地域内でアピールする必要があるからである。
(127) ある選挙区における消費税反対集会の際、その選挙区出身の中小企業利益擁護に熱心な代議士との懇談会が反対集会のあとにセットされていたが、その懇談会への参加はあくまでもその代議士を従来から個人的に支援している人達だけに限られ、反対集会に加わった主要メンバーが当然にそれに参加するということはなかった。
(128) 九六年の小選挙区の下での衆院選でも、同一選挙区の複数の保守系候補に推薦状を出している業界団体はあった。

(129) 自民党代議士系列下の市会議員へのインタヴュー。彼は、推薦をもらえば推薦状を出した業界団体の加盟者に電話したりアプローチするときに、話がしやすくなるとし、また、推薦状を事務所に貼るのも、事務所をたずねてきた市民が、自分の関係団体が推薦しているのを確認し安心するという効果を狙うものだとするが、推薦状をもらうこと自体での集票効果については一笑に付した。また、大型間接税反対の社会的機運が高まったときでも、業界団体からの推薦状自体は得られたと言う。勿論、それでもそのときの選挙戦は非常に厳しかったと言う。

(130) その依頼も業界団体を介して行なわれるというより、業界内の人間関係を媒介にして行なわれていると見た方が適切であると思われた。

(131) 不動産業者へのインタヴュー。

(132) ただし、参院選の比例区では、名簿の記載順位がそれによって決まるということがある。

(133) 出来るだけ多くの団体から推薦を得ようとするのは、出来るだけ多くの有権者に直接アプローチするチャンスを最大化しようとしているためではないかと考えられる。

何故そのような名簿集めに執心し、また、電話をかけまくって有権者の反応を確認し票読みすることが重視されるのかについて、とりわけ保守系の候補者の中には、接触を重ねること自体が集票活動であるという確信がある。彼らは電話をかけて見込みがありそうな反応が聞こえたらそこに繰り返しアプローチすることで自分の支持に転じてくれると考えており、また、自分の応援をしてくれている人に繰り返し電話をすれば一層強固な支持者になってくれると考えているのである。街宣車で回るのも反応が悪いところを確認しながら行なっているのであり、反応が悪いところでも繰り返し回ることで手応えが増すと言う（自民党代議士系列下の市会議員へのインタヴュー）。

(134) 一九六〇年代から七〇年代にかけて、各地に簇生した革新自治体は、地方政府の規模を拡大し、つまり、多くの利益誘導を行なったが、しかし、それでも、その政権は必ずしも長くは続かなかったことが想起されるべきである。

(135) 石川・広瀬一九八九、第三章。

(136) その点、建設業界は政治的に需要を操作しうる例外的な業界であるからこそ、最も動員されやすいと言える。実際、候補者や秘書の語るところによれば、後援会の形成に際して、業界団体は格別重視されていない。勿論、あらゆる団体に支援を呼びかけるというのは保守系候補者の常態であるが、それへの依存度は低いようである。それには、業界団体が利と見れば接近し、利とならずとあらば直ちに離反する〝合理的な〟存在であるから、その支持に多くを期待することは出来ないし、それに期待していたのでは安定した基盤を作り得ないという事情がある。また大嶽一九九四、二七二－二七四頁参照。

(137) 近年では小沢一郎がしばしばこのような業界動員型の選挙を行なっていると言われる。

(138)「商人（の票）ほどあてにならないものはない」という科白は取材中何度も聞かされた。

(139) また、反税運動としても、中小小売商を中心にする運動は、長い歴史がある。例えば、戦後初期に導入が試みられた取引高税は、彼らの反発で撤回されるに至る。その後も、幾度となく（これは大平による試みの顕在化の以前からである）大型間接税への反対運動が組織されているのである。

(140) 岡田一九八四。

(141) ただ山本景英は小ブルジョア底辺にとっては、行き場のないエネルギーに出口を与えるものであったと言う。また彼はこの運動の評価についても、これにより大資本はカルテルを育成することになり、反百貨店運動は反独占のブルジョア民主主義運動というよりは、政府が設定した合理化政策（＝資本の論理）の軌道で戦われたものであると見る（山本一九八〇）。

(142) 商工会職員へのインタヴュー。

(143) パン業者へのインタヴュー。また、彼は、発展のバランスということを強調した。大規模店が店舗面積を徐々に増やしていくのであれば周辺の事業者もそれに十分対応できるのに、一気に大きな店舗がオープンすると、一時的に客が激減するため、事業の維持が困難になると言うのである。これは、周辺の事業者が大規模店に比して競争力のない存在であるという――通説的な――見方を否定するものである。

(144) 石井一九八九。

(145) 八〇年代から新規の大規模量販店の登場によって「価格破壊」が進展したと見られる業界としては、紳士服や眼鏡の業界が挙げられることがある。ただ、紳士服にしても、高級輸入服地を用いたものの値段が下がっているわけではなく、そもそもそれらの値段が不当に高く設定されていたとは考えられない節がある。新規の紳士服量販店は、やや質の劣る商品を大量販売することで、価格の引き下げを図ったのであり、従来高いと言われていたような商品と同等のものを安くしたわけではない（ただし、ポロやラコステといった輸入ブランドものを安くした功績はある。それも、メーカーの方でブランド認知による市場の拡大に伴って、生産地を移したことや、大量輸入が可能になったという事情が関係している）。眼鏡にしても、小規模小売店で大規模量販店よりはるかに安く商品を提供している店はある。

(146) ニッチの集約にかかるコストである。

(147) 後継者難は経営難の故に生じるものではない。

(148) 今日中小企業政策は地域振興政策としての側面が強い。岩澤一九九二、北山一九九〇b、一九九三、一九九四、関一九九七、関ほか一九九三、一九九七、下平尾一九九六、吉田一九九六。

(149) 商店街は言うまでもなく集合的な利益に関わっているが、その場合でも地域毎の組織化が必ずしも強く実現されているわけでもない。大型店の進出に対して、商工会議所で対応の中心になっている業者でも、その進出問題が現れる以前は、商工会議所との関係は稀薄であったと言う（洋品店主へのインタヴュー）。

(150) 日本が土建国家と言われる所以である。勿論、それが、様々な無駄をもたらしているという指摘も数知れない。近年のものでは、猪瀬一九九七。

(151) それによって地域が栄えるのであれば、地域起こし・村おこしが課題とされる必要はなくなる。

(152) 商店街での大売り出しは、各商店に共通のクーポンや福引券などの発行などが典型的に見られる。これは、個々の事業者単独では実現できないものである。

(153) ただし、この程度のことであれば、国会議員が直接関与する必要はない。地方議員レヴェルで解決される問題であることが多い。

(154) 役に立ちそうな政治家であれば誰に対しても陳情するであろうし、逆に個々の事業者単位ではフリーライダー化する余地がある。

(155) テープカットに並びたい願望に保守系も革新系も大差がない（道路建設を担当した県庁職員へのインタヴュー）。

(156) 地方議会においては、保守系であっても「無所属」を名乗るものが多く、自民党代議士の系列にある地方議員であっても、自民党を名乗らないことがしばしばあることに注目しなければならない。これは彼らがあくまでも地元・市民の利益に尽くそうという態度を示すためになされるのであり、党派的利害で動いているわけではないことを示すため、言うならば党派性を消し去ろうとするために取られるものであると考えることもできる。この面は保守政治家全般に見られる性格だが、単位がローカルになればなるほど顕著に現れているのである。

(157) 自民党議員自身は「自民党議員というのは、世間の目からみれば、政治的な色彩としては無色に近い」と考えていると言う（石川・広瀬一九八九、一三〇頁）。なお、田中流の金権政治は自民党の右翼的イデオロギーを脱色することになったという指摘がある。

(158) 後援者は必ずしも現実的利益の獲得を期待して後援するのではないということに留意すべきである。例えば、相撲取りの後援者は何故後援するのであろうか。後援者は、相撲取りの勝利・出世に自己の立身を投影して喜びを見出していると言えよう。現世的な見返りがなくても「夢を買う」という楽しみはあると言う（勿論後援会経営が営利事業として成り立ちうるという期待がそこに含まれていないとは言えまい）。タニマチと呼ばれる相撲取りの後援者には中小企業のオーナー経営者が多い。選挙マニュアルもまた、政治家は自分に対するファンを作れと語るのである。

(159) このような現象は、自民党が十分な政党組織を持たない結果生じたものと考えるよりは、保守系の政治家がそもそも、そのようにして地盤を作って仲間たちの代表として立つべきであると判断していることに由来しているようにも思われる。これは選挙制度改革によって比例区から当選した候補も、小選挙区への意欲を強く示していることからも考え得ることである。

(160) 井上一九八九、百瀬ほか一九九七、またターケル一九八三。

(161) 大嶽一九七八／一九七九。

(162) 忽那一九九七。

(163) 大企業とプチブルは利害が対立するはずのもので、その連合は必然的ではなく、自民党の長期政権を可能にした例外的なものと見なされることも多い。これは言うまでもなく、大企業の出現はプチブルの没落衰退をもたらすという発展段階論的想定に由来する。

(164) 三宅一九八五a・b、一九八九。

(165) ビジネス書・ビジネス雑誌は、経営者に、自分のやっていることは正しいんだと、様々な材料を用いて正当化してやることに意味があると言う(ビジネス書の編集者へのインタヴュー)。

(166) 大塚久雄がウェーバーを踏まえて、近代合理主義の担い手を商業資本家ではなく、産業資本家に求めるべきことを強調した所以である(大塚一九六八、一九八一)。また、大塚を踏まえた丸山眞男による商人資本主義論への批判を参照(丸山一九五二、一二六―一二七頁)。

(167) ただの雑談をして帰るだけでも頻繁に顔を出していることが重要とされる。

(168) 若田一九八一、黒田一九八四、村松ほか一九八六、猪口一九八三。

(169) 立花一九八二(下)三六七頁。

(170) 高畠一九九七、一〇四―一〇五頁。

(171) Esping-Andersen 1985; Berger *et al.* 1980.

(172) 農民層での革新支持は、自営業者に比べれば著しく小さい。三宅一九八九、九二頁など。

(173) 事業規模と政党支持の相関という問題は極めて興味深いのであるが、これについての調査は殆どない。本文での記述は、いささか古いが綿貫一九六七の指摘によっている。実際、創価学会の構成員を見ると、零細自営業者は目立つ。創価学会の現世利益指向はこれら自営業者の生活実感を支えるものであろう(井上一九九五)。また、中小企業運動と創価学会の運動を(没落する)旧中間層の動きと見て関心を寄せたものに、塩原一九七六。

# 第二章　事例研究

―大型間接税と中小企業

# 第一節　課題と仮説

## 第一項　事例研究の狙いと方法

本章では所謂イシュー・アプローチの手法を用いて日本の中小企業の存在形態・企業間組織形態を考察する。この方法は、特に影響力分析において有効であると考えられている(一)。本書では組織の動員力の変数として影響力を設定して、政策決定過程における影響力行使の回路を分析し、それによって中小企業の組織的統合のされ方を明らかにする。この事例研究では、決定過程における中小企業の保守支持の強さとその影響力の弱さが明らかになる。一見すると矛盾しているように思われるこの現象は、それらが地域的ニッチ適応型経営主体であると考えることで初めて整合的に説明される。

本章では、日本の多くの中小企業が強い関心を向けた大型間接税という争点を取り上げ、中小企業の反対は中央での政策決定過程では十分顕在化せず決定に影響力を持たなかったこと、それは、中央での決定後、選挙過程においてのみ地域単位で組織され、その政治的な働きかけは、当該地域を地盤とする個々の自民党政治家との個別の人的ネットワークによるものであったことを論ずる。

## 第二項　大型間接税導入問題における中小企業

一九七〇年代末から、日本では三度に亙り、大型間接税の導入が試みられた。(三二)第一回が大平政権での七九年の一般消費税構想であり、第二回が中曽根政権での八六年の売上税構想であり、第三回が竹下政権での八八年の消費税構想である。以下ではそれぞれを順に、第一次、第二次、第三次大型間接税導入構想と呼ぶ。大型間接税導入問題は、八〇年代において日本の中小企業が最も強い関心を向けた争点であった。また、大型間接税導入の政治過程にあっては、中小企業の動向は、その改革の方向を左右するほどの重要性を持っていたと一般には考えられている。(三三)

これらの政治過程については、一般消費税と売上税の二つの税制案は、主に中小企業の反対によって挫折し、その反対を考慮したことが日本における大型間接税の導入成功の鍵となったという見方があり、また、中小企業の反対を抑制するために導入された様々な特例が、消費税の税制としての合理性を阻害し、結局導入後の消費者を中心とする大規模な反発を生み出したとも見られている。つまりこの政治過程においては、中小企業の優遇のあり方が一つの重要な争点となっていた。

先進資本主義国を比較した場合、日本の税制上の特徴は間接税比重の低いところにあり、これは、付加価値税の採用が他の諸国に比べて遅れたことに由来していると考えることができる。このことは、それだけ、大型間接税に対する抵抗が日本において強かったという可能性を示唆するものとも受け取られる。中小企業が大型間接税への抵抗の主要勢力であった点からすると、大型間接税導入が遅れたことも、日本の政治過程における中小企業の影響力の強さを示すものだという解釈は有力となる。(三四)だが、本書は政策決定過程をたどることで、むしろ中小企業は組織化されておらず、決定過程に十分影響力を持っていなかったということを明らかにする。この争点においても中小企業の影響力は極めて限定されていたことを明らかに出来れば、それだけ本書の主張が日本の他の政策領域でも当てはまると期待できよう。そしてその影響力行使の回路と中小企業の存在形態を明らかにすることで、現代日本の保守体制の構造的特徴を示すことが期待できる。

本書が検討しようという論点は、九〇年代以降の政治過程を考察する上でも重要な問題である。九〇年代の政治の流れは、政治過程に対する業界団体の影響を遮断しようとする一連の試みとして把握することも可能だからである。中選挙区制から小選挙区制への移行を柱とする選挙制度の改革も、中選挙区制の下では自民党内の競争が激しくなることによって政治家が選挙区の業界団体の意を迎えることに汲々としなければならずその高いコストのために——本来の——政治課題に十分取り組むことが出来なくなるという主張によるものであった。[五]これは体制論として言えば、業界団体を政策過程の中に恒常的に組み込んだ体制を、ヨリ自由競争的な体制へと変革していこうという論調の中に位置づけられる議論である。このように理解すると、それに先行した八〇年代末の大型間接税導入問題への対応（の苦慮）がその後の日本政治に残した影響が如何に大きかったかが分かる。[六]

## 第三項　消費税成立の要因——通説

政策過程論的な関心からすれば、第二次までの失敗に対して、何故竹下政権では大型間接税導入に成功したのかという問いを立てることが出来る。特に直前の中曽根政権での失敗の事例と比較することが出来るという点で、日本の政治過程の特徴を解明する上で重要な素材と言える。

ただ、政府・自民党が売上税の導入に失敗したのは何故か、そしてまた（或いは、それにも拘わらず）、消費税の導入に成功したのは何故か、という問いに対する答えは、もとより一義的単純明快に得られるわけではない。二つのプロセスは当然それぞれに独自の歴史的個性を帯び、政策過程を取り巻く事情も異なっているからである。例えば、当時の財政状況の違いという事情は重要である。竹下政権で消費税が準備されていたときには、好況の影響で多くの自然増収が発生していた。これによって税収に余裕が生じたため、消費税の導入に合わせてかなりの規模の減税が可能になり、減税優先の税制改革を掲げることが出来た。[七] これは中曽根が望んでも出来なかったことである。

中曽根政権下では一九八五年九月の五カ国蔵相会議以後、急速な円高が進んでいた事情もある。このため不況に陥った輸出関連企業では売上税に対する懸念を強めることになった。[八] 勿論、売上税によって法人税が減税されれば、輸出企業にとってもメリットは大きいし、所得税減税が国内市場の拡大に寄与する可能性もあったが、この売上税の内容は広範には知らされていなかったために、課税に対する不安が先行することになってしまった。

中曽根が対外関係上幾つかの制約を負っていたという点も重要である。まず、当時日本経済の成長は国際的な公約であったため、景気刺激のために所得税減税は実現しなければならなかった。そして、八八年四月の訪米の日程が迫っており、それまでに予算を成立させる必要があったのである。このような制約によって、中曽根は予算成立のために野党と妥協し売上税を廃案にせざるを得なかったのであった。

政治過程内部を見ると、政党間の対抗・協調関係に重要な変化が生じている。民社党と公明党の態度の変化が、大型間接税の成否を分かつ重要な要因となったことは疑いを容れない。

これらの事情は、いずれも重要なものであるが、売上税の挫折した原因という点に着目して双方の過程を比較するならば、顕著な違いとして注目されるのは、第三次の決定過程では大規模な反対運動が生じなかったという点である。第二次の政治過程においては様々な要因・事情が観察されるが、反対が各方面から噴出したために、売上税を断念せざるを得なかったということは間違いのない点である。

売上税が広範な社会集団からの反対の噴出によって潰えたという点からすれば、逆に、反対の可能性を抑制したところに消費税の勝利の原因を見、売上税に反対し消費税を支持した圧力団体の影響力の大きさがここに示されているとする解釈が成り立つ。このような見方が大型間接税導入の決定過程についての通説的な理解である。

わずか一年半程前には強力な反対運動に直面したにも拘わらず、竹下政権での消費税導入の試みが同様の反対に遭うことがなかったことについては、村松・真渕は、反対を抑制し得た要因として、三つのポイントに整理して提示している。

第一のポイントは、自民党が優位政党であったという点である。政党間で政権交代があれば、通常は大きな政策転換が予想される。しかし、長期に亙って政権を担当し続ける政党が存在する状況では、首相が交代しても、政策・政策目標が継続される。大型間接税導入についても、目的の継承が可能になった。

目標が維持・継続される場合、前政権の反省を踏まえて行動をとることが可能になる。村松・真渕が、過去からの学習の上で採られた方法として列挙するのは、次の五点である。

(1)問題点を積極的に明示し議論することで、国民の不安を取り除いた。中曽根政権では、売上税案の具体的な細目が公になるのはかなり後になってからである。これに対して、竹下政権では、竹下自身が、大型間接税に対する「六つの懸念」を明らかにした上で、それを解消するように審議を進めていった。

(2)政府税調の地方公聴会や党税調のヒアリングを通して自民党内部を把握し、関係団体の支持を取りつけた。自民党内部と元来の自民支持層から反対が噴出したのが売上税反対の特徴であったが、竹下政権では、国会議員や地方議員の行動を抑制した。また、多数の関係団体を対象にした公聴会・意見聴取を数多く開催し、関係団体の反応を確認しながら審議を進めた。

(3)そして、その意見聴取などで確認された業界団体の意向に配慮して、反対慰撫のための幾つかの修正を行なった。売上税案から修正された点は、税額票方式を帳簿方式に変える、税率を五％から三％に変える、税カルテルを独占禁止法の適用から外す、簡易課税方式を選ぶ特権を売上高一億円以下から五億円以下に引き上げる、原則として凡ての品目を課税対象にする、免税点を一億円以下から三千万円以下に引き下げる、というものである。

(4)そして消費税導入と並行する減税規模を大きくした上で、不公平是正を前面に打ち出し、反対の取り込みを図っているという点も重要である。(一九)一般的に言って新税の効果は導入以前には十分明らかではないから、「新税は悪税である」という俚諺通り、新税には抵抗が生じやすい。また、現行税制に様々な問題点があり、かつ歳出面にも批判されるべき点があったとすれば、新税導入を説得することは一層困難となる。竹下政権で採られたのは、改正の目的を不公平税制の是正とする方法である。このようなアジェンダの設定が行なわれると税制改革自体に反対を提起することは容易ではなくなる。従来大型間接税に反対を唱えていた集団も不公平税制の是正のために公聴会・ヒアリングを行なうと要請されれば、出席せざるを得ないし、そのような改革目標が提示されたときでもやみくもに大型間接税反対を主張し続ければ、不公平を温存しようとしている立場と位置づけられることになりかねない。アジェンダ設定を修正することで、反対の体制内化が図られたと言うことが出来る。

(5)大蔵省・自民党による説得・圧力工作がなされた。大蔵省は関係する多くの団体に説明に回った。また、反対運動に関わったもの、関わる可能性のあるものに対しては、様々な圧力がかけられたと伝えられる。(二〇)売上税に反対した熊本の商工会議所会頭に対して、国税庁が接触を図ったという報道があり、(二一)また、売上税反対運動の中心を担った日本チェーンストア協会で清水信次が会長を辞め西友の高丘に交代した経緯について、政治的圧力がかかったためという指摘がある。(二二)また、消費税の導入に向けて、中小企業庁が、中小企業団体の消費税に対する態度の調査を行なおうとして、これが、反対運動の側からは思想調査であると反発されるということがあった。(二三)

村松・真渕が挙げる第二のポイントは、売上税反対が広く叫ばれたことで、逆に情報がそれだけ国民に浸透したという点である。政府・自民党内での売上税導入の決定は国民に多くの情報を提供しないままに行なわれた。大蔵省からは、細切れのように情報が提供されていったため、不適切・不適当な制度理解に基づく反対も少なくはなかった。（一四）しかし、情報不足の状況下で反対しなければならなかったが故に、多くのアクターが積極的に情報収集の努力を重ねることになったし、また、反対運動の広がりと高まり自体が、さらに多くのアクターに、大型間接税は自己の活動領域にも関係しているはずだという、言わば主体的な問題意識を喚起することになった。売上税の廃案後も——特に従来は保守支持あるいは政治的に無関心であったような団体では——売上税に反対したということ自体による——政治的——責任感から、団体なりの見解を総括的に作ろうとする態度が現われた。（一五）この点については、例えば、ある党税調幹事が次のように語っていることが自民党側の受け止めていた手応えを端的に示している。「売上税の廃案から一年、国民の中に学習効果がありましたね。たなざらしになった売上税について、みんなが自分なりに考えた。その結果、新型間接税導入が避けられないなら、例外なく、薄く、広く、公平に、という合意が生まれつつあります（一六）」。

村松・真渕が指摘する第三のポイントは、野党は複数会期に亙って反対を継続できないという点である。これは第一に掲げられた自民党の有利さの裏面をなす。（一七）自民党は優位政党の地位を占めているが故に複数会期にかけて一つの政策課題の実現に向けて努力することが可能であるが、それに対して、野党各党の側では会期毎におかれた問題状況が異なるため、政権党に対する関係を一貫して維持することが難しい。これは、売上税に対しては実現し得た強固な野党共闘を、消費税に対しては維持できなかったということを指している。

以上様々な要因のうち、政府・自民党によって——そして導入成功後には政策過程の観察者によって——特に重視されたのは、税額票方式から帳簿方式への制度変更である。自民党と大蔵省は、利益集団が売上税に反対した大きな理由は、税額票の使用のためであると考えていたからである。(一八) この点は、政策過程の当事者にとって重視されたというだけでなく、この制度変更が大型間接税導入にいたる政策過程の流れを、最も象徴的に示すものであるという点でも重要である。

税額票方式が多くの業界団体、特に中小企業からの反対を招いたと考えられたのは、それが、取引のプロセスをはっきり残すものであるから、所得の捕捉に転用し得るのではないかと懸念されたためであるという判断による。日本では、クロヨンと言われるように、中小企業経営者・自営業者は多くの脱税・節税を行なっているとする見方が広がっており、そのような彼らが、税額票に抵抗するのは尤もなことであると考えられたのである。政府税調での審議の過程で税額票方式を支持する声もあったのにも拘わらず、審議の場が党税調へと移行するに際して一般消費税型の帳簿方式が優勢となったのは、明らかに、売上税の失敗を意識した自民党の判断にリードされている。そして、消費税の導入後には、竹下・大蔵省が行なったこれら修正によって業界団体の抵抗を抑え得たことこそ、消費税導入の鍵であるという指摘が見られた。(一九)

## 第四項　中小企業の反対─問題の所在

しかし、消費税案が反対運動の噴出を抑制する内容のものであったとしても、消費税導入後に大規模な反対運動が生じたことは忘れてはならない。通説は、売上税反対運動と構成主体が異なる、つまり、売上税反対と消費税反対は、別種の運動であったと評価する。(二〇) だが注意しなければならないのは、消費税反対に立ったアクターは明らかに売上税反対運動と連続している点である。本書では、一般消費税・売上税・消費税に対する反対運動に見られる連続性に注目する（以下では、それらの反対運動をそれぞれ第一次、第二次、第三次反対運動とする）。

通説は、消費税の決定過程で反対が現われなかった、つまり消費税案は反対を抑制し得、だからこそ消費税は成立し得たという理解を前提にしている。だが本書は、売上税の決定過程においても党税調過程（第二次前期）では必ずしも地方からの反対は噴出していないことに注意を促したい。全国各地からの売上税反対は党税調での決定後（第二次後期）に噴出したのであり、党税調での審議の過程では、限られた団体の反対が行なわれていたに過ぎない。この点では第三次の決定過程でも税調での審議（第三次前期）においては大きな反対に直面しなかったという事実と相似形をなしているのである。

売上税反対運動の中核を担った百貨店協会やチェーンストア協会、それに日商は、消費税には反対しなかったのは確かであるが、彼らは八六年夏の同日選前から大型間接税に反対していたという点に注意しなければならない。彼らの反対運動はそもそも売上税案作成の過程（第二次前期）では影響力を持たなかったとも言えるのであり、その点では消費税決定過程（第三次前期）における反対は強くなかったというのとその差は相対的であると考え得る。確かに、第二次における百貨店協会やチェーンストア協会の反対は、注目を集めるものであった。しかし売上税反対運動において重要な位置を占めたと見なされるべきなのは、百貨店協会やチェーンストア協会のように政府自民党内決定過程でも反対の声を上げながらそれを阻止できなかったアクターではなくて、党税調での決定後、反対運動に関与してきたそれ以外のアクターであるはずである。

通説はこのような反対運動の中の多様性を軽視しているが、これは、日本の多くの中小企業を日商に代表・統合される一個のアクターと見なすという見方と結びついている。[三] 本書の分析は、このような見方を否定するものである。

# 第五項　事例研究で検討される仮説

本書の理論的想定は、地域的ニッチ適応型の経営主体が自民党支持の中核を占めているのではないかというものである。このような想定を前提にすると、大型間接税導入の政治過程については次のような仮説を得ることが出来る。

まず、彼らが大型間接税に反対した理由である。これまでは、売上税が税額票方式を採用したため、それが所得の捕捉に転用されるから反対が生じたのではないかと考えられており、それ故、税額票方式が帳簿方式に切り替えられた消費税には反対が噴出しなかったとされている。これに対して本書では、彼らが競争力に富んだ、そして日々競争努力に励んでいるニッチ型経営主体であると見ることで、別な可能性を示唆する。それは、彼らが厳しい競争圧力の中で、常に厳しい値下げ要求を意識せざるを得ないため、消費者への転嫁の難しさを実感しているから大型間接税に反対したという解釈である。このような理由によって彼らが反対しているとすれば、大型間接税への中小企業の反対は、税額票方式であっても帳簿方式であっても同じく噴出するであろうということが予想される。

そして、大型間接税に対する中小企業の反対が一貫しているとすれば、失敗と成功の対照を示したはずの、売上税導入の政治過程と消費税導入の政治過程には何らかの共通性が見られるのではないかということが期待される。

また激しい競争にさらされているということは、それらが十分組織化されていないということを意味し、業界団体としても十分な影響力を持ち得ないことを意味する。

他方で、中央での政策決定過程において影響力を持ち得たのは、組織化（本書の枠組に言う、集団化）されているものに限られるのではないかと予想できる。このような点からすると、集団化された同業者組織を持つと見なし得る農家・特定郵便局などと、それ以外の中小企業とでは影響力行使の形態に何らかの相違が現われるであろうと考えることが出来る。

しかし、反面彼らが地域的ニッチに適応しているとすると、地域を媒介にして「地元」選出の自民党政治家との間の関係がクローズアップされる。従来これは業界団体と族議員の関係として捉えられてきたが、業界がそもそも組織的結集を実現し得ていないとすれば、中小企業者と政治家との関係も業界を経由しない個々的なものとして現われてくるはずである。本書の事例研究では、以上の仮説が検討される。

## 第二節　消費税の成立

### 第一項　大型間接税導入前史

#### 大型間接税とは何か

大型間接税（以下では付加価値税と区別なく用いる）とは、取引の多段階において包括的に課される非累積型の間接税であり、今日の先進資本主義諸国ではアメリカを除くたいていの国において実現を見ている。[三二]尤も、アメリカでも、国税においてはこれにあたるものがないものの、地方税レヴェルでは類似のものが導入されており、長らくこのような税になじみのなかったのは、日本だけである。だが、日本でもこの大型間接税導入の試みがなかったわけではない。[三三]

日本では一九三七年の馬場税制改革案で付加価値税・一般消費税導入提案があり、一九四八年の取引高税においてこの構想が実現した。これは物品販売業ほか三九業種に取引高の一％を印紙貼用により納税せしめるものであったが、この一％の課税は税込みの取引価格に対してなされたため、取引段階が多くなるにつれて累積が起こるというものであった。また印紙貼用による納付は、煩雑であるだけでなく、捺印印紙の再使用という租税回避をもたらしたため、正直な納税者の反発を招いた。これは後に現金納付に改められたものの、小売商を中心とする中小零細企業者からの反対は弱まらず、結局一年四カ月の施行ののち廃止された。続いてシャウプ勧告では地方自主税源の強化のために一般消費税の提案がなされ、一九五〇・五一年の地方税法に盛り込まれるが、これを積極的に推進する勢力がなく、法律は実施延期を重ね、一九五四年には法律から削除される形で廃止を見た。

その後、このシャウプ勧告に示された付加価値税は一九五四年フランスにおいて実現し、これがＥＣ型付加価値税の原型となった。ＥＣ諸国での付加価値税導入を見ると、日本でも一九七〇年以降、政府税制調査会で付加価値税問題が本格的に検討されることになったが、ＥＣ諸国とは導入の前提条件が異なるとして、導入が直ちに提言されることはなかった。

## 財政赤字と一般消費税

しかし、ドルショック・オイルショックの後、抜本的な税制改革はなされることがなく、一九七五年以降の不況と相俟って財政赤字が定着する中で、赤字国債依存脱却のためには増税不可避という考え方が一九七七年の「中期税制答申」で税制調査会によって示されることになり、一九七八年九月に税制調査会一般消費税特別部会から一般消費税試案が示され、同年一二月には一般消費税大綱が提示されることになる。

この一般消費税の提案がなされたのは大平政権においてであった。大平は赤字国債発行の際に大蔵大臣であったことから、財政赤字には人一倍責任を感じていたと言われる。彼は一九七九年の総選挙に臨んで、国民に広く負担を求めようとしたが、選挙戦が始まると自民党内からも大きな反発を受け、一般消費税導入提案は撤回され、大平は自民党敗北の責任を問われ、党内では、その後四〇日間に亙る抗争が続き、それ以後、付加価値税導入問題は自民党内のタブーとなるのである。(二四)

増税による財政再建の途が閉ざされると、八〇年代には行政改革という歳出削減による財政再建という方途が探られることになるが、やがて、大蔵省は、歳出削減による財政再建には困難があることを確信するようになると、赤字の大きさを意図的に強調するようになり、行政改革から大型間接税導入へと方向転換させようとした。(二五)また自民党の中でも利益誘導のために大きな政府を求める要望が強くなっていった。(二六)

他方で、財政再建下の状況で法人税の負担が拡大し、一般消費税には反対した財界も大型間接税支持の方向へと転換し、大型間接税実現に向けての条件は整いつつあった。

## 中曽根政権での売上税構想

一九八二年に首相となった中曽根は、第二次政権のスタートした八四年に、新たな政策課題として税制改革を掲げる。中曽根は「戦後政治の総決算」を政権のキャッチフレーズとしており、国鉄の分割民営化など一連の改革に意欲的に取り組んでいた。その最後のテーマとして取り上げたのが税制改革だった。

日本の税制の骨格は戦後間もなくのシャウプ勧告に多くを負っているが、(二七)中曽根は「シャウプ税制以来のひずみ・ゆがみの是正に向けた直間比率の見直しを含む抜本的検討」を行なうとした。(二八)これを踏まえて政府税調は八四年一二月、八五年度税制改正答申で「直接税・間接税を通じた税制全般にわたる本格的な改革を検討すべき時期に来ている」とし、さらに中曽根の、「まず減税、のち財源を」という八五年九月の諮問を受けて、「公平、公正、簡素、活力、選択」を理念とした増減税同額を原則とする税制改革案の作成に着手することになった。

だが、中曽根は、税制改革を掲げながらも、一般消費税の挫折を踏まえて、大型間接税の導入による税制改革には否定的であった。八六年の六月、衆院が解散され、衆参同日選の選挙戦が始まると、中曽根は、「国民や自民党が反対している大型間接税と称するものをやる考えはない」「流通の各段階で投網をかけるような税はやらない」という発言を重ねた。(二九)

ところが、七月六日の同日選での自民党圧勝後、税調での税制改革の審議が進むにつれて、大型間接税の導入案が浮上してくる。政府税調は直間比率是正のために導入する新しい間接税として、メーカーにのみ負担させる製造業者売上税というA案、事業者間免税の売上税であるB案、年商二千万円以下を免税にした日本型付加価値税のC案の三つの案を提示した。当初中曽根はこのうちの製造業者売上税を考えていた。これならば大型ではなく、また流通業者の反対も受けないからである。政府税調の中でも、中曽根の意を受けたと見られる特別委員が、製造業者売上税を強く主張していた。(三〇)

だが、この製造業者売上税に対しては、大蔵省は減税財源に足りないと指摘した。(三一)所得税減税は中曽根が税制改革の狙いとしたところであったから、財源が足りないという指摘は深刻なものであった。また、製造業者を多く抱える経団連もこの製造業者売上税には強く反発し、(三二)何度か経団連の首脳が、ひそかに首相官邸を訪れるという事態もあった。(三三)

中曽根は八六年一一月ごろには、大蔵省と経団連との説得を容れて、日本型付加価値税の支持に回ることになる。大蔵省の説得は更に、非課税品目や免税点の設定によって、付加価値税ではあっても「投網をかけるような大型間接税」ではなくなるから公約違反にはならないとするものであった。

こうして政府税調は日本型付加価値税案が理論的には最も望ましいと答申したが、自民党税調では、財政再建議員研究会を中心にした大都市選出の議員、商工族・中小企業族と呼ばれる議員たちが大型間接税に強く反対した。財政再建議員研究会とは、大平の一般消費税構想時に結成されたものである。代表の原田憲は、一般消費税が争点になった七九年の総選挙において落選の憂き目を見ており、その反対は強硬であった。また、商業者の多い台東区を地盤とする鳩山邦夫・深谷隆司（ともに東京八区）、下町出身の鯨岡兵輔（東京一〇区）らが党税調で繰り返し反対の声を上げている。このとき声をあげた議員には当選回数の少ない所謂若手議員が多かった。八六年同日選では自民党は大勝したが、その大勝は同時に次回選挙の激戦を意味しており、未だ確固たる地盤を持つに至っていない新人議員には、増税は脅威と映っていた。(三四)

だが、党税調では、最終的には山中会長の裁定により、一二月五日に売上税の導入が決定される。税率は五％、税額票方式によって転嫁を実現しようという日本型の付加価値税であった。

この売上税は非課税品目を設けることが決まっていた。一般に付加価値税を導入している国家では、食料品などを中心に非課税あるいは軽減税率を実施していることが普通であり、日本で非課税品目を設けることも、それ自体は何ら例外的なことではない。だが、この売上税の非課税品目設定は、同時に中曽根の公約違反を防ぐという目的をも持っていた。(三五) また、中曽根は、政府税調・党税調での審議・決定を経ている以上、「国民や自民党員が反対する」ものにはあたらず、この点でも公約には違反しないとした。

## 売上税の挫折

この大型間接税・売上税については社会からも強い反対が向けられていた。既に八六年衆参同日選に際しては、流通業界を中心にした反対組織が、自民党候補に大型間接税に反対か否かのアンケート調査を実施し、圧力をかけており、自民党税調での審議過程でも、財政再建議員研究会を支援して、絶対阻止を訴えていた。

反対運動の中心として注目されたのは、日本小売業協会・青色申告会、日本百貨店協会・日本チェーンストア協会などによる大型間接税反対中央連絡協議会である。この組織は一般消費税反対運動を引き継ぐもので、多く自民党支持者からなっていた。チェーンストア協会会長の清水信次は、さらに国民的な反売上税組織として結成された税制国民会議の議長に就任し、反売上税運動の先頭に立った。また中小企業による大型間接税反対中小企業連絡会も反対を呼びかけ続け、野党各党も共闘を結成し、強硬な反対を展開した。

このような社会の動きの中、八七年四月の統一地方選では自民党が大敗することになる。自民党・売上税への反感があからさまになったと目されたのは、三月八日の岩手県参院補欠選挙での自民党候補の敗北であった。これを機に、各地の地方議員・地方議会でも売上税反対の決議が相次ぐことになる。

四月一四日になっても中曽根は衆院の予算委員会で売上税の撤回は考えていないと発言し、一五日には衆院予算委員会で単独強行採決を行なう。しかし、野党はこれに抵抗、予算成立と引き換えに、売上税廃案を要求した。二一日には、衆院本会議の開会が強行されるが、野党は牛歩戦術で抵抗し、金丸副総理が国会打開のために売上税廃案を中曽根に提言、野党とも会合し事態の収拾にかかり、結局、四月二三日議長裁定によって売上税は廃案となった。

## 第二項　売上税の教訓

次に、竹下がどのようにして大型間接税の導入を試みたのかについて、特に第二次導入構想との対比で検討する。

### 竹下政権の発足と政策の継続

竹下登政権が発足するのは一九八七年一一月六日のことであった。八七年の初めには大型間接税（売上税）への反発が社会的には広範なものになっていたのにも拘わらず、竹下は政権担当後早くから税制改革に熱意を示している。戦後歴代二位の長期政権となった中曽根政権の後継者をめぐっては、当時「ニューリーダー」と呼ばれた竹下・安倍・宮沢の間で争いがあり、後継者は最終的には中曽根の裁定によって決定されたが、中曽根は税制改革に意欲的であることを後継者の選択において重視したとも言われており、竹下は中曽根から政権の引継ぎに当たって、税制改革の実現を最重要課題として申し送られている。

八七年一一月一一日、政府税調の新委員が決定し、翌一二日、政府税調は審議を開始し、新型間接税を中心とする税制抜本改革の「出直し」を目指すとすると、竹下自身も、中曽根の同日選での公約は「国民や自民党員の反対するような大型間接税はやらないという公約であって、税制改革そのものが自民党の公約であることは変わりない」と答弁している。[三六] 確かに、竹下が言う通り、税制改革が自民党の公約であったことは間違いのないところである。サラリーマンは税に対する不公平感を強く抱いていると指摘されており、税制問題は、広く国民の関心を喚起するテーマであった。[三七]

都市住民の期待に応える税制改革とは、所得税の負担を軽減することであった。中曽根の場合はこの減税を直間比率の是正という形で実現しようとした。[三八]所得税減税分を新たな間接税で賄うという発想である。ところが、このような増減税同額という手法では、条件の想定次第で消費者にとって増税となるという試算結果を導くこともあり得、[三九]大都市住民の利益になるという主張が説得力を十分持たない可能性がある。それどころか、自民党の動きが、大型間接税を導入しないと言いながら様々に言い繕って売上税の導入を試みようとしているように国民の目に映るものであれば、増税隠しであるとする野党の批判の方が説得力を持つことになる。こうして中曽根は、本来大都市住民の人気取りのために行なおうとした税制改革によって、その本来のターゲットからの支持を失ったのである。[四〇]

そこで竹下と大蔵省は、その目標を不公平の是正という点においた。サラリーマン層では、自分たちは源泉徴収制度によりその所得をほぼ捕捉されているのに比べ、自営業者が多くの面で節税・脱税しているのではないかという疑いが、重税感として広く蔓延しており、不公平の是正という目標は、サラリーマン層の支持を受けることが期待できた。

不公平の是正という目標はどの立場からも正当性を否定しにくいものである。仮に差別的扱いによって恩恵を受けている側であっても、不公平是正反対という主張はしにくい。そして——サラリーマン層からは不公平な扱いを受けていると見られていたはずの当の——自営業者・中小企業経営者たちにしてもまた、不公平是正という目標は歓迎すべき目標なのであった。何故なら、彼らは、大企業優遇税制によって自分たちも大きな不公平にさらされていると感じているからである。

大平政権では財政赤字の解消、中曽根政権では直間比率の是正、竹下政権では不公平の是正、と大型間接税導入の目標として提示されたところは異なる。このような税制改革の目標の変更は、大型間接税に対する社会から

の反発をヨリ受けにくくしようとする努力であったと言える。(四一)

## 意見聴取

尤も、竹下政権が税制改革は自民党の公約であるとし、不公平是正や高齢化社会への対応を直接の目標と掲げた税制改革を行なうとしたとき、直ちに大型間接税導入がその方策として提示されたわけではない。この目標の下、まず開始されたのは、広範な意見聴取であった。

中曽根政権での売上税の試みにおいては、党税調で多くの批判が噴出したにも拘わらずそれが十分考慮されなかったという批判が多い。(四二)実際決定過程における手続きには、第二次導入構想と、第三次導入構想とでは大きな相違が見える。単純に政府税調が開催した意見聴取や地方公聴会の開催状況を比較しただけでも、その違いは明らかである。第二次では意見聴取は三回、地方公聴会は四回開かれただけであるのに対し、第三次では意見聴取が四回、地方公聴会は二五回にも上る。(四三)特に第三次では、公聴会が様々な地方都市で開催されているのが注目される。このように第三次の決定過程においては、それだけ広範に社会の要求を聞き入れよう（というポーズを示そう）としていた。これは第二次構想が多くの社会集団の意向を十分調査していなかったために失敗したという批判を踏まえてのものである。

このような第二次と第三次での決定方法の違いは、中曽根と竹下のリーダーシップの違いというところもある。根回しを重視する竹下のリーダーシップとは対照的に、中曽根はトップダウンによる「大統領型」決定方法を好んでいた。彼の手法は予め――自分に近いブレインを中心とする――審議会を組織してそこに諮問し、その答申によって――自己が当初から期するところの施策の正当化を得て――政策を方向づけようとするスタイルであった。中曽根が標榜した戦後政治の総決算とは――理念的には――戦後作り上げられた様々な利害関係の網の目から自由に制度変革を行なおうとするものであるから、その目的にはこのようなトップダウン型の決定方法の方がふさわしいものであったという面はあり（四四）、実際幾つもの制度改革が中曽根政権で実現し得たのはこの手法に負うところがあったと言えよう（四五）。中曽根は税制改革についても、当初から大蔵省の言いなりにはならないとし、また、このような改革は政治家が上から大胆に決定しなければ成功しないと述べており（四六）、決定過程への利害関係者――官僚を含む――の参加を出来る限り制限しようする考えを示していた（四七）。

第二次では売上税の導入決定が比較的短期間になされたという点も、第三次での決定過程との重要な違いである。両者を党税調での審議期間として比較しただけでも、前者が約一カ月であるのに対して、後者は四月以降と見ても二カ月に近い（四八）。

また、第二次では、税制案の細目が党内に提示されるのが遅く、例えば税額票方式に伴う納税者番号制の採用が大蔵省から明らかにされるのは、党税調での導入決定後の、八七年の一月になってからであり、自民党内でも「このような内容であれば反対するのであった」という声がそれ以降になって聞かれたほどである。これに対して第三次では、四月以降、多くの関係団体・党内の意見を聞きながら、税制案の細目が決定されていった。

第二次でのこのような――後に拙速と批判される――日程は、税制改革案が予算案とセットになっていたという事情にもよっている。税制改正の審議は毎年予算と平行して一二月に本格化する。売上税の日程は例年の税制改正の日程と全く同じように進められたものである（四九）。第二次の当時、党税調の山中会長は政府税調が審議している時期に党税調が平行して審議するのは適当でないとし、また、プラスマイナスゼロになるような税制改正であれば、作業に着手するのは通常年度と同じく一二月で十分と考えていた（五〇）。このように予算とセットになっていることに伴う日程上の制約が、最終的に売上税廃案を帰結することにもなったものである。野党は予算を「人質」にとって売上税の廃案を迫り、予算を手土産に訪米することを目論んでいた中曽根は、予算成立のために最終的に譲歩しなければならなくなったからである。

竹下の税制改革では、税制改革法案を翌年度の予算案とは切り離すことにし、それによって、税制改革を単独で審議の対象として時間をかけて審議することが可能になったのである。(三二)

自民党税制調査会の税制抜本改革に関する業界団体からの意見聴取が始まるのは、四月五日である。一番手としては、経団連・経済同友会・日経連・日商の財界団体が登場した。このうち特に動向が注目されたのは、日商である。日商は傘下に多くの中小企業・流通業者を抱えており、一般消費税に対しては永野会頭を筆頭にして強硬な反対運動を展開し、第二次でも、八五年に直間比率の是正による税制改革という構想が現われると直ぐに、大型間接税導入を懸念して反対に立ち、八六年一二月の自民党税調で売上税導入の審議が進む過程でも一貫して反対を主張していた。

ところが第三次の決定過程における意見聴取では、日商は、新税の検討に入る前に行財政改革の徹底・不公平税制の是正・税外収入の確保に努めるべきであると留保した上ではあるが、広く、薄く、原則として例外なしに課税する、税率の将来のアップに強力な歯止めをかける、価格への転嫁が容易な仕組みにする、という大型間接税導入のための三つの条件を挙げた。それまで大型間接税反対を論じてきた日商が、このように大型間接税導入のための条件を提示したことは注目された。それまでの絶対反対から条件付き賛成に転じたと見ることが出来るからである。

## 消費税案の提示

このような各界からの意見聴取を踏まえて、四月二八日、政府税調は不公平是正を旗印に新消費税の導入を打ち出した中間答申を竹下首相に提出した。この中間答申は新型間接税として、税金の累積しない付加価値税タイプに中小企業者の簡易課税制度を組み合わせた日本型付加価値税を打ち出し、名称も消費者が税金を負担することを印象づけるために、消費税とする案を示した。これは、売上税への業界からの反対の理由が転嫁の懸念にあったという判断を踏まえている。また、伝票方式と帳簿方式のどちらかを選択すべきかについては特に限定せず、今後の自民党税制調査会の審議に委ねるとした(五二)。

党税調では慎重審議を求める声は上がるものの、売上税に向けられたような大型間接税絶対反対という強硬論が噴出することはなく、政府税調の答申を受けて消費に着目した新しいタイプの間接税の導入が望ましいとする基本方針案が、同日に決定された。

これ以後の議論での中心的な論点は、帳簿方式にするのか伝票方式にするのか、非課税品目をどの範囲で認めるのか、免税点をどこに置くのか、の三点となる。これらの論点が重視されたのは、売上税の失敗の原因がどこにあるかについて、政府がどのように受け止めていたかを端的に示している。

### 帳簿方式

政府税調の中間答申以後の党税調での議論は、まず、帳簿方式か伝票方式かという点が議論された。この段階では既にテーマは、大型間接税の是非ではなくて、いかなる大型間接税が適当か、ということになっていた。この時点で党内にコンセンサスを作ることに成功していたのである(五三)。

中間答申で示された二つの付加価値税類型のうちでは、政府税調委員の間では、個々の業者の納める税額を正確に計算でき、税体系としても最もすっきりしているEC型を推す声が多く、また、自民党内の党税調の正副会長クラスの間でも理屈ではEC型という声が根強かったが、最終的には一般消費税型を了承することに落ち着く。これは伝票方式の売上税に対する業界の反発が「納税事務コストを増大させる」「所得捕捉の強化につながる」との強い反発を受けたという判断に基づいていた[五四]。こうして、七九年の一般消費税案と同じ型（帳簿方式）の付加価値税となることがまず確実となった。このタイプだと、法人税計算のために企業がつけている帳簿を使って税額が計算できるので、納税事務は比較的簡単である[五五]。

次に取り上げられたのは、非課税品目と免税点の問題である。

五月一九日の自民党税制調査会の審議では、売上税が非課税品目の拡大をズルズル認めてしまったために、業種間に不公平感を生み、廃案につながったという判断が示され、非課税を原則として設けるべきではないという意見が大勢を占めた。一定の非課税品目の設定があった方が税制上合理的であり[五六]、税調の中でも、幹部の間で、金融や土地取引など消費という概念になじまないものは非課税に、という空気が強かった。実際諸外国での実例でも何らかの非課税品目を設けているのは普通である。ところがこれに対しては、中堅若手議員からは、一つでも例外を認めたら収拾がつかなくなるから一切例外なしで、という声が続出した。これは売上税での反省を踏まえたものである。大型間接税が付加価値を対象とする税制である以上、それは凡ての経済活動に関わってくる可能性があり、つまり、非課税枠に入るか否かという問題は凡ての業界団体が等しく関心を寄せるものとなり得る。実際、売上税の決定過程では、多くの業界が非課税枠に組み込まれることを目指して組織を結集した。そして、政府自民党での審議の過程で、非課税枠が定まると、そこに組み入れられなかった業界団体は、一旦結集した組織力を今度は反売上税という目標の下に継続的に動員したのである。消費税に非課税品目を設けないとしたのは、このような業界団体が決定過程に参入してくることを回避しようとしたためである。

ここで、議論の分岐点が党税調トップと中堅若手の間にあることに注目される。多くの論点について、党税調トップは主に税の合理性という観点から税制案を考えようとしているのに対して、中堅若手議員は支持者の動向を意識して税制案を作ろうとしている。この審議の過程では中堅若手の主張が、党のとるところとなったが、後述するようにこのような対立は、売上税を審議する過程でも見られた――売上税の際には幹部の意向が通ったのであった――ものである。[五七] ただし、このような党税調幹部の主張は、支持者の意向を軽視するものではなかったという点には注意が必要である。そこでは税制上の合理性こそが――ヨリ長期的な――支持を獲得し得るという判断があった。この場合特に若手議員が――ヨリ短期的・直接的な――支持者の意向を想定して行動していたということは、これら支持者の意向あるいは圧力として語られるものの性格を考える上で重要な点であることをここで予め付記しておく。

次に問題になったのが、免税点をどの程度の年間売上高に設定するかであった。売上税では、中曽根公約の関係上「大型」ではないとするために免税点を高めの一億円に設定し、全事業者のうち九割近くを非課税業者とした。党税調では、このように非課税業者を拡大したために、例外が多くなり複雑という批判を招くことになったという反省から、これを低く抑えようという判断があった。

五月二六日の党税調では、まず、免税点は売上税よりは相当低くするという方向で一致したが、前日に全国中小企業団体中央会が免税点五千万円以上の条件で新型間接税導入に賛成を決議したのを踏まえて、奥田幹生自民党商工副部長や与謝野馨党商工部会長の商工族議員は、五千万円と主張した。[五八] 農林族もこれにすぐ同調した。[五九] 免税点が五千万円ならば、個人農家の九九・九％、三千万円でも九九・六％が免税業者になるからである。

この五千万円という基準については、党税調幹部からは、非課税業者などの例外を多く設けると、新型間接税の仕組みが複雑になり、業界内に新たな不公平感が生まれるから、一千万円程度に抑えるべきだという批判が生じたが、最終的には山中が三千万円という決定を下した。[六〇] 免税点が外国に比べて高いことについては、大蔵省は、日本は中小零細業者が多く、消費税のような付加価値税に慣れていない、納税させるには事務負担が重すぎる、としていた。[六一]

このように固まってきた党税調の方針について、業界側の空気を探るため、五月三一日から六月三日にかけて、自民党は政務調査会の各部会毎に開かれる懇談会を舞台にして各業界団体や党地方組織（都道府県連）との意見調整を行なった。この意見聴取に際しては、かつて一般消費税や売上税に対して強く反対した日商や日本チェーンストア協会も、転嫁を容易にすることや簡易課税制度の採用などの条件を繰り返すに止まり、税調で審議されている方向性を支持し、そのような条件付きで容認という態度を示した。

このような意見聴取を経て、党税調では最終的な大綱作りにかかる。大綱の取りまとめにおいては、まず、非課税品目や免税点の決定の前に、減税規模が決定されることになった。減税規模の決定にあたっては、この時期にどの程度の税収の伸びが生じているかが重要になる。八七年度は自然増収の伸びが大きく、当初予算に比べて実質で七兆円近くも上回るペースとなった。六月九日の自民党税調では、正副会長を中心とする限定小委員会と一般議員も加わった小委員会で、所得税・法人税などで約五兆六千億円を減税するとする直接税改正案を了承した。(六二)

減税規模の決定後、六月一〇日自民党税制調査会は、山中会長の裁定で、免税点を三千万円とし、簡易課税制度の選択は年間売上高五億円以下とすることを決定する。これによって全業者の九六・七％が簡易課税制度を選択できるようになった。また原則として非課税なしとすることとなった。(六三)免税業者と課税業者の境界線での激変緩和措置である限界控除は、同三千万円超から同六千万円とし、この範囲の業者は税率軽減されることになる。翌一一日、党税調で新型間接税の大枠が合意された。さらに、同日、政府自民党は八九年度からの抜本改革で予定している所得税減税をそのまま前倒しして、八八年度から実施することにする。減税額は二兆二千億円である（与野党合意では一兆二五五〇億円だった）。

こうして一四日自民党税制調査会は、税制抜本改革大綱を決定する。政府税制調査会も一五日、自民党の「税制抜本改革大綱」は、政府税調の「中間答申で述べた基本的考え方におおよそ沿ったものである」と評価する「税制改正についての答申」をまとめ、竹下首相に提出した。[六四]

この大綱に即して、六月二八日には税制改革要綱が閣議決定され、七月二九日には税制改革関連法案が閣議決定され、国会に提出されることになるのであった。

## 第三項　法案成立まで

### 反対の取り込み

竹下政権では、税調での決定過程で、業界団体の意向に対する様々な配慮が見られ、これが消費税成功の要因となったという指摘は多い。上で見たように、党税調での審議は関係団体から意見聴取を行ないその意向を確かめながら進められたのであるが、それどころか、関係団体の意を迎えるような様々な措置も取られていた。例えば自民党税調では、中小企業対象の軽減税率を、現行三〇％から二八％へ引き下げるという政府税調案を、さらに、宗教法人や生協など公益法人と横並びの二七％まで引き下げることにした。また、小売団体が数年来主張していた生協の課税強化が、唐突に、大綱に盛り込まれた。[六五]

党税調の審議自体、絶えず社会からの反応を注視しながら進められたのでもある。特に選挙は重視された。ちょうど六月一二日投票であった埼玉県知事選では、一時は自民党推薦候補の苦戦が伝えられたため、六月初めの時期には党税調では、間接税論議より、減税問題の検討が優先されることになった。投票日直前の六月九日に所得税・法人税の減税規模約五兆六千億円とし減税優先を公表したのは、重要な選挙対策という意味も帯びている。

## 自民党内の統御

六月末には消費税導入のための推進本部が自民党内に設けられ、消費税実現に向かう党の態勢が整えられていった。売上税については、自民党で党議決定したのにも拘わらず、鳩山邦夫らは反対を主張し続け、売上税反対集会に野党議員と同席してまで、反対を訴えた。これが反対運動の意気を盛んにするものであった。竹下は、このような売上税での経験を踏まえて、党内の旧造反組の統御に意を尽くした。[六八] 消費税導入推進本部の四九人の推進委員には、売上税に反対の声を上げた鳩山邦夫・太田誠一・桜井新らを含め、また、売上税に強硬に反対した党税調副会長の塩崎潤が地方集会へ消費税PRのために講師としてしばしば派遣された。こういった人事配置は見せしめとも報復とも取られるものであるが、党内で消費税反対の動きが現われることを封じようとする党首脳のはっきりした意志を党の内外に示すものであった。

## 中小企業への対応

関係各省庁でも、六月二八日の税制改革要綱閣議決定、七月二九日の税制改革関連六法案国会提出に合わせて、消費税の円滑な導入に向けて、制度整備が行なわれる。ここでも特に重視されたのは、中小企業への対応である。通産省・中小企業庁では次のような対策をまとめている。[六七]

第一は商店街や業界団体などを対象にするものである。転嫁のために、マニュアル作りを助成したり実例を紹介するというだけでなく、商店街単位での施設・行事を助成するものも含まれていた。また、繊維業者向けには、産地ごとに事業者組合が実施する展示会や新商品開発への助成などがあった。

第二は個々の業者の近代化助成である。消費税を円滑に導入できるように、設備近代化のための資金の拡充が図られた。コンピューターの導入への助成などが見られる。

第三は、特に転嫁の可能性が懸念される下請企業への対策である。転嫁状況の調査や取引先開拓の情報提供などである。(六八)

ただ、ここで提示された政策の中には、特に消費税導入のために必要となると言うよりも、従来の中小企業政策の拡充という性格が強いものが多かった。例えば、下請企業の地位向上とは、伝統的に中小企業政策の柱である。また、消費税の円滑な導入のためとされるコンピューターにしても、全般的な経営合理化（それもまた従来の中小企業政策の重要な目的である）のために機能するところが大きいことも間違いはない。そもそも消費税といかなる関係にあるのか判然としないような、例えば、商店街の駐車場の整備や「外側からも店内が見えるシースルーシャッター取り付け」を資金助成の対象とするような商店街・小売業者「対策」にいたっては、消費税導入に便乗したものとしか言いようがない。

ここで採られた諸政策は、カルダーに倣って言えば、自民党の危機対応戦略としての中小企業政策の一つの、しかし典型的な例と見ることが出来るものである。

これら諸政策はそれまでの通産省の中小企業政策との連続性が極めて大きい。つまり、大型間接税に対する中小企業の要望をこの機に実現したというのではなくて、この機を生かした通産省が従来からの自己の政策の実現を図ったという面がある。中小企業がこれらの施策の実現を求めて圧力をかけていたと言えるかどうか明らかではないという点を、ここでさしあたり確認しておきたい。(六九)

## 野党の対応

野党は、売上税に対しては野党共闘を実現し、国会審議において売上税廃案に貢献した。売上税の導入阻止についてはこの野党の働きの意義は決して小さいものではない。野党が強固な連携を実現し国会で売上税を指弾しその審議を遅らせている間に社会全体での売上税反対の機運が高まっていったからである。だが、売上税に対しては共闘した野党各党も、この消費税については、一致した行動がとれなかった。最終的には、反対を貫いたのは、社会党（と共産党）だけということになってしまう。

当初は社会・公明・民社の各党では、売上税に引き続き消費税についても、共闘を模索する動きが見られた。しかし、まず、民社党は、売上税反対で盛り上がった八七年の統一地方選挙で社会党の陰に隠れ目ぼしい成果を挙げることができなかったことから、大型間接税反対の野党共闘から距離をおき、自民党に近づくスタンスを取り始めていた。六月、消費税導入実現のための手続きが政治日程で具体化してくると、社会党と公明党は直ちに強硬な反対の姿勢を明らかにしたが、民社党はいち早く政府・自民党と非公式折衝に入って、野党共闘から自民党との協調の方向へと向かった。

公明党も、その後九月四日の福島県知事選で消費税反対候補が敗北すると、消費税に反対することはただ社会党の利益になるばかりではないかと懸念するようになり、政府案への絶対反対よりも、法案修正を勝ち取ることで世論に訴えようという方向に転じ、民社党と同調することになる。これは、自民党が、野党共闘を崩壊させるべく、公明党を野党の反対連合から脱落させようと働きかけていたことの成果でもあった。[七〇]

## 福島県知事選

政策過程の進行が選挙結果に左右されるのは格別珍しいことではないが、[七一] 特に大型間接税の導入問題は、第一次では七九年総選挙、第二次では八七年の統一地方選、さらに、先走って言えば、第三次では八九年の参院選と、選挙と強く結びつけられて取り上げられていることが特徴的である。

第三次の決定過程においては、自民党税調での税制改革案の作成過程においてすら埼玉県知事選の動向が意識されていたことは既に述べた。ただ、この自民党税調の決定過程はあくまでも党内過程であるから、上述の埼玉県知事選は、消費税を争点にするにはやや早すぎる選挙であった。(七三)だが、消費税が具体的に国会審議で取り上げられるような段階に至れば、それが選挙の争点になり得る。(七三)この日程の中で一つの焦点として浮上してきたのは、九月四日投票の福島県知事選であった。ここでは保守系が分裂し、一方の候補が消費税に徹底反対し、もう一方が保留としたために、消費税の導入の是非が争点として注目されることになったのである。

この選挙が注目されることになったのは、やはり、売上税での前例が意識されている。売上税法案が国会に上程中であった八七年三月、岩手県で、自民党の岩動道行議員の死去に伴う参議院議員補欠選挙が行なわれた。この選挙では、岩動前議員の未亡人が自民党から立候補し、社会党からは元衆議院議員の小川仁一候補が立った。小川候補は公約を殆ど反売上税一点に絞り圧勝した。この岩手での自民党の敗北は大きな衝撃となり、これ以後、統一地方選挙に向けて売上税反対の機運が全国的に盛り上がっていったのである。

このような前例があったから、消費税に反対する税制国民会議は、福島県知事選に焦点を当てて反消費税の運動を盛り上げることを考えていた。

岩手補選においては、従来保守支持層と目されていた商工業者が反売上税の態度を強く表明しており、それが岩動候補の敗北の原因になったと考えられる。売上税に向けられたこのような反対が消費税に対しても継続しているならば、福島県知事選で消費税反対を打ち上げた候補は保守系であるだけに、消費税反対の業界票を——社会党や共産党の候補が消費税反対を訴えて立った場合以上に——集め得ると期待された。ところが事態はそのようには進展しなかった。

税制国民会議が反消費税の機運を盛り上げるために福島で学習会を開こうとしたところ、これが業界団体の反対によって中止になったのである。第二次反対運動の中心には商店街があり、岩手県でも盛岡、北上や一関の商店街は強い売上税反対運動を展開しているが、この福島県知事選に際しては、消費税反対を掲げることには商店街の中から異論が現われたのである。(134)

結局、この九月四日の福島県知事選では、消費税に対して態度を保留した保守系候補が勝利した。このような選挙結果から、消費税反対の声は売上税の時ほどには強くないと判断されることになる。(135)

## 第四項　社会の反応

### 業界団体

以上に述べたように、自民党は、消費税導入に向けて、社会の反応を慎重に探っていた。特に、売上税に対して強硬に反対した社会集団の動向には注意が向けられ、それらに対しては幾つもの特段の配慮が試みられた。他方、社会内でも、消費税反対の動きが見られなかったわけではないが、八七年の二・三月に日本全国で見られたような売上税反対運動の盛り上がりとは比ぶべくもないものであった。

八八年に入って政府税調・党税調で審議が始まった段階では、流通業界からは相変わらず、価格転嫁の可能性や導入に合わせて必要になるコストへの懸念が示されていた。だが、流通業界では、大型スーパーの出店調整などの面で、自民党との関係を悪化させると失うものも多いという判断もあり、当初から、売上税反対と同程度の反対を続けることには躊躇が広がっていた。日本チェーンストア協会や日本百貨店協会は売上税反対運動の中核となって自民党とはっきり対立したものの、もともとは自民党支持の団体であり——大型間接税以外の——様々な面で長期に亙って政府自民党と関係を築き上げてきたという経緯があり、そのような関係を大型間接税問題を契機に絶縁にまで至らせるようになることには、団体内でも抵抗があったのである。そのような中で、日本チェーンストア協会の会長が、大型間接税反対の急先鋒清水から西友会長の高丘季昭に引き継がれ、高丘は政治活動を行なうのが協会の目的ではないと言明し、大型間接税に対して柔軟に対応する姿勢を示した。

五月末には、中小企業団体中央会(七六)や全国商工団体連合会(七七)といった売上税反対の中心にあった団体が相次いで新間接税に対する条件付き容認を打ち出す。こういった情勢の変化の中、日本チェーンストア協会も、六月一七日の常務理事会で自民党の税制改革大綱について協議し、高丘は幾つかの条件を具体的に提示して、それが満たされれば消費税導入を受け入れる可能性もあると柔軟な姿勢を示し(七八)、七月一四日に自民党税制改正大綱が決定されると、消費税は売上税案に比べれば税額票がない点や免税点が下がった点などで評価し得るものであるとした。

## 地方議会

売上税反対運動は地方から盛り上がったところに大きな特徴があった。それは、ひとつには、地方議員・地方議会での反対の議決が噴出したことにも示される。売上税に対して地方議員レヴェルでも反対の声が多く現われたのは、八七年四月に統一地方選を控えていたためであった。特に、八七年三月に岩手県の参院補選で、自民党候補が売上税反対――のみ――を訴えた社会党候補に敗れてからは、売上税反対に回らないよう求める自民党中央の再三の通達にも拘わらず、堰を切ったように全国各地で地方議会・自民党地方議員による売上税反対の決議が続出したのである。

第三次の決定過程では、竹下が党内統制に多くの注意を払ったということについては既に述べた。この統御は、自民党の国会議員のみならず、並行して、地方議員・地方組織にも向けられていた。都道府県連を対象にした通達が出され[七九]、その幹部を集めた税制改革推進全国会議が開かれた[八〇]。

地方議会では確かに消費税に対しても反対の議決が幾つも見られるが、その数は明らかに第二次のときよりも少ない。四七都道府県議会と都道府県庁所在地などの六五五市議会、東京二三区議会での対応を見ると、売上税のときに反対の議決を行なったのは、一六都道府県と約四五〇市区の議会にまで上るのに対して、消費税については六月一四日の自民党税制改革大綱の決定以後七月上旬までに限定すると[八一]、反対意見書などを採択しているのは、秋田・新潟・高知・宮崎市など約一〇〇市区会に止まり、都道府県議会ではゼロである[八二]。その後、政令指定都市では、京都市議会・札幌市議会・大阪市議会で、また、都道府県議会としては、京都府・大阪府で反対の議決がなされたが、それにしても売上税反対時ほどの広がり・盛り上がりは見られなかった。

売上税の反対では全国の注目を集めた岩手県で見ると、売上税については県議会と県内一三の全市議会が反対決議したのに対して、消費税については、宮古・釜石の二市議会が六月に新型間接税反対の意見書を採択したにすぎない[八三]。

茨城・岐阜・熊本などの一〇県や、宇都宮・広島・大分など一三の県庁所在市では、保守系の議員がまとまって反対の意見書を否決することが多く、また、反対決議がなされた場合でも、その議会でもともと非自民党の勢力が優位である場合に限られ、自民党の地方議員が党議に反してまで反対を決議した売上税のようなことは見られなかった[八四]。ただ、自民党中央から再三に亙る通達が送られているのにも拘わらず、自民党・保守系の地方議員が、積極的に消費税導入推進に向けて努力していたとは言えなかった。

### 労働・市民団体など

付加価値税の導入が、一般的にどの社会層にとって有利なものであるかは、必ずしも明らかではない[八五]。日本では、低所得者層への負担が増加し租税制度における所得再配分機能を阻害するものとなるという指摘が、大型間接税反対論に多く見られる。[八六] 確かに、付加価値税は、累進的な所得税に比べれば、市場適合的な制度であると言える。だが、福祉の先進国と目される北欧諸国では、高率の付加価値税が採用されており、付加価値税自体は必ずしも所得再配分と両立しない制度ではない。とりわけ広範囲な対象に比較的少額の負担を課すことで低成長経済でも安定的な財源を確保し得るという点からすれば、付加価値税が公的福祉制度の長期に亙る安定的な維持に寄与するものであるという主張も決して不当なものではない。[八七]

日本における大型間接税導入の試みでも、一般のサラリーマン層に益するものとして、税制改革が構想されていたという面があったのは確かである。中曽根の税制改革がもともと、所得税負担を軽減することで大都市サラリーマン層からの支持を狙ったものであったのと同様に、竹下改革でも減税規模を大きくするなど、都市住民に対する配慮を行なっている。ところがそれにも拘わらず、当の労働や市民団体からの反応は芳しいものではなかった。これらの反対集団は、後に、八九年夏の参院選での自民党大敗へと至る消費税導入後の反対運動の中核となるものでもあった。

労働界では、八八年六月に自民党税制改革大綱が明らかにされると、総評系組合を中心に消費税に反対する声は強く現われた。民社党員の三五％を抱えるゼンセン同盟でも、民社党の塚本委員長が自民党の税制改革大綱に柔軟な構えを見せたのに対して、「新型間接税は時期尚早で、今秋決着は断固反対」の構えを示していた。[八八] 市民団体や消費者団体でも、売上税に対したのと同じような反対が見られる。主婦連合会・消費科学連合会・日本婦人団体連合会・新日本婦人の会・日本生活協同組合・全国消費者団体連絡会などである。

また、各種世論調査では、税制改革について次のような評価が出ていた。

総合研究開発機構が七月末から八月中旬にかけて民間のダイヤル・サービスに委託して電話で受け付けた税制

改革に関する国民の声のまとめによると、消費税導入については、賛成・支持が二七・八％に対し、反対・不支持が四五・八％、さらに賛否が曖昧だが反対に近い意見を中心とする慎重論が二五・六％という結果であった（六九）。

九月二〇・二一日の両日に朝日新聞が実施した全国世論調査では、消費税については賛成一六％、反対六五％と、それまでの二回の同社調査に比べて拒否反応が一段と強まっていることが示された（七〇）。

しかし結局これらの反対にも拘わらず、一二月二一日、参議院税制特別委員会で、税制改革関連法案が強行採決によって可決され、二四日には、社会・共産両党が一昼夜を超える牛歩戦術で抵抗したものの、消費税導入と所得税減税を組み合わせた税制改革関連六法が成立した。

## 第三節　消費税反対における中小企業の組織

### 第一項　消費税反対の連続性

#### 税率引き上げへの抵抗

一九九七年四月一日からの消費税率の二ポイント引き上げは、概ね平穏裡に進んだ。八九年の導入時に比べれば、経済企画庁への問い合わせの電話も著しく少なく、導入直後に見られたような強い反発・反対は消え失せた

かのように見える。[九一]

しかし、九六年の総選挙で争点となり得たのが唯一消費税の税率引き上げ問題であり、九八年参院選でも多くの政党が税率問題をとりあげたことを想起すれば、社会内にある消費税への反発の可能性を政党政治家が意識せざるを得ない事情が依然としてあったということは確かであるように思われる。[九二]

実際、この税率引き上げが決まるまでには紆余曲折があったことは見落とすことができない。

税率引き上げ問題が具体的に政治過程に浮上したのは、細川政権下の九四年二月三日に公表された国民福祉税構想が最初である。[九三]これは、消費税を福祉目的とする代わりに税率を七％にするというものである。[九四]

この提案はわずか五日で撤回されることになった。大蔵省と通産省の斎藤次郎・熊野英昭両次官があまりに強引に推し進めたためであると、その強い官僚主導性に対する批判は多い。細川は税制案の内容に通じぬまま、深夜の「パフォーマンス」に先走ったものとも言える。[九五]このようにごく短期日で撤回されることになるのは、政権内部での反対が大きかったからである。特に、連立政権の一翼を担っていた社会党からは強い反発を受けた。[九六]連立政権であるが故の不一致は重要な要因であるが、社会党は、売上税から消費税と、大型間接税の導入に一貫して強硬な反対を続けてきた存在であり、当然、この消費税率引き上げ反対には、売上税反対からの連続性を見て取ることができる。[九七]

最終的には、消費税率引き上げ法案は村山政権で成立した。社会党政権下で初めて税率引き上げが実現し得たという逆説は、社会党が如何に強力な引き上げ反対の主力であったかを示している。そして、社会党・社民党の中には、その後も消費税反対の志向は残存している。[九八]

消費税率引き上げへの反対論は、売上税反対・消費税反対から一連のものとして主張されており、新たな論理に基づいているものではない。ここで注目しなければならないのは、このような連続した反対が、社会党やそのるのである。

支持団体にのみ見られたものではないという点である。中小企業の中にも、同様に連続した反対の動きが存在す

## ある集会の風景

九三年一〇月二三日午後一時三〇分、仙台商工会議所の七階会議室に一三〇席以上用意された椅子は六割から七割がた埋まっていた。四、五〇代の男性が多いが、同年配の女性も少なくない。多くの人々が挨拶を交わし合い、言葉をかけ合うざわめきの中で、二、三人で並んでうつむいて座っている若い女性の姿が、会場の中に何組か見受けられた。身動きしない制服の明るい色が、全体にスーツ姿でくろっぽく埋められた会場の中で浮き上がって見える。正面に設けられた演台の後ろには、「消費税の税率引上げに反対する総決起集会」と大書して掲げられている。主催者として、宮城県消費税率引上げ反対実行委員会とあり、それに続けて、一三の団体の名前が上げられている。(九九)

仙台市内にある西多賀商店連合会の佐藤が開会を宣言すると、仙台商業政策協議会の鈴木弥太郎会長が短い挨拶に立った。

この集会の実質的な主催者は仙台商業政策協議会である。この団体は、もともとは大店法対策のために地元小売業者たちによって作られたもので、仙台商工会議所内に事務局をおいている。会長の鈴木は仙台市内の最も中心的な繁華街で洋品店を経営している。この団体の誕生は一九七〇年代半ばに遡る。この時期、ダイエーやジャスコといった大型スーパーの出店が全国各地で展開されていた。当時仙台の優良専門店会の副理事長を務めていた鈴木は、仙台の中心部にも大型スーパーが進出することになったことを知ると、何らかの対策を立てなければならぬと思い立った。彼は、関係者と商工会議所に集まって対策を協議し、商工会議所内に大店法対策委員会を

「作ってもらった」（鈴木）。鈴木と会議所との関係はそれ以来のもので、そういういきさつから、この組織の（前身以来の）会長を務めている。

商業政策協議会の活動の中心は、今日でも大店法対策であるが、それは決して大規模店舗の出店阻止を最大の目的とするものではない。毎月二回例会を開き、海外へも度々視察を行なうなどして、広く街づくりの問題として商業の近未来的なあり方を考えていると言う。今回の税率引き上げ反対集会も商店主たちの声を結集しようというものであった。

鈴木に続いて、仙台商工会議所会頭の氏家栄一が来賓として挨拶を行なった。彼は仙台に本店をおく七十七銀行の頭取であったが、彼もまた税率引き上げ反対を語った。「全国の商工会議所会頭の集まりがありましたが、そこで他の会議所の会頭から、税率引き上げを是認するような発言があった。しかし、私は特に仙台の会頭としての立場から反対しました」。

来賓の東北科学技術短期大学学長大内秀明の挨拶、東北福祉大学教授堀幸雄の基調講演に続けて、税率引き上げ反対を訴える各団体の代表者が意見発表を行なった。

最初に演壇に立ったのは仙台商業政策協議会常任理事の佐藤誠志である。佐藤は小売商の立場から訴えますと切り出した。「消費税率を引き上げて減税をすると言いますが、それで本当に景気浮揚になるのでしょうか。税率が一〇％にもなったら、一体お客さんに何と言い訳すればいいのでしょうか。店先では、お客さんは、消費税はおまけしてよとおっしゃる。今まではお得意さんにはサーヴィスもできたけれど、それが一〇％にもなったら、とてもおまけなんかできなくなります…」。

この後、日本チェーンストア協会東北支部の代表と仙台消費者協会会長の意見発表が続き、フロアからも、消費税引き上げによって減税財源を確保することに反対するという、ある地区の商店会長の発言があった。そして、最後に、消費税率引き上げに反対する決議を全体で行ない、その数日後には、これらのメンバーによって仙台市内で反対のデモ行進が行なわれた。

この集会からは幾つかの興味深い点を観察できる。

第一は、中小企業の消費税への反対が（一定程度）続いていることである。[一〇〇]

第二は、その反対の理由が――バブル崩壊後の景気低迷期の消費冷え込みがあったとはいえ――転嫁の困難さを上げていること、特に小規模の店では、顧客とのエンカウンターの局面で様々な形での値引きがサーヴィスとして行なわれており、小売業者はその圧力（の可能性）を特に強く意識していることである。

第三は、日商が消費税を容認したとしても、その決定は、各地の商工会議所の行動を何らコントロールしていないことである。[一〇一]

## 中小企業の反対の連続性―以下の課題

一般には、中小企業の大型間接税反対は売上税反対で終わり、消費税導入は、様々な便益・利益の供与によって、中小業者の反対を抑制し得たために実現したとも考えられている。消費税導入後にも、各地で商店街を中心に反対運動が見られ、それは、消費税の「痛税感」にかられた消費者の反消費税の運動と連携するものでもあったが、両者には利害に食い違いがあり、そのような連携は一時的なもので、継続性を期待できるものではないと考えられている。[一〇二] 確かに、一旦導入されれば、それへの反対が弱まり、税率引き上げへの反対は導入反対ほど強くはなりにくいということは幾つかの理由から明らかである。例えば、消費税導入に伴って廃止された物品税が復活することを懸念する業界は、消費税の存続を支持するであろうし、そうでなくても、制度の廃止にはまた新たなコストがかかるはずであるから、かつて消費税反対を叫んだ業界であっても、一旦導入された後は、消費税廃止にもろ手を挙げて賛成という態度はとりにくいはずであろう。[一〇三] 消費税導入に際して設けられた様々な中小企業優遇措置が見直されることに、中小企業が反対するということもあり得よう。

だが、売上税反対と消費税反対が別の論理で別の主体によって担われているというのならまだしも、例えば、大型間接税反対中小企業連絡会のように、売上税から消費税の導入まで一貫して反対し、さらに導入後も反対を続けている全国的な中小企業団体もあることは見落とされるべきではない。そもそも、日商が消費税導入を容認するにあたっては、将来の税率引き上げに厳しい制限を設けるという一箇条を掲げており、ここに着目するならば、条件次第では税率引き上げに反対するという余地が含意されていることは忘れられるべきではない。

このような反対（の可能性）は、税率引き上げに伴う消費の冷え込みを懸念して[一〇四]ということに加えて、転嫁の可能性への強い懸念の存在を示している。

実際、消費税導入後、特にバブル崩壊後、企業の消費税滞納は急増しており、消費税が、事実上第二法人税と化しているという指摘すらある。これは、まさに、各事業者が消費税の転嫁を実現し得ていないことを示すものである。

転嫁問題は中小企業の売上税反対の主要な根拠であった。大蔵省は、消費税案でその不安を解消するための措置をとり、反対は鎮静化されたと言われている。しかしながら、そのまさに同じ論点が消費税導入後の反対の中でも繰り返されている。ここからすると、消費税案にもりこまれたはずの転嫁を容易にするはずの諸措置は、多くの中小企業者の不安を解消し得なかったのではないか、さらには、仮に消費税の決定過程で中小企業の反対を抑制し得たのだとしても、それはそれら諸措置の効果とは言えないのではないか、という疑問が生じるのである。

本章では、まず、大型間接税に対する中小企業の反対が連続していることを指摘する。そのために、第一に、中小企業の反対がなかった（あるいは、弱かった）と目されている消費税導入の決定過程及び導入後の政治過程における中小企業の反対の存在を指摘する。第二に、中小企業が売上税を阻止したと言われている売上税反対運動では、どのような中小企業がどのように反対していたのかということを検討する。そして、第三に、消費税とほぼ同型であった一般消費税が何故挫折したかを検討する。

このようにして三つの反対運動を検討してみると、中小企業と言いならわされていた社会集団の中でも、幾つかのタイプがあることが分かる。そこで、次にこれらの中小企業集団のそれぞれについて、ヨリ掘り下げて検討する。これによって、中小企業の組織のあり方が明らかになり、伝統的に保守支持層と呼ばれてきたものの構成が解明されることになるであろう。

ここで予め、反対運動の組織（次頁）とその流れを図示しておく。

## 第二項　消費税の決定過程と反対（第三次反対運動）

### 法案可決まで

消費税案の作成過程については、（1）公聴会を広く行なって売上税に対する反対の理由を確認、（2）反対をもたらさないような税制案を作成、（3）新しい税制案が反対を抑制、導入実現、というプロセスが語られるのが通例である。ところが、実際の政策過程はこのような――了解しやすい――プロセスで進んだわけではない。注目されるのは、売上税反対の中核を担ったと考えられている日商やチェーンストア協会の態度変更は、政府自民党が公聴会を開催する以前に起こっているということである。即ち、これは、彼らが政府自民党の新しい税制案を見て態度変更したわけではないことを意味している。

**全国的な反対運動の組織**

| 組織の名前 | 中心となった団体 |
|---|---|
| 大型間接税反対中央連絡会議（中央連絡協議会から改組。後、税制国民会議へと再編） | 日本小売業協会・日本百貨店協会・日本チェーンストア協会・日本繊維産業連盟・青色申告会・中小企業団体中央会 |
| 大型間接税反対中央連絡会 | 総評・全建総連・日本生協連・全商連（民商の上部団体） |
| 大型間接税反対中小企業連絡会 | 全日商連・日専連・日商連・全国粧業小売連盟・日本書店商業組合連合会・全国商店街振興組合連合会 |

（一つの団体が複数の反対組織に重複して加入している例も多いが、各組織の中心になったものに限定して掲げた）

**日商の大型間接税容認**　政府税調が新消費税の導入を打ち出した中間答申を竹下に提出するのは八八年四月二八日のことである。ここでは伝票方式と帳簿方式が併記されていた。政府税調内部では税額票方式が優勢であったにも拘わらず、帳簿方式が最終段階で付け加えられたものである。そしてこれ以後党税調で審議が行なわれ、消費税案が示されるのは六月一四日の自民党税制抜本改革大綱においてであった。

ところが、日商が大型間接税容認の方向に動き始めたのは、政府税調が二案を提起した後どころか、売上税が潰えてから間もないうちなのである。絶対反対から条件付き容認への態度変更は、会頭の交替とほぼ同時である。

売上税反対運動の渦中を会頭として務めた五島昇が退いて、石川六郎会頭に交代するのは、八七年一二月のことである。この任期満了を待たずしての交代は、五島に対する日商内での批判があったためとも言われる。五島は東急の会長であるから最初から流通業者の利益を擁護する立場をとっており、客観的な判断が出来なかったというのである。(一〇五)

それに対して石川は会頭就任後直ちに税制改革問題に積極的に取り組む態度を見せた。石川が第一に手をつけた人事は、国税局出身で大蔵省ともつながりのある山口憲弥を秘書役に起用することであった。そして、八八年一月には、日商内部に瀬島龍三を委員長に据えた税制専門委員会が設けられる。この時点で日商は大型間接税容認のための検討に向かっている。(一〇六)

大型間接税反対運動の流れ（岩﨑１９９０：３１３頁）

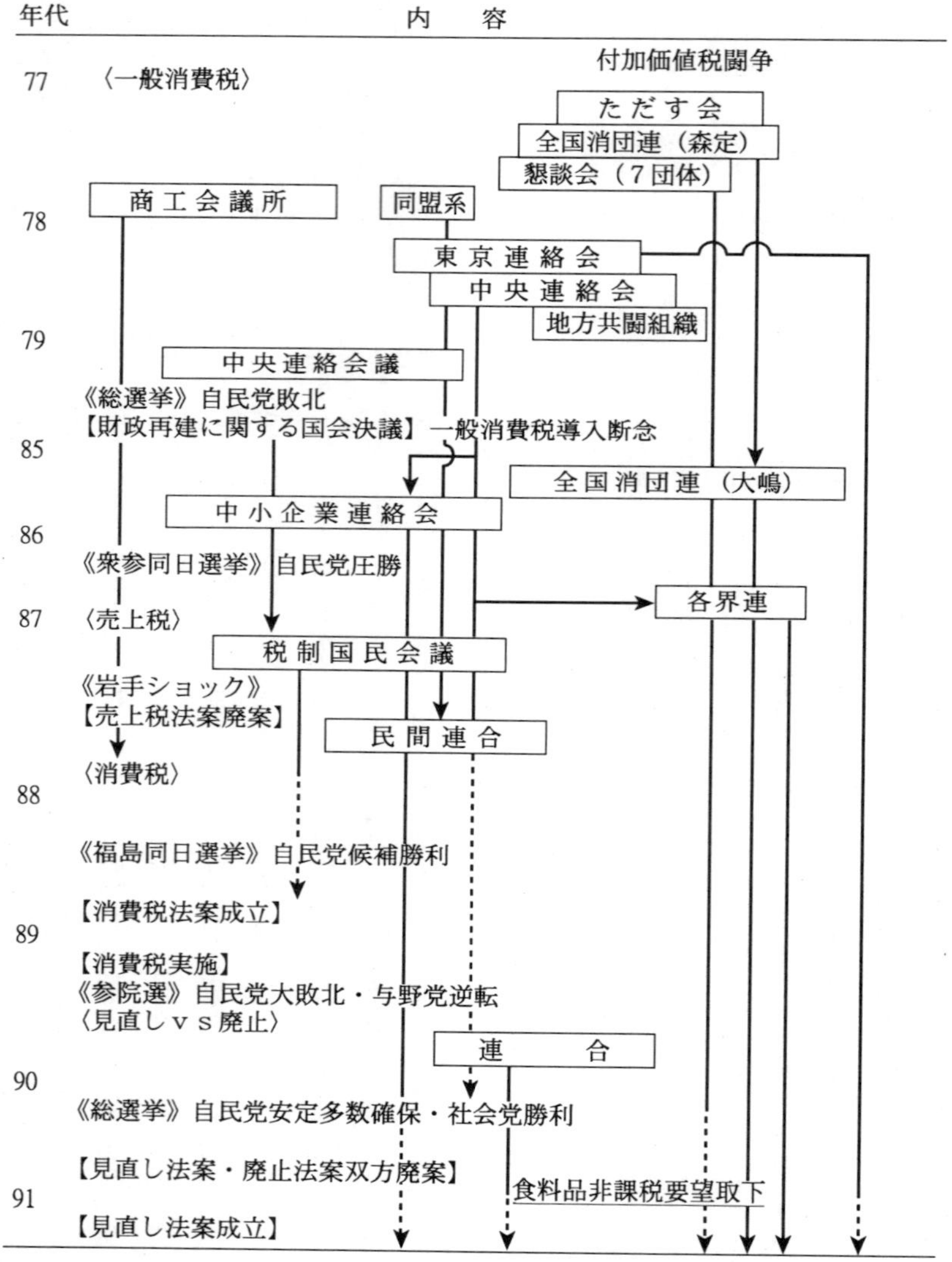
年代
内　容
付加価値税闘争
77
〈一般消費税〉
ただす会
全国消団連（森定）
懇談会（７団体）
商工会議所
同盟系
78
東京連絡会
中央連絡会
地方共闘組織
79
中央連絡会議
《総選挙》自民党敗北
【財政再建に関する国会決議】一般消費税導入断念
85
全国消団連（大嶋）
中小企業連絡会
86
《衆参同日選挙》自民党圧勝
各界連
87
〈売上税〉
税制国民会議
《岩手ショック》
【売上税法案廃案】
民間連合
〈消費税〉
88
《福島同日選挙》自民党候補勝利
【消費税法案成立】
89
【消費税実施】
《参院選》自民党大敗北・与野党逆転
〈見直しｖｓ廃止〉
連　合
90
《総選挙》自民党安定多数確保・社会党勝利
【見直し法案・廃止法案双方廃案】
食料品非課税要望取下
91
【見直し法案成立】

三月には日商の税制専門委員会の中間報告が出されているが、このとき既に会頭は新型間接税の導入容認の姿勢を打ち出している。また、日商内部でも四月中旬の時点で、売上税反対の当時のような雰囲気はなく、各地の会議所の会頭も導入止むなし、という態度に変わっていた。

このようなプロセスを見ると、党税調が利益や便宜を提供することで、日商の態度を変更させたとは言えない。日商の態度変更は、売上税に反対したが故に今回は責任ある税制改革案を提出する必要があったため、というのがふさわしい。

日商は中小企業の利益を代弁する存在として位置づけられることが多いが、日商には、他の財界団体との強い横並び意識があることは否定できない。むしろ、中小企業の利益を財界の利益に統合する機能を果たしていると見るべき面も少なくないのである。[一〇三]

このように、日商の反対を、税額票方式から帳簿方式の転換に代表されるような税制案の変更で抑制し得たというのは、考え難い。そのような考え方では、売上税案の骨子すら明らかでなかった八六年同日選前から日商が大型間接税に反対していたこと、何より消費税とほぼ同じ仕組みの一般消費税にも日商が反対していたことは何ら説明されない。[一〇四] これらの点からすると、政府・自民党によって提示された税制案自体の内容によって日商の対応が変わったのではないと考えられる。まして、日商の圧力が税制改革案をどの程度修正させたかについては留保すべき点は多いと言わざるを得ない。

**チェーンストア協会**　清水を会長に戴いていたことから、反対運動の中核と見なされていたチェーンストア協会も、会長の交代を機に、大きく大型間接税容認にシフトする。八八年四月一一日に次期会長に決定した高丘は、「われわれは政治団体ではない。税制改正は、あくまでも経済現象として、リアルに考えていきたい」とし、反対のための政治的運動は慎重にするという態度を示した。二九日には、また、「税制改正自体は否定しない。昨年とは環境が違っている」と発言して、間接税導入論議に柔軟に加わる構えを示した。実際五月三一日の自民党税調の意見聴取では、減税の方が大きく、また、非課税品目非課税業者を極力作らず、税の転嫁ができる仕組みを作る、という条件付きで、大型間接税の導入を容認する発言をしている。

このようなチェーンストア協会の態度変更も、必ずしも自民党側からの税制改革案提示を受けてのものではなく、むしろ、それに先行しており、自民党側の税制案提示以前に提示受け入れ態勢が整えられていた。このような態度変更も会長交代によって生じたと見るべきところがある。

一般に業界団体と言われるものは、事務局は会長企業（からの出向者）が担当するものであり、そこで表明されるところは、会長（企業）の意向が反映されるところが大きい。そのため、会長が交代すれば組織としての方針が一貫しない場合がある。大型間接税への対応についても、その税制案が団体の利益に適うかどうかという観点から業界団体としての賛否の方針が決定されているというよりは、その当時の会長がどう判断するか、そのイニシアティヴによっているところも大きいように思われる。

清水はチェーンストア協会会長を退いた後も、税制国民会議議長として消費税反対を主張し続けている。その一貫性からすると、仮に彼がチェーンストア協会会長を退かなかったとしたら、チェーンストア協会もこのような形で消費税容認に転換していたかどうかは確かではない。勿論、消費税の決定の過程では、大手流通業界全体では大型間接税に絶対反対という雰囲気は失われていたから、清水がチェーンストア協会の会長を続けていたとしても協会が相変わらず反対運動の主力であり続けたとは考えられないが、逆に振り返ってみると、売上税の当時において、会長が、清水でなければあれほど強く反対に徹しなかったのではないかとも考えられることには注意が必要である。

**自民党内での反対の残存**　消費税に対しては自民党内でも反対は見られた。一貫して反対を表明しているのは鯨岡兵輔である。彼は、消費税に対しても反対を続けた数少ない自民党衆議院議員である。消費税導入を決めた自民党の改正大綱についても、例えば深谷隆司が業界の意向が反映されているとして容認の態度を示したのに対して[一九]、鯨岡は、依然として公約違反であると言い続けている[二〇]。

彼の批判は、小規模業者にとって価格転嫁が容易でないという点にある。この鯨岡の論拠は、売上税のときから一貫しており、つまり、消費税案でも、中小企業や小売業者にとっては、売上税と同じ問題が含まれていることが批判されている。加藤淳子は、大蔵省は価格転嫁という点から売上税反対が盛り上がることを予想していなかったと言う[二一]。だが、その事情を考慮して作成されたはずの消費税についても同じ問題があったとしたら、大蔵省は転嫁問題の本質を依然理解していなかったことになると考えられる。

**反対し続けた集団**　第三次の決定過程では、第二次で強硬に反対した日商や、チェーンストア協会・百貨店協会が消費税容認の態度に転じた。大型間接税に反対する団体としては、売上税への反対を組織化した税制国民会議が有名である。税制国民会議は、清水信次が議長を務めており、第三次の審議過程においても、清水は反対意見を表明している。しかし、その中核を構成していた日本チェーンストア協会や日本百貨店協会が、大型間接税（消費税）の条件付き容認に転じたこともあって、税制国民会議自体の反対運動は、政府自民党での決定過程においても強いものとしては現われなかった。だが、この間も反対運動を継続した社会集団があった。

第一に、幾つかの業界では業界団体単位で売上税以降も反対を継続している。自民党の意見聴取では、繊維業界なども新型間接税に対する不安を表明しているが[二二]、業界団体としては、書店と化粧品店の反対が目立っている。

第二に、中小の商業者を中心にする大型間接税反対中小企業連絡会の反対である。

**書店・化粧品店**　日本書店組合連合会では、「消費税も売上税とは基本的には何ら変わっていない弱いものいじめの税である」として反対を継続している[二三]。連合会では独自のポスターを作成して全国の書店に張り出し、反対の署名活動を行ない、七月二六日には、日本書店組合連合会主催の「消費税粉砕全国書店総決起大会」が東京で、約一千二百人が参加して開かれた。

一方、粧業小売連盟の副理事長である宮本卯一郎（東京都練馬区）は、次のように反対の理由を語る。「中小零細業者の約三〇軒に一軒が毎年、転業か廃業している。それほど赤字経営が多い。そのうえ客に転嫁できない税をかけるなんてひどすぎる」。宮本自身は開業して二五年、従業員は妻とパートの主婦を含め計八人であるが、「帳簿方式だろうが、伝票方式だろうが、転嫁できずにかぶるのは競争力の弱い自分たち零細だ。いまの利益でかろうじてやっていける状態。たとえ三％でも、お客さんに転嫁できないと、たちまち倒産ですよ」と言う。この粧業小売連盟には全国で三万五千の化粧品店のうち二万店が加盟しており、有力な自民党の後援団体としても知られている。一〇〇万票の集票力があると言われており、この当時、斎藤栄三郎と安西愛子の両参議院議員が顧問を務めていた(一二四)。

宮本は、八八年一二月一六日の参議院税制問題等特別委員会の公聴会で、大型間接税反対中小企業連絡会から指名され、社会党推薦の公述人として、消費税に反対する意見陳述を行なった(一二五)。

**中小企業団体**　中小企業団体のうち、大型間接税反対中小企業連絡会は一貫した反対の活動を続けている。この連絡会は売上税反対運動を機に八六年三月に結成されたもので、比較的規模の小さい商業者を中心にしている。これは消費税に対しても「価格への転嫁は不可能で、実質的な企業課税」と売上税の時と同様に徹底抗戦の構えをとっていた。この中小企業連絡会では「消費税は売上税と基本的には全く同じなのに、業界全体の反対運動がいまひとつ盛り上がらないのは、大企業と政府の出来レースになっているともいわれる。中小の私たちが踏ん張らないことには大変なことになると思っています。まず秋の臨時国会に焦点を合わせて、反対運動を全国的に盛り上げていきます」としており、中小企業にとっては売上税も消費税も変わりがないことを強調している(一二六)。このような中小企業者の反対は、日商や中小企業団体中央会が大型間接税容認に転じても変化がない。

大型間接税反対中小企業連絡会を構成している全日商連・日専連・全日本商店街連合会は、全商連（民商）のような親共産党（系）の団体ではなく、その構成員の中には自民党支持者も少なくない。[二七] しかし、彼らの運動は、野党・革新側の運動とも提携を模索しているところに特徴がある。例えば、一九八八年四月六日に、中小企業連絡会幹部が社会党幹部と懇談会を開き、薗田純雄代表幹事は、大型間接税の阻止のためには社会党などと手を握り合って反対運動を盛り上げたいという意見を述べている。また、七月一二日に、総評・日本生活協同組合などを中心にする集会に、中小企業連絡会の中心団体である全日本小売商団体連盟も参加しており、一二月一一日には、共産党系労組や団体が中心の集会にも薗田らが出席した。

**商工会議所の自立性**　また、大型間接税反対中小企業連絡会とは別に、各地の商工会議所の中にも反対の動きは見られた。

仙台市内の小売店が中心になって組織する宮城県小売商近代化協議会（加盟約三千八百店）は日専連など四団体とともに、地元紙に二度意見広告を掲載した。この宮城県小売商近代化協議会とは、実質的には仙台商工会議所内の組織であり、前出の仙台商業政策協議会の前身である。

また、熊本商工会議所は日本商工会議所の条件付容認の前に反対を決議しており、五月二〇日には、熊本県内の殆どの小売店、中小企業が参加する「新型間接税反対熊本連絡会議」が反対を宣言した。

ここで、注目されるのは、仙台にしろ、熊本にしろ、日商が消費税容認に転じているのにも拘わらず、商工会議所が反対の動きを示していることである。

**大手と中小の分岐**　消費税の導入の決定過程でも、このように中小の商業者を中心にした反対運動は継続していた。例えば、日専連では、一般消費税から消費税まで、自分たちの反対の強さには何ら変化がないと断言している。

岩手県でのインタヴューでは、商店街の一般の小売店では、消費税に対する不安・不満は、売上税に対するものと変わらないという声が聞かれた。彼らは、何故、今回は反対の呼びかけが回ってこないのか、と不思議がる口調であった。

税制改革法案が衆院を通過した際にも、大手の流通業者と中小企業とでは、受け止め方に差が現われている。大手流通業界には、「消費税そのものの導入は仕方がない」との空気が広がっていたが、一方、中小小売商では転嫁の懸念が強く「組織をあげて反対し、今後も廃案に追い込むまで闘う」(日本専門店連盟)、「中小零細小売業者にしわ寄せがくる」(並木貞人全日本商店街連合会長)との反発が根強かった。

また、下請け中小企業の中でも、消費税の転嫁の可能性について、懸念が強いことが明らかになっている。(一八)

消費税は、売上税に対するような反対を抑制し得たから導入に成功したと通説は語るが、しかし、中小の商業者による反対は、このように、その決定過程においても現われていた。通説は、消費税への反対運動は八九年四月の導入後のものと考えて、八九年夏に大きな盛り上がりを見せた消費税反対運動を、それ以前の売上税反対・大型間接税反対運動と連続しないものと見なすが、実際は、中小企業の消費税反対の動きは導入以前から一貫しているのである。

八八年一二月二四日、税制改革関連六法案が成立した際には、税制国民会議の清水信次議長は「次の参院選、総選挙は消費税導入を争点とする運動を、粘り強く展開する」と言い、また、大型間接税反対中小企業連絡会は「自民党の強行採決は議会制民主主義の根底をゆさぶる重大事。今後一層、消費税反対運動を全国的に展開していく」、日本専門店会連盟は「消費税が弱者に犠牲を強いる悪税と確信し、全組織をあげて撤廃運動を続ける」とのコメントをそれぞれ発表していた。これは八九年参院選の結果を予告するものであったのである。

## 法案成立後

**転嫁カルテル問題の噴出**　八八年一二月の法案成立後、実施が近づいてくるにつれて、転嫁という争点が一層現実的な問題として意識されてくる。それは具体的には転嫁カルテルの問題であった。これは、免税業者と課税業者の間にカルテルを結ばせ、転嫁が容易になるようにするもので、即ち、免税事業者も消費税額分の支払いを受け取ることを制度的に容認するというものであった。これによると、取引相手は、本来税金を払う義務のない業者に対しても税金分を払わされることになり、つまり免税業者は税金相当分をそのまま自己の収入とし得ることになる。このような独禁法上異例とも言うべき措置を認めることになったのは、大蔵省が、転嫁の懸念から売上税反対が湧き上がったという反省から、消費税では転嫁の容易さを実現することに意を用いたためである。

ところが、三月に入ってくると、特に商店街から、この転嫁カルテルをめぐっての不満が現われてくるに至る。そして実際に、商店街がカルテルを結び公正取引委員会に届けなければならないという段階になると、そのような不満は消費税反対という形で現われてくることになるのである。これはカルテルの存在が消費者に知られると、消費者の反発が当の商店（街）に向けられるためである(二九)。つまり、顧客から、不当に儲けていると疑われれば商売にならないと言うのである。このような不満の噴出の可能性は、政策決定過程において大蔵省では予想していなかったものである。

だが、このような商店街からの反対の噴出は予想し得たことだという指摘はある(三〇)。そもそも転嫁の困難の問題は、八九年三月に初めて認識されたことではなく、既に八八年中の決定過程で中小商業者たちが口々に唱えていたことである。これはカルテル云々の問題ではなく、消費者とのエンカウンターの問題である。

特に小規模の小売店では、個人的な信頼関係によって顧客を確保している。それは、具体的には、日常的なやりとりの中で「これが今日のお薦めだ」と言って商品を推薦したり、〝おまけ〟・値引きを提供することによって獲得されるものである。そのようにして小売店が消費者に提供するサーヴィスは、消費者個々の嗜好を経験的に把握した上でなされる。そのようにして信用を蓄積していくことが顧客を確保する重要な手段なのである。これは本書の枠組に言う地域的ニッチ適応戦略である。このような個別的な関係に依拠して事業を営んでいるとき、消費者個々の個別的な声に対して、小売業者は極めて敏感にならざるを得ない。こうして商店街の懸念は、消費税反対、そして、自民党への叛旗となっていく。

中小流通業者の反対は、消費税の導入前から顕在化しつつあった。留意すべき点は、第一に、反対の理由は転嫁のしにくさにあったこと、第二に、このような転嫁の懸念は第二次からあり、また、導入後も税率引き上げが問題になるときにも、変わらずに見られたこと、第三に、転嫁問題は中小商業者の立場を消費者の立場と一体とするものであるということである。

三月に入って内閣支持率が低下しているのは「消費税のせいだ。中小業者が消費税に危機感を持っていて、自民党の支持層が離れてしまう」というぼやきが首相周辺でも聞かれたと言われる。このように、中小企業の反対が根強いことは、導入前において既に自覚されていたことであった。

**地方議会―公共料金転嫁問題として**　売上税反対運動の特徴は、地方議会・地方議員による反対が噴出した点にもある。消費税の決定過程では、政府自民党中央が再三党内統制に努めたこともあり、地方での保守系議員による反発は小さかった。

だが、消費税の導入を目前に控えて、地方議会は再び、消費税に対する抵抗感を示し始める。これは、翌年度予算に消費税分を計上するかどうかという点で、消費税が三月の地方議会を悩ませることになったからである。(二三)

特に東京では、夏に都議会議員選挙を控えていたせいもあり、消費税に対して拒絶的な姿勢を示す区議会が多かった。結局、二三区のうち、一四区以上が消費税の廃止・撤廃の意見書や決議を可決している。東京以外でも、三月二四日時点の集計で、消費税の廃止・見直し・延期・凍結を求める意見書を可決した地方議会は全国で一府・三六市・三〇町・四村に上っていた。全体の傾向を見ると、自民党・保守系は、廃止意見に反対することが多かったが、見直しを求める意見書には自民党も賛成に回ったケースが少なくなかった。自民党の地方議員の中からも、竹下政権の責任を問う声は現われていた。三月二二日、自民党都連会長の粕谷茂代議士と都議団代表が党本部に安倍幹事長を訪ね、「このままでは夏の都議選はたたかえない」と、対処を申し入れた。

　ここで想起されるべきは、売上税への反対が地方で相次いで議決されたのは、八七年のやはり二月三月に集中していたということである。統一地方選挙を控えていたというだけでなく、売上税を予算に計上するか否かで議会としての態度表明を否応なく迫られるという条件があったのである。（二二）

## 導入後

**商店街の動き**　四月に消費税が実施されると、商業者の中では、転嫁を見送りその分値下げして消費者にアピールしようという業者がでたり、便乗値上げを疑われる業者ありと、転嫁状況は一様ではなかった。簡易課税制度にしても、いざスタートしてみると、店舗改装・備品購入・仕入れのための出張など、商品の仕入れ以外で支払う消費税が決して少額でないことが明らかになり、簡易課税を選択しても決して有利ではないと受け止められるようになった。（二三）

　消費税の転嫁は、大手企業では人員と機械力を投入して準備を整え、転嫁も事務的に行なったため、導入当初から比較的スムーズに進んだが、（二四）特に中小の小売店では、他店の様子を見ながら転嫁を開始するということが多く見られた。(一二五)ところが、このように転嫁が広がるのとほぼ同時に、各地の商店街からの消費税反対・反自民党の声が高まっていくのである。これは、消費者に消費税への反発が強まっていることに対応している。消費者が反発している消費税の支払いを、常に店頭で消費者と接している商業者が求めることは出来にくいからである。

既に述べたように、消費税の導入決定に際して、政府・自民党は、多くの利益供与（とも目されるような措置）を採った。例えば八九年三月に成立した補正予算では、全国商店街振興組合連合会に対して、消費税実施を円滑に進めるためとして商店街振興基金五〇億円が認められていた。五〇億円を年率約五％で運用し、年間二億五千万円を全国二二〇〇余りの商店街振興組合に振り分けるというものである。

だが、朝日新聞の世論調査によると、八七年一一月の竹下内閣スタート時に六九％であった自営・商工業者の自民党支持率は、八九年三月には五五％に急落している。(一二六)商工業者の上層部では自民党への支持に大きな変化が生じていないものの、地方の商工業者や、大都市部でも末端の商工業者では自民党への反発が現われていた。反対運動は商店街を単位とする行動が多かった。(一二七)

実際、消費税の転嫁は、小売業者・サーヴィス業者では遅れていた。通産省が約五千事業者を対象にした調査では、製造業者では、「おおむね転嫁している」が九八・六％、卸売業者で九六・六％であったが、小売業者では「おおむね転嫁している」が七三％、サーヴィス業者では六一・六％となっており、物流の流れの川下に近いほど、転嫁率は低くなっている。末端では、製造・卸売業者からは消費税分を転嫁されながらも、消費者の反発を恐れて、なかなか転嫁できない実態が示されていた。(一二八)

自治体の消費税転嫁では、転嫁する自治体が少しずつ増えていた。公営住宅家賃への転嫁でいうと、五八の都道府県・政令指定都市のうち、転嫁は四月時点で二八自治体だったのが、七月には三四自治体になり、知事選を前に転嫁を見送っていた千葉県は六月議会で一〇月からの転嫁を決めた。(一二九)しかし、このような転嫁の広がりは消費者にとっては値上げの拡大というにほかならなかった。

**リクルート問題**　こうして、消費税は、七月の都議選及び参議院選での中心的な争点になっていった。消費税に対する反発は強く、広範で、政府も消費税の見直しを掲げて防戦に努めたが、効果に乏しく、自民党は大敗を喫することになる。

この選挙戦に際してもう一つ重要な争点となったのはリクルート問題であった。(三〇) これは多くの官僚・自民党政治家がリクルート社から未公開株の譲渡を受け、それによって大きな利益を得たとされる疑惑である。この問題は、消費税の負担感と相俟って政府・自民党への不信感を募らせるものとなった。税の負担感を初めて日々味わうことになった一般の消費者は、そのような税制を成立させた政治家たちが「濡れ手に粟」で巨額の利得を得ていると聞いて、政府自民党に対して強く反発したのである。

実際、日常的な徴税の現場においても、円滑な納税を確保するためには、誰もが公平に税を支払っている、不正はないという信頼が存在することが重要で、不公平感が広がっているときには徴税・課税に対する抵抗が大きいと言われる。(三一) リクルート問題はまさに政治家の不正が納税者の不公平感を拡大するものとなった。

さらに、この時期にはコメ市場の自由化という問題があり、これら三つの争点がこの選挙において「三点セット」と呼ばれることになった。

リクルート疑惑から、結局竹下は退陣を余儀なくされ、宇野が後継首相の座に着いた。そして、この宇野が参院選で消費税反対の声の高まりに対面することになったのである。

**消費者の不満**　消費税への消費者の反発は次のような事情によるものであった。

第一は「痛税感」と言われたものである。消費税は外税方式というだけでなく三％という端数の出やすい税率だったせいもあって、消費者は支払いのたびに一円単位の支出を余儀なくされる。一円単位で支払う煩わしさと、財布にたまっていく一円硬貨の重さによって、消費税負担を繰り返し繰り返し感じさせられることになり、一円玉は消費税反対運動の中で、シンボルとしての機能を果たした。(一三二)

第二は、簡易課税制度や免税点といった制度に対する不満である。免税（年間売上高が三千万円以下）・簡易課税（同五億円以下）が適用される業者は数にして全体の九七％にも上り、適用範囲が広かったため、消費者が負担した税金分が業者のポケットに収まってしまい国庫に入っていないのではないかという不満は強かった。四月末時点の調査では、年間売上高が三千万円以下の免税業者でも約七五％が転嫁しており、小売業者の八七％が外税方式としていることから、免税業者も仕入れ分のみならず、三％をそっくり転嫁しているケースも多いと見られた。(一三三) このように、免税業者が、支払われる必要のない消費税分を、消費者から徴収できることが「益税」として非難の的になった。

第三は、消費税の導入に合わせて、消費税分以上の値上げが見られたことである。(一三四) この便乗値上げへの懸念・不満も大きかった。(一三五)

**自民党の対応**　政府・自民党の側でも、三月中から消費税の見直しに言及していたが、四月に入ると、大蔵省も税制改革法に盛り込まれた規定により、制度の定着を見ながら見直し作業に入った。(一三六) 大蔵省では、免税・簡易課税などの特例と、帳簿方式の税額計算の二点を中心に見直しを進めることにし、(一三七) 年間売上高三千万円となっている免税点、同五億円以下の事業者に認められている売上高の〇・六％（卸売は、〇・三％）を税額と見なす簡易課税制度、同六千万円未満の事業者の納税額を軽減する限界控除制度、伝票でなく帳簿による税額計算の方式、内税・外税両方式を認めている商店などでの税額表示の五点が見直しの対象として取り上げられることになった。また中長期的には帳簿方式を伝票方式へ見直すという方向であった。(一三八) 六月二三日には自民党税制調査会の正副会長・幹事会も、消費税の見直し作業に着手する方針を決め、また六月二八日には政府税調が消費税実施状況フォローアップ小委員会を設けることを決めた。転嫁カルテルについても、梅沢公正取引委員長は、二年間の適用期限を途中で見直す考えを明らかにした。[二三九]

だが、消費者からの反発を買った点の改善を行なおうとしても、不公平の象徴のように言われた簡易課税制度などの諸制度の見直しは、業界からの反発を恐れて、積極的に展開することは出来なかった。これら制度は、中小業者の反対を抑制するために導入された制度であるからであり、税額票方式への転換、免税点の引き下げ、簡易課税制度の縮小などに対しては、財界や各業界から既に反対の声が寄せられていた。[二四〇]

また、この簡易課税制度や免税制度にしても、業者が実際にこれらの制度の適用を受けるか受けないかを選択して税務署に届け出るのは九月で、最小限の消費税納税データがまとまるのは早くて一〇月、申告データについては一九九〇年五月以降であった。つまり、この時点での政府自民党の見直し論は、実際上の裏付けを欠くものであった。[二四一]特に宇野首相はたびたび見直しの必要性を強調していたが、これは選挙向けのリップサーヴィスであり、[二四二]党税調にせよ、政府税調にせよ、直ちに見直すことが出来ないことは明らかであった。政府税調幹部と主税局では、政治情勢を見ながら、時間稼ぎするほかないという判断であり、自民党税調の山中会長も、免税点の引き下げに否定的な見解を示し、消費税見直しは時期尚早だという党税調の判断を明らかにしていた。

自民党にとって厄介だったことは、様々な特例措置で反対を封じたはずの当の中小企業からも、消費税への反対が現われていたことである。消費者からの反発を招いた諸制度を設けたのは、中小企業の支持を期待したためであったにも拘わらず、それら中小企業からも消費税への反発を受けることになったのであった。

## 都議選・参議院選

**反対の高まり**　消費税への社会的な反発は八九年夏に予定されていた参院選が近づくにつれて高まっていった。

次第に自民党地方議員の中からも反対の決議が現われるようになるのである。

野党は、特に社会党を中心にして強硬な消費税反対の論陣を張っていたのに対して、民社党は消費税の存続を前提に見直しを主張していたため、当初野党の中では撤廃と見直しの間で不一致があった(一四三)が、参院選が近づくにつれて、消費税に対する社会的な反感が露わになり、野党各党は消費税廃止の方向で一致することになった。

六月二五日投票の参院新潟補選では、自民党の公認候補は前知事の長男の君英夫であり有力と目されていたが、社会党公認の大渕絹子が、彼と共産党公認候補を破って当選した。売上税反対が、八七年三月の参院岩手補選での社会党候補の勝利によって加速したように、反消費税の機運もこの新潟補選での社会党候補の勝利から盛り上がっていくことになる。

**都議選**　六月二三日に都議選が公示されると、共産党・社会党のほか、都議会与党の公明・民社各党の党首までが、消費税廃止を訴え、リクルート事件などで自民党政治を批判した。七月三日の選挙では、現有六三議席だった自民党は四三議席に転落した。それに対してほぼ全選挙区に候補者を立てた社会党は前回より約一〇〇万票上乗せし、推薦を含め現有一二議席から三六議席を獲得し、第四党から第二党へ躍進した。自民党との得票率の差はわずか一ポイントだった。女性候補も一七人（社会一四、共産三、自民、諸派（ＭＰＤ）各一）当選し、社会党の土井委員長は、眠っていた山が動き出したと勝利宣言を行なった。

自民党ではこの敗北を、消費税が原因であるとしてその見直しを進めることにするが、参院選前に見直し点をさらに具体的に明確にするかどうかについては事業者と納税者の双方の対立する利害に関わるため、ここでもはっきりした方針を示すことは出来なかった(一四四)。

だが、五日に参院選の選挙戦が始まると、自民党候補の多くが懸命に消費税の見直しを叫ぶようになり、さらに、自民党地方議員からも消費税への反発も現われる。

自民党の地方議員の中からは、既に五月から見直しを求める声は現われていたが[一四五]、都議選後には、自民党の地方議員団でも消費税反対の決議が見られるようになった。

七月一四日の朝日新聞は、九・一〇の二日間に行なった世論調査の結果を公表した。これによると、選挙区で自民党の候補に投票するという人は二一％で、社会党に投票するという人の二八％を大きく下回った。争点として一番関心のある問題として消費税の見直しを挙げる人が最も多く、六五％であった。選挙区について、職業別に見ると、これまで自民党支持層であった管理職、自営・商工業者の中で今回社会党に投票すると答えた人が増え、自社の差が殆どなくなっていた[一四六]。

**参議院議員選挙**　政府首脳は、消費税見直しを重ねて強調したが、具体的な方策は依然示せなかった。宇野は消費税について、野党が要求している廃止や撤回には応じる考えのないことを示し、その一方で内税と外税の二本立てになっている税額表示方式を内税方式に一本化することも含め、今後、責任をもって見直すと発言した。だが、大蔵省では場当たり的で早急な見直し論は消費税を混乱させ、廃止につながりかねないと警戒を示しており、また、財界でも消費税見直し論には懸念の声が上がっていた[一四七]。

このようにして迎えた七月二三日の第一五回参議院通常選挙では自民党は大きく議席を減らした。社会党はほぼ倍増、連合は一一人が当選した。公明・共産・民社はふるわなかったが、野党勢力が参議院の過半数を占めることになった。この選挙に際しては従来自民党の支持層であった各地の商店街で反消費税・自民不支持の動きが多く見られた[一四八]。

## 消費税反対の中の中小企業

**幾つかの疑問**　以上、消費税への反対運動の展開を見た。この八九年七月の参院選での自民党の議席減は、一次的には、消費者の消費税への反対の強さを反映するものと見るべきであろう。参院選では、地方選とは異なり政党本位であるから、政党対立が鮮明となりやすい[一四九]。また、消費税だけではなくリクルート疑惑や、農政への不信といった争点が相乗作用をもたらし、また、初の連合型の選挙が功を奏したという面もある。

だが、ここで中小企業、特に中小規模の商業者の反対が展開されていたことにも注意が必要である[一五〇]。その反対は、導入を前にした八九年三月から広がり、自民党の地方議員の行動にも影響を及ぼしている。特にその反対は各地の商店街から噴出した。また、必ずしも多くはないが、商工会議所単位で反対に回ったところもある。それら中小商業者の反対は、消費者からの圧力（の可能性）に直面して生じたものであり、これは商業者の側から言えば、転嫁の困難という争点にほかならない。

売上税に対しては、広範な業界団体・中小企業からの強い反対運動が展開されたため、それを踏まえた消費税の決定過程では、業界団体の意向を取り込んだ税制案が作成されたはずであった。そしてその税制案によって、中小企業の反対は抑制されたはずであった。

しかし、消費税に対して噴出した転嫁問題という論点は、売上税反対でも主要な論拠であったのであり、消費税の決定過程でも既に鯨岡が指摘していた点である。また、日専連などの大型間接税反対中小企業連絡会は、日商・チェーンストア協会・百貨店協会が大型間接税（消費税）の条件付き容認に転じた後も、この転嫁問題という観点から一貫して大型間接税・消費税に反対を主張し続けている。この反対論は、売上税に向けられたのと同じように消費税の決定過程でも主張され、法案成立後・導入後、さらには、税率引き上げに対しても主張され続けている。このような反対論・反対運動の一貫性・連続性からすると、消費税は——言われるように——中小企業の利害を本当に考慮して作られたものであると言えるのか、中小企業の要求が制度に反映されたと言えるのかという疑問が生じる。

また、仮に消費税反対を主張して参院選で自民党を大敗させたほどの力を中小企業が持つとするならば、それらが消費税の成立導入を阻止できなかったのは何故なのかが問われざるをえない。

八八年の四月から一二月までの消費税法案作成・審議の過程においては、中小企業の運動は全日商連や日専連を中心とする大型間接税反対中小企業連絡会によって担われていたが、その反対運動は、政府・自民党の決定過程に影響を与えたとは見えない。

これに対して、八九年三月頃から七月に生じた反対運動では、中小企業連絡会の運動も継続しているが、それとともに、商店街を中心にした動きが各地で見られた。この時期の反対の動きは、消費者による反対と複合的であり、中小企業単独の反対と言うことはできないが、ともかく、この時期の反対運動によって、政治過程にも一定の変化が生じ、政府・自民党は消費税の見直しを公言せざるを得なくなる。[（五一）]

この両者を前期・後期として分けて考えることにする。

後期での、各地の商店街を中心にした中小企業の反対運動の盛り上がりには勿論、実際の消費税の施行が影響している。事業者にとって、課税・納税のための準備の負担があっただけでなく、顧客である消費者から突きつけられる消費税への反感の強さもまた、反対拡大の重要な要因となっている。だが、これらの要因は、既に消費税導入の決定過程において予見されていたことであり、実際、大型間接税反対中小企業連絡会は、これらの理由によって前期から消費税反対を主張していたのである。この中小企業連絡会を構成する日専連などの加盟事業者と、後期に至って反対運動を起こした各地の商店街の事業者とは、業種や事業規模にも大差がない。しかし、これら全国各地の商店街は、前期過程においては反対運動を組織することはなく、また、後期過程においても、その反対組織は中小企業連絡会の動きとは独立にあくまでも地域単位で地域に自生的に結成されたものである。[（五二）] 特にこの点に注意するなら、利害状況を同じくし、また、同じようにもともとは自民党・保守支持であるとするものではありながら、両者の間に何らかの違いがあるのではないかと考えられる。

そこで、このような反対運動組織間の対照を検討するために、次節では、売上税への反対運動の展開の仕方を見、以上に整理した消費税に対する反対運動の展開のパターンとの比較を試みる。

## 第四節　売上税の場合

### 第一項　党税調での反対（第二次反対運動前期）

本節では、第三次反対運動と対比して第二次反対運動のパターンを検討する。第三次、つまり消費税への反対運動は前期と後期に分けて見ることが出来るのではないかというのが、前節での発見であった。本節では、第二次、つまり売上税反対運動にそれと同じように前期・後期で違いが見られるかどうかを検討する。

第二次の政治過程について見るならば、前期に当たるのは党税調での決定過程であり、後期に当たるのが一二月二三日の自民党税制改正大綱決定後である。以下では、このように時期区分した場合に、前後で反対運動に違いがないかを検討する。

結論を先取りすれば、第二次反対運動も、導入の決定過程におけるものと、導入決定後のものとでは、ある種の不連続が見られる。その不連続は、後期になって反対が地域から噴出したというところに現われている。この地域からの噴出という点は、第三次反対運動後期のパターンと共通している。

本節での記述の最終的な目的は第三次反対運動から得られたパターンと第二次反対運動の動きを対比して、売上税反対の「叛乱」を起こしたとされる保守支持層の構造を解明することにある。

## 同日選前の反対

後に売上税となる大型間接税への反対の動きは、八六年の同日選の前からあった。一般消費税構想以来、流通業界では、政府自民党が機会あるごとに大型間接税の導入を狙っているのではないかという疑いを持ち続けていた。八六年四月に政府税調が発表した減税に関する中間報告の中では増税策は見送られてはいたが、流通業界を中心にして、増税案として大型間接税が予定されているのではないかという懸念が生じ、日商・百貨店協会・チェーンストア協会を中心に八六年六月、大型間接税反対中央連絡会議が結成された。[一五三]これは、一般消費税導入反対のために結成された大型間接税反対中央連絡協議会を、改称して引き継いだものである。[一五四]この時点での代表は北野重雄日本小売業協会理事長であった。これは、事務局を小売業協会におき、実質的には日商を中心とする組織であるが、これには比較的大手の流通業者とともに、中小業者を中心にする団体も加わっていた。[一五五]

また、大型間接税に反対の声を上げている保守系の組織には、大型間接税反対中小企業連絡会があった。これは、日本商店連盟・日本専門店会連盟を中心にするものである。中小企業連絡会の構成メンバーは上述の大型間接税反対中央連絡会議にも参加しつつ、独自の反対組織をも持っていたのである。これらの中小企業団体は、七九年当時は独立した組織を持たず大型間接税反対中央連絡会議の一員として反対運動に携わるに止まっていたが、この第二次の時点においては、独自の組織を持つに至っていた。[一五六]

この時期、勿論、税制の具体的内容は定まっておらず、つまりこれら中小企業団体の反対は、税額票方式（による所得の捕捉の可能性）といった理由によるものでないことが明らかである。そもそもこれらの団体は、帳簿方式をとっていた一般消費税に対する反対のために結集したのであるから、その反対の理由は、売上税の細かい制度内容とは関係のないものであったと言わなければならない。

この大型間接税反対中央連絡会議は、衆参同日選を前にした六月一一・一二日、与野党の衆参同日選挙立候補予定者一〇三一人を対象に大型間接税導入の賛否を問うアンケートを発送した。[一五七] このアンケートでは、多くの候補者から大型間接税反対の確言を得ることに成功した。後に明らかにされたところによると、反対を公約して当選した自民党議員は衆参両院で一二九人の多数に及んでいる。[一五八] このような結果は、それだけこの大型間接税反対中央連絡会議が自民党に対して持つ影響力の強さを反映しているものとしても引証され得る。その構成メンバーはいずれももともと自民党支持層と目される団体であるから、それらの政治過程への影響力が強力であると考えるのは常識的な判断であろう。

だが、自民党で売上税導入が党議決定された後、八七年二月の段階で確認されたところによると、この一二九人の議員のうちで、書いたと認めたのは五五人、覚えがない・わからないが三三人、ノーコメントが二九人、書いていないとするのが七人であった（その他五人）。このような回答は政治家にありがちな（と思われやすい）言い逃れと見ることも出来ようが、しかし「覚えがない」などとするのは、あながち欺瞞とも思われない理由がある。誓約書の文面の同一性からすると、その文章は大半、団体側が用意したものであることがわかる。これが集められたのは衆参両院選の選挙活動のさなかであったから、これら誓約は各団体（およびその地方組織）から推薦状や支持を受ける際に引き換えに応じられることが多かったものと考えられる。

一般に保守系の候補者は、選挙に際しては、およそ考え得るあらゆる団体からの推薦を得ようとするものであり、それらの推薦を得るためには、場当たり的な応対をすることがあり得る。まして、この時点では、中曽根総理総裁は大型間接税導入せずの公約をしているのだから、各候補者（陣営）も反対の誓約をすることに殆ど抵抗がなかったであろうことは想像できる。「地元の秘書がどさくさにまぎれて署名したようだ」という言い分は実情に近いものと考えられる。大型間接税反対の誓約をした理由を見ても、単に、「総理がしないといったから」というもの（向山一人参院議員）もあり、多くの候補者が実際に中小企業や特定業者の利益をどれほど具体的に考えたうえで反対の表明をしたのかは疑わしい。議員（候補者）が踏み絵として個々に判断を迫られるものであったわけではない、つまり、中曽根の公約通りに回答しさえすればよかったから、多くが反対の誓約に応じたという点は見落とされるべきではなく、集まった署名の多さは、応援してもらえそうなら何でも、という自民党候補者の節操のなさを反映しているところもある。さらに言えば、逆に、この時点では、大型間接税導入問題への態度決定は候補者にとってさして重要な争点ではなかったからこそ、これだけ多くの誓約が集まったのではないかとも考えられるのである。

## 党税調への圧力

売上税導入の決定過程では、前出の大型間接税反対中央連絡会議は、反対集会を繰り返し、また自民党の財政再建議員研究会を支援するなど、相当に活発な反対運動を展開した。この財政再建議員研究会は、元々、一般消費税反対のために組織されたものであり、メンバーは都市選出議員を中心に約三〇〇名に上ったと言われる。（一五九）しかし、その反対は党税調での決定過程では、殆ど考慮されなかった。後に売上税が挫折すると、このときに広範な反対を考慮せず強引に党税調の決定をおし進めたから、顧みられなかった反対が結局売上税を頓挫させたのである、とする議論が多く見られることになる。だが、このときの党税調の決定過程が、トップの独断により、妥協を排して強引に行なわれたものであると見るには問題も残る。と言うのは、このときの過程では、他の利害、即ちマル優（少額貯蓄非課税制度）の廃止問題をめぐっては慎重な配慮も見られたからである。そこからすると、大型間接税導入については、反対勢力の意向が考慮されなかったのは、反対運動の影響力が必ずしも強くはなかったからではないか、とも考えられるのである。

党税制調査会の正副会長会議と小委員会（山下元利小委員長）の初会合が開かれたのは、一〇月七日である。正副会長会議の一七人のメンバー[一六〇]のうち、新型間接税に反対しているのは、数人あった。まず、原田憲は七九年の選挙で落選という経験があり、大型間接税には強く反対しており、財政再建議員研究会の代表を務めていた。塩崎潤は大蔵省出身でありながら、戦後、取引高税の撤回のときに主税局でこれを担当していたという経験があったため、大型間接税には反対していた。田辺国男・武藤嘉文・加藤武徳らも反対論であった。ただ、税調の中心を占めるメンバーでは導入論者が多かった。会長の山中を別にしても、村山・山下・林・渡辺・奥野がそうである。マル優問題については、廃止論は渡辺で、存続派は、原田・田辺・加藤であった。

マル優の廃止も、減税財源としては既に早くから考慮されていたが、一〇月二三日の政府税調でマル優廃止の提言が決まると、マル優問題が一気に党内の関心の的となる。

翌日政府税調総会も、日本型付加価値税が望ましいとする税制改革の答申案を示したため、日商や大型間接税反対連絡会議は強く反発した。ところが、この段階では、既に自民党内の関心はマル優廃止問題に集中していた。減税するには増税もやむなし、直間比率の見直しは避けられないという意見が大勢を占めていたのである。三〇四議席を獲得したから、所得税減税と抱き合わせれば、大型間接税導入にも国民の理解も得やすいという楽観があったと言われる[一六一]。

この時期、大型間接税に対して党内の関心が低かったのは、マル優問題に党内の関心が集中したためであるという指摘がある[一六二]が、これは、大型間接税導入（への反対）がマル優問題に比して重要な争点であるとは見なされなかったというにほかならない。同日選の後には、大型間接税への関心は一般には薄れていた。例えば、衆参同日選の際、藤尾政調会長が、減税財源として大型間接税やマル優廃止を考えるのは当然と発言したとき、中曽根をはじめ自民党内は一斉にそれを打ち消しにかかったが、一〇月二日に、安倍総務会長が全く同じ発言をしても党内は平静であったのである。

一〇月二八日には、政府税調の最終答申が出る。新税に関しては、「日本型」「製造業者」のほか「日本型の変型」など、八案を併記した。この最終答申は、所得税・住民税減税と法人税・相続税の引き下げ、その財源として新型（大型）間接税とともに、マル優と郵貯の非課税制度を廃止するというものであった。

このような政府税調答申を受けて、自民党税調での審議が本格化すると、一一月から一二月にかけて、日本型付加価値税（後に売上税と名づけられる）が審議される過程では、自民党内で、多くの反対が現われた。中小企業族・商工族と呼ばれる議員や若手議員を中心に何人もの議員が強硬な反対意見を述べた。(一六三)

しかし、このような反対にも拘わらず、党税調では既に一一月の一一日から一三日の小委員会の審議でも、間接税導入やむなしという容認論が多数を占めていた。(一六四)

そして一二月五日に売上税が党議決定されると、反対の活動は力を失っていった。自民党内では非課税対象に関心が移り、非課税枠の獲得競争が激しくなる中では、党税調でも売上税反対の声は聞かれなくなる。

非課税枠に党内の関心を向けさせたことは、大型間接税自体に対する反対を抑制する機能を持ったことは間違いない。(一六五)例えば全国農業協同組合中央会（全中）は、いち早く非課税枠獲得の方針をとり、実際にも非課税枠入りを実現するが、そのため、八七年の二月から三月の全国的な反売上税運動の高まりに乗り遅れ、各地の単位農協が個別に反対運動を展開することになった。このような全中の例を見ると、非課税枠入りを実現させた業界こそが、自民党に対して強い影響力を持つ業界であり、そして、非課税枠入りを実現出来なかった、つまり、それだけ周辺的な業界が八七年一月以降、売上税それ自体に対する反対を展開したと見ることが出来る。

また、このときの決定が一部のトップエリートだけによる強引なものであったとする見解は多いが[一六六]、だが、党税調の決定方式とはもともと、一般議員から発言を「ガス抜き」として行なわせた後にトップダウンでなされるものだったのであり、このときの決定方法が従来の慣例を逸脱するほどのものであったかどうかは明らかではない[一六七]。したがって中曽根が党税調さえ突破すれば売上税は成功すると踏んでいたとしても、それは必ずしも甘い見通しであったとは言えない[一六八]。また、党税調内で声高な発言が多く見られたからといって、それだけ党内の反対が強かったと言えるかどうかも、俄かに断じ難いところがある。と言うのは、そのような発言は、それだけ切実な要望の存在を示しているというよりは、支持者を納得させるために行なわれるということも多いからである[一六九]。

党税調での決定過程では、大型間接税反対運動の影響力は強くなかったのではないかと考えるもう一つの根拠は、次に見るようにマル優廃止問題において郵政族が大きな見返りを確保したのと比べると著しい対照が示される点である。

## マル優問題との対比

党税調での決定過程では、郵政族は、全国約二万局の特定郵便局の顔を如何に立てながら、利子非課税の廃止に持ち込むかが狙いであったと言われる。特定郵便局とは、比喩的に言えばフランチャイズ方式の郵便局であり、自民党の有力支持基盤と目されているものである。特定郵便局長は当該地域の名士であり、地域的な集票力を持っていると考えられており、これが自民党への有力な圧力集団を形成している。一一月二六日には、郵便貯金非課税制度を守る総決起集会が開かれ、全国の特定郵便局長夫人らが参加し[一七〇]、自民党側では、代理を含め全国会議員の九割に当たる四一三人が参加し、吹田愰自民党通信部会長は「体が八つ裂きになってでも、郵貯を守らなければならない」と発言した。

吹田は党税調内部でマル優廃止反対の声を上げて党税調首脳と対決する姿勢をとっていたが、実は彼の知らないところで、郵政省と大蔵省との間の妥協が成立していた。取引材料となったのは郵貯資金の自主運用問題であった。(二七)

両省首脳間では、一一月二〇日から二八日の間に合意文書が交わされていた。それは、郵便貯金資金一五兆円の自主運用など郵政省にとって〝夢のような条件〟であった。(二七)この交渉は極秘に行なわれ、関わったのは竹下党幹事長、郵政事業懇話会会長の小渕、同幹事長の小沢一郎の田中派幹部に限られており、竹下側近の小沢は吹田を除外していたのである。もともと郵政省に対しては田中派の影響力が強く、郵政族の組織である郵政事業懇話会幹部はいずれも田中派であった。吹田は前年の九月に当時の藤尾政調会長によって通信部会長に抜擢されたばかりで、安倍派に属していることもあり、郵政族としては発言力は小さく、郵政省側でも吹田を軽視して見返り措置のことを十分伝えていなかった。このため吹田は、独り突出した動きを見せることになった。

吹田自身も、マル優廃止絶対阻止をぶちながらも、いずれは条件闘争に移らざるを得ないときっかけを探っていたのであったが、既に合意の出来ていた郵政省・大蔵省からは何も言ってこず、降りたくても降りられない状況に置かれてしまっていた。最終的には一二月三日朝に、彼がこのことを安倍総務会長に伝えてから事態が動き始め、山中が吹田を説得するという形をとったことで、一二月五日、吹田も辛うじて面子を保ちながら振り上げた拳を下ろすことができた。

一二月五日が、税制改正方針のとりまとめのタイムリミットであったが、吹田が、以上のようにして、郵貯への見返り策を示した竹下幹事長ら党三役裁定を受け入れたことで、事態は一転収拾した。吹田の態度変更によって党税調の決定が直ちに決着したのは、少なくともこの時点に至っては大型間接税への反対は党内決定過程の阻止力となっていなかったことを示している。

党税調の決定過程で噴出した大型間接税に対する反対と郵貯の利子課税に対する反対は、いずれも、自民党の有力支持基盤の要望を反映するものであると言われる。前者が中小企業・流通業者のもの、後者は特定郵便局のものである。だが、両者の帰結は対照的であった。郵貯問題と対比してみれば、党税調において、大型間接税への反対が最後まで強硬・声高に主張されたものの、それは決定に大きな影響を及ぼしていなかったということが理解されるのである。マル優廃止に関しては、吹田が強硬な反対の態度を示していたが、これも実質的な決定過程から排除されていた(ことに気がつかなかった)ためであって、実質的なレヴェルでは、既に妥協が成立していた。大型間接税については、このような取引が成り立たなかったという点に特徴がある。吹田のトリックスターぶりが際立つのは、郵政族の統制の強さを逆に示している。(一三)

郵貯については田中派を中心にした強固な郵政族が組織化されており、そのトップが決定すれば、郵政族の末端までが行動を通常は統御されており、このように組織化された「族」が存在することが、決定過程において大きな影響力を保証する。これに対して、商工族は十分組織化されておらず、その利益を決定過程に代弁・反映させていくことが出来ていない。業界団体の反対という点では同じでも、業界個々では事情が異なり、どの団体も同じような圧力を行使し得るものではないというのは当然のことである。大型間接税については党首脳もその反対を重大なものとは考えておらず、また、反対派の方でも、党税調の大衆討議の場で個別の議員が声高に弁じ党首脳を批判することしか出来なかったのである。

勿論、大型間接税と郵貯の利子課税では、争点の意味が違った可能性はある。大型間接税はとりたてて重要な争点ではなかった(と思われていた)ために、党税調では反対が考慮されなかったということかもしれない。郵貯の方が重要だから多くの譲歩が提供されたのかもしれない。あるいは、逆に、郵貯の方が重要でない争点であるから容易に妥協が成立したのかもしれず、大型間接税は重要であるから妥協が許されなかったのかもしれない。しかし、ともあれ、ここで確認されるべきことは、大型間接税への反対が党税調の過程で十分考慮されてはいなかったことであり、反対の声が最後まで変わらずあったことであり、しかも、その反対は全体の流れの中では重きを置かれていなかったということである。

## 反対運動の影響力（前期）

既に繰り返し述べたように、反対を無理やり押し切った党税調での決定過程の強引さが売上税失敗の原因として挙げられることは多い。日商が代表すると考えられている中小企業や流通業界は、もともと自民党の有力な支持基盤と考えられるから、その反対は自民党にとっても考慮されなければならないものであったと言えるはずであるし、その意向を体した財政再建議員研究会の声も、党税調内で尊重されてしかるべきであったのに、それらの反対を無視して強引に導入が決定された売上税が、まもなく挫折することになるのは当然であるという解釈である。

このような説得力のある従来の解釈に対して、本書では以上において、大型間接税・売上税への反対は政策決定過程において考慮されるべきほど強力なものではなかったという可能性を論じた。

自民党内で見ても、もともと商工族は組織化されていないという指摘があり、ここからすると、商工族は政策過程において大きな影響力を発揮しにくいことは当然予想できる(一四)。百貨店業界・チェーンストア業界は族議員の育成に熱心ではなかったと言われるが、そもそもこのような族議員の結集度・組織化の度合の違いは、業界自体の結集度・組織化度の違いによるものと考えられる。この結集度・組織化度とは、その業界の市場構造を意味している。つまり分散し競争のある業界では、業界の組織化を進めることが出来ず、したがって、族議員の組織化を進めることも出来にくい。一般に流通業界は、今日でも様々な規制によって保護され、多くの不合理を残している業界であると批判されることが多い。しかし、業界の組織化が進展せず、政治（家）との関係がむしろ稀薄であるということは、業界内に激しい競争があることを示している。

社会内では、確かに、大型間接税反対中央連絡会議の活動は目をひくものであり、財政再建議員研究会のメンバーを中心に多数の議員を動かしているように見える。また、財政再建議員研究会の国会議員は、党税調での決定過程で繰り返し、大型間接税・売上税反対の声を上げている。だが、そのような声のあることが、党内の反対の強さを示すものとは必ずしも考えられないのである。党税調の決定過程内部の空気は、早くから、つまり八六年同日選前に反対があったことを知っているにも拘わらず、大型間接税導入容認というものであった。むしろ、党内では、大型間接税の導入を阻止し得るだけの組織力が、族議員にも業界にもないと自覚されていたと言うべきではないかと考えられる。

したがって、ここからは、問われるべきことは、むしろ何故最終的に売上税の実現が阻止されたのかということになる。それは党税調での決定過程に現われた反対（の弱さ）からは説明できない。この問題はさらに第二次の後期過程を検討しなければ答えが得られないであろう。(一七五) 一月以降、自民党の中には、売上税反対を主張して党中央に造反する議員が現われる。注目されるのは、これらの議員の反対の継続は、財政再建議員研究会として動いているものではないということである。造反議員の代表である鳩山と深谷は、八六年中から大型間接税反対を主張していたが、彼らのその後の反対の一貫性は、商工族と言われた議員たちの中でも例外的なものである。このような一貫性は、八六年中に商工族を動員した流通業界からの圧力からは説明されない。しかし、このような後期に至って現われる鳩山らの反対こそが売上税阻止に寄与したのである。

次項では、この後期過程での反対の動きを検討する。

## 第二項　地域からの反対の噴出（第二次反対運動後期）

### 反対の噴出

本項では、党税調での決定過程で見られたものとは別種の反対運動が、導入決定後に現われたことを指摘する。これは、第二次反対運動にも、前期と後期で不連続な部分があることを指摘するものであり、その意味で、第二次の政治過程と第三次の政治過程が相似形をなしていることを明らかにしようとするものである。

**多種多様な反対**　大型間接税反対中央連絡会議の反対運動は、八六年一二月の政府・自民党による売上税導入決定を阻止することはできなかった。ところが、八七年の一月になってから、売上税に対する広範な反対が噴出し、二月から三月にかけて全国的に高潮する。このような反対運動は八六年一一月から一二月にかけての党税調での決定過程では現われておらず、一月以降に組織されたものである。

この運動は、多様な業種から地域単位で生じたという点に大きな特徴がある。[一七六] また、この反対の動きの中では、もともと自民党の有力な支持層であると考えられていた団体が、各地ではっきりと自民党批判・売上税批判の声を上げていた。

ここでは、その中でも最も重要な（あるいは、興味深い）反対運動であったと考えられる東京でのケースを中心にして、後期の売上税反対運動の特徴を検討する。[一七七]

**東京での反対**　東京での反対運動は、その地域選出の自民党国会議員の行動に大きな影響を及ぼしたことが明らかであるというところに重要な特徴がある。売上税に対しては、消費者団体・市民団体からも多くの強い反対運動があり、それは勿論東京でも見られた。だが、売上税反対運動を特徴づけるのは、何よりそれが、従来自民党を支持してきた（と少なくとも自称する）商工業者層から激しく起こったという点である。

東京での商工業者の反対運動は、台東区・中央区の下町から起こった。下町では多数の中小小売業者・卸売業者が古くから営業しており、これらの業者が売上税反対に立ち上がったのである。ここで売上税反対運動の準備が開始されたのは、八七年一月に入ってからである。東京都中央区横山町の問屋街で「売上税反対総決起大会発起人会」が開かれたのは、一月一四日であった。会合には織物・洋装品・文具・ニット・タオルなど、一九の卸売業者団体の代表約六〇人が参加した。

会合を呼びかけたのは、横山町で卸売業を営む日本橋横山町奉仕会会長宮入正則である。宮入は鳩山の中央区後援会長を務めるほか、自民党の複数の代議士の後援会の有力メンバーであったが、売上税粉砕東京商工連合会会長に就任した。発起人会の席上宮入は、自分は自民党の政治資金集め団体である国民政治協会の役員であったが、売上税反対のためにそれを辞めた、また、自分が会員となっている複数の自民党議員の後援会費の納入も目下見合わせている、と発言した。反対の動きは、横山町問屋街に限られたものではなかった。台東区の合羽橋商店街振興組合では、新年会に自民党国会議員を招くのが恒例になっていたのを、急遽取りやめ、自民党に対する抗議の意思を明らかにした。

このような反対の広がりは税制の細目が明らかになる以前であるということには留意されるべきである。しばしば、税額票方式によって経営内容が把握されることを中小企業が恐れて売上税に反対したという指摘がなされるが、大蔵省から売上税法案の細目が明らかにされるのは、一月二八日のことであり、このとき初めて税額票番号の義務づけが公表されたのであるが、各地の反対運動の組織化はこれに先行している。横山町での発起人会が開かれたのも年明け早々と言っていい時期であり、その意思形成・準備は年末年始にインフォーマルに進んでいたと考えられる。

二二日には、横山町・馬喰町・神田・浅草橋など都心の問屋街にある卸売業者団体で結成した「売上税粉砕総決起大会」実行委員会（三五団体、九七七三社）が自民党の衆参両院議員四四八人全員に、売上税への賛否を問うアンケートを発送した。アンケートには、無回答は「賛成とみなす」という但し書きが付されていたが、二月五日までで回答はわずかに一七通にとどまった。

だが、後述するように、このアンケートは後に大きな問題を引き起こした。売上税反対と回答した自民党議員があったためである。反対を表明したのは、大塚雄司（東京一区、安倍派）、天野公義（東京六区、宮沢派）、柿沢弘治（東京六区、中曽根派）、鳩山邦夫（東京八区、田中派）、深谷隆司（東京八区、中曽根派）、鯨岡兵輔（東京一〇区、河本派）の各議員で、いずれも東京選出の衆議院議員である。これらの議員の反対は、党税調で見られたような財政再建議員研究会としての動きとは異なる、個々的なものであった。後期においてもこのように――党議決定にも拘わらず――反対を続けているのは、財政再建議員研究会の主要メンバーとは必ずしも重ならない。特に目立ったのは、八区選出の鳩山と深谷の行動である。[二七] 彼らは自民党中央からの指示に反してまで地元の売上税反対集会に出席した。

これらの自民党代議士の反対の言質は、直接交渉によって取られたものである。宮入によれば「後援会長に深夜までひざ詰め談判され、涙まじりに反対に変わった代議士も」あり、また、直ちに反対署名は出来ないが「電話で『党議決定の手前、もう少し回答を待ってくれ』といって来た人もあ」った。このような働きかけ（圧力行使あるいは説得）が可能であったのは、反対運動の中心を占めるのが、もともと有力な自民党後援者であったからにほかならない。

下町の中小企業と言うと、「男はつらいよ」に登場する「タコ社長」のような業者が想起されるかもしれない。

だが、「売上税粉砕総決起大会」実行委員会のメンバーは必ずしもそのような零細企業ではなかった。横山町には卸売業者が多い。卸売業者は、同じ流通業者とは言っても、小売業者とは異なって、地域経済の伝統的な有力者であることが多く、所謂「ダンナ衆」を構成する存在である。彼らは確かに日本の産業社会全体の中で見れば大企業とは言えないかもしれず、同族による経営で成り立っているはずで、中小企業というカテゴリーに入るはずであるが、地域においては名士として重きをなす存在である。そして彼らは当該地域の商工会議所の有力なメンバーでもある。

宮入は売上税反対のため「国民協会への献金を中止し、代議士の年会費支払いもやめている経営者が多い」と述べたが、勿論、これら反対運動のメンバーたちはそれまで国民協会に献金し、代議士後援会に会費を支払っていた者が多かったわけである。宮入自身は、代議士一一人の後援会員で、それまで合計年間六〇〇万円の後援会費を払っていたと言う。代議士への圧力は、このような有力後援者から個別的に行使されたものであった。

このような突き上げは、国会議員を対象にするものだけではなかった。一月二七日には、台東区議会が臨時議会を開き、首相と蔵相に対する売上税導入反対の意見書を、自民党も含む全会一致で採択した。既に述べたように、第三次反対運動後期においても地方議会では、消費税反対の決議がなされたが、それは多く、非自民党の賛成多数によるものであったから、この売上税反対の決議のように自民党が非自民と合同せざるを得なかったというところが、自民党に対する売上税反対圧力の強さを示している。(一七六)

このような反対の動きが現われたことから、二月四日には、宇野幹事長代理が、都連幹部に協力を要請した。しかし二月六日には、売上税粉砕東京商工連絡会が日本橋の問屋街の中で予定通り売上税粉砕総決起大会を開催した。一月一四日に発起人会を開いた段階で予定していた参加団体の倍以上、都内の繊維・家庭用品・文具などのメーカー、卸、小売の団体、計三五団体（加盟八七四八社）から、一七〇〇人が参加し、その後、東京駅までデモ行進が行なわれた。

売上税粉砕東京商工連合会では、売上税反対のため二月一四日に参加団体の自民党員数千人の集団脱党と東京商工会議所からの集団脱会を決定した。このような後援者のバックアップを受けて、深谷や鳩山は自民党中央の締めつけにも拘わらずその後も反対を主張し続け、それを地方議員も支持した。

**各地の反対運動の自発性**　売上税粉砕東京商工会連合会は他の反対運動との共闘・連携も模索したことは確かであるが[一〇]、その活動は他の上部団体の意向を受けたものではなく、あくまでも地域に自発的であり、自律的であった。

この時期の売上税反対運動の特徴は、各地でこのように自発的に組織されたという点にある。

京都では、西陣織工業組合（一二八八業者）が売上税反対の中心にあった。この西陣織工業組合の川島春雄理事長は国内の和装着物の大半を扱う西陣の「ダンナ衆」の中心人物で、京都財界の実力者であった。彼の川島織物は一八四三年創業、一九九七年の時点で言うと、資本金八二億円余り、従業員八六五人の名門企業である[一一]。彼は八六年の同日選挙では自民党の伊吹文明代議士（京都一区、渡辺系）の選挙総括責任者を務め、安倍総務会長の京都後援会長でもあった。この川島が先頭に立って売上税反対、自民党不支持を唱えていた。

繊維業界は売上税反対運動の中心をなした業界の一つである。西陣以外でも、市議選で自民党の公認申請がゼロだった桐生市（群馬）など、特に繊維産業の盛んな地域で売上税反対の動きが激しかった。岐阜県繊維協会の決起大会でも「野党を支持せざるを得ない」との意見が出ており、福井県繊維協会も「円高に追い打ちをかけるもの」と売上税への批判を明らかにしていた。

これは、繊維産業に中小企業が多いという理由だけによるものではない。繊維業界では日露戦争の戦費調達のために導入された織物消費税という記憶を持っていた。それは戦争が終わっても廃止されなかったばかりか、当初一〇％の税率は、第二次大戦中には四〇％にまでアップされ、結局、一九四九年までの四五年間実施され、その税負担によって、転廃業に追い込まれた業者も少なくなかった。(一八二) この織物消費税の記憶から、売上税も一旦導入されれば廃止は不可能となり、税率も必ず上がることは目に見えていると批判していたのである。(一八三)

織物消費税は製造段階で課税する蔵出し税の一種だったのに対して、売上税は流通段階にも及ぶものであるから、繊維業界全体で売上税反対の動きが現われた。

円高不況に苦しむ地場産業が深刻に受け止めている例も多く、新潟県で織物や金属洋食器関係の団体が反対の声を上げたり、静岡県では特産工業協会が自民党県連に対し税制改革法案が通れば、自民党支持を考え直すと通告した。また、二月二三日には、長野県木曽郡楢川村で、木曽漆器工業協同組合（約二二九人）が自民党員五七人の離党届を党長野県連に提出した。(一八四) 理事の巣山和広は自民党員であり、唐沢俊二郎郵政相（中曽根派）の後援会の有力メンバーでもあった。巣山は唐沢もわれわれの気持ちがわかっていると言う。(一八五)

北海道では、二月一二日に、静内町の静内専門店会（五〇〇店）が、理事会で売上税反対を決議、自民党籍を持つ会員一五四人が離党届に署名、一二日午後党静内支部（七三八人）に提出した。(一八六)

姫路市の二階町商店街振興会は、統一地方選（県議選と市議選）での自民党からの立候補予定者全員に公開質問状を出して、売上税に対する態度で支援を決めるとしたが、そのような商業者の動きは各地で見られた。ただ、それでも福島商工会議所など、商工会議所のレヴェルでは、社共の共闘申し入れを断った例が少なくなかった。(一八七)

この第二次後期の反対運動の中心には、宮入や川島に典型的なように、地域を代表する業者がいたことに注目しておく必要がある。売上税反対運動は、中小企業とは言っても、ヨリ大きな企業の支持を集めたところに特徴がある。彼らこそ、自民党後援会の中核部分を占めているのである。これらの層の反対は、第三次の際には多くは見られない。

## 反対の拡大

**税制国民会議**　一二月に自民党税調での売上税導入の決定を見ると、八六年夏以降大型間接税反対を叫び続けてきた大手流通業界を中心にする大型間接税反対中央連絡会議の内部では、諦めの気配が現れ始める。しかしその一方では、一月に入ってからも反対を継続した団体もあった。それは大型間接税反対中小企業連絡会に結集した中小企業団体である。一旦は導入阻止を諦めかけたチェーンストア協会や百貨店協会もこのような盛り上がりを見て、反対運動の新たな結集を目指していくことになる。

大型間接税反対中小企業連絡会の中心的なメンバーである全国粧業小売連盟や全国商店街振興組合連合会は一月に入ってからは一層激しい反対運動を展開した。両者は、後に消費税に対しても、反対運動を展開した団体である。(一八)

他方、小売業協会・チェーンストア協会・百貨店協会では新たな動きが現われた。それは、製造業・運送業・マスコミ・消費者団体などを含めた税制国民会議の発足の決定である（一月一七日）。それまでチェーンストア協会や百貨店協会は大型間接税反対中央連絡会議に結集して反対運動を展開してきたが、その中心はあくまでも流通業界であった。これをさらに広く国民全般の反対を結集することを目指したのが、この税制国民会議である。税制国民会議の正式発足は二月二四日となったが、議長には日本チェーンストア協会会長の清水信次が就き、清水はこれ以後、売上税反対の顔とも言うべき立場となる。

税制国民会議を担ったチェーンストア協会の清水や百貨店協会の市原は、八六年中から中央連絡会議のメンバーとして大型間接税・売上税に対して反対の声を上げており、その態度は、八七年に入っても（一層激しくなることはあっても）変化はなく、中央連絡会議から税制国民会議への変更の意味はこれまで殆ど注意されていない。

せいぜい、反対運動の拡大の一徴憑としてしか考えられていない。だが、ある団体が単純に名称変更するだけだとしたら、決定から発足まで五週間もの準備期間を必要とはしないであろう。単なる名称変更だけならば、大型間接税反対中央連絡会議は、一般消費税以降、それぞれの税制案の名称に合わせて何度も行なっているのである。(一八九)

この組織改革の含意については後に詳しく検討するが、注目されるのは、これ以後日商（小売業協会）が反対運動の前面に出ることがなくなったという点である。ここでは、とりあえず、反対運動の広範な結集とは、親野党の団体との連絡（の可能性）であるということに注意しなければならない。実際、一月二六日、日本チェーンストア協会などの代表が、社会・公明・民社・社民連の四党で組織する売上税粉砕闘争協議会の招きに応じて、売上税関連法案についての意見交換を行ない、また、翌日には大型間接税反対中小企業連絡会も売上税粉砕闘争協議会との懇談会に参加するなど、(一九〇)一月の中旬以降、中央連絡会議の構成団体で従来自民党支持と目されていた団体が、野党に接近する動きが見られる。特にチェーンストア協会などが野党との懇談に参加したことの反響は大きく、翌二七日には、宇野幹事長代理や安倍総務会長が直ちに反発を示した。(一九一)

ただ、従来自民党に近い団体が、政府・自民党への反対を組織する場合、野党とどのような関係をとるかは、重要な問題になる。(一九二)東京での宮入らの反対運動では、さしあたり、政党色を入れないという方法が採られた。仙台市での反対運動では、事務局を総評等ではなく政党色のない日専連において広範な反対の結集に成功したと言う。(一九三)

野党との懇談会に応じた日本チェーンストア協会でも、その後、共闘を結ぶまでには至らなかった。チェーンストア協会の清水信次会長は「野党との懇談会に出席しただけで、野党と共闘していると、ものすごい圧力がかかった。協会として働きかけるのはやはり自民党だ。労働側との窓口をつくることは、今後の動きを見ながら必要があれば検討する」と語っている。

**野党各党の対応―国会の空転**　野党各党は既に八六年一二月一二日までに闘争本部を設け、政府自民党と対決する姿勢を示していたが、竹下幹事長以下の執行部は、自民党内の足並みが乱れることを専ら気遣っており、党内さえまとめておけば、臨時国会（一二月一九日に事実上閉幕）での野党の動向は問題でないと見なしていた。[一四]

野党側でも、一二月前半は社会党が同日選での議席減のあおりで、公明・民社両党に気をつかうので手一杯で、自民党内を分断しようというような動きは出ていなかった。自民党とすれば、減税問題は野党に対する適度な餌という程度であった。自民党としては、八七年の福岡県知事選で公明党の協力を取付けるために減税要求に応えておこうとしており、また、減税問題を盾にすれば、老人保健法改正などでの野党からの風当たりを避けることが出来るとも考えていた。野党側としても、売上税について公約違反を追求しようとすれば、それとセットになっている減税もストップするという二律背反を考える必要があったのである。

だが、一二月二三日に自民党税制改正大綱が明らかになると、野党側は、税制改革問題を一月からの通常国会の最大の焦点として位置づけたうえ、売上税の創設とマル優の廃止を中曽根の公約違反として、全面対決の構えを明らかにした。社公民の三党では、防衛費問題などでは基本政策に違いがあるものの、税制問題に絞れば、共闘を維持できると判断したのである。

一月一六日に政府が税制改正要綱を閣議決定すると、社会・公明・民社・社民連の野党四党は、国会内の共闘組織「売上税等粉砕闘争協議会」を発足させた。また、売上税については自民党議員にも反対があると見て、売上税等反対議員連盟を作り、自民党議員にも参加を呼びかけるという方針を採った。このように野党各党が国会内で共闘組織を作るのは異例のことであった。

野党がこのように共闘を結成し、売上税に徹底して反対したため、国会の審議を空転させることが可能になった。一月二六日、再開国会の施政方針演説で、中曽根が売上税に言及しなかったため、野党は総反発し国会は冒頭から空転した。このように野党各党が強硬な姿勢に出ることが出来たのは、上述のチェーンストア協会などとの懇談で自民党支持層にも売上税への強い反感があることを知ったからでもある。野党は度々国会の審議を空転させたが、その空転は国民の支持を得うるものであった。また、空転していることで、国民の売上税への関心はさらに高まり、全国的な反対が広がっていったのである。

売上税法案と所得税等改正案が衆院予算委員会に提出されたのは二月四日であったが、このときの予算委員会は自民党単独開会によるものであった。野党はその後も抵抗を続けたために、予算委員会の総括質問が始まるのは、ようやく三月三日になってからであった。このときには売上税反対の動きは相当に広がっていた。岩手県での参院補選は、五日後の三月八日に迫っていた。

労働団体でも売上税反対の共闘組織が作られた。総評・同盟・中立労連・新産別・全民労協の労働五団体が作った共同の「売上税等阻止闘争本部」の事務所が開設されたのは三月一〇日である。体質も運動の方法論も微妙に食い違う五団体が共同の事務所を開くところまでこぎつけたのは「かつてなかった画期的なこと」(真柄総評事務局長)であったが、これには一一月の連合移行への予行練習という面があった。

## 統一地方選

**自民党全国幹事長会議**　八六年一二月の党税調を乗り切ったことで実現に近づいたかに見えた売上税に対して、一月以降、全国各地から広範な反対が噴出することになるのは、八七年四月に統一地方選が予定されていたという事情が関係しているところが大きい。

自民党中央が各地からの強い反対に初めて面と向かってさらされるのは、八七年一月一九日の自民党全国幹事長会議においてであった。この日の会議が質疑に移ると、各地の県連幹事長から、選挙を懸念した売上税導入をめぐる注文と要望が噴出した。まず、それは自民党支持層からの反対が強いことを伝えるものであった（一九五）。

興味深いのは、国会議員に対する自民党の統制が効いていないことに対する不満が地方から現われている点である（一九六）。これは党として統一地方選を如何に戦うかという戦術に関わってくるからであり、彼らの関心がどこにあったかを端的に示している。こういった地方組織からの声に対しては、竹下幹事長や伊東政調会長ら党三役は、売上税導入を柱とする税制改革法案について、原案を修正する考えのないことを明らかにし、無修正での法案成立に全力をあげる方針を示した。

このような地方組織からの声は、東京において宮入らが起こしたような自民党支持層からの売上税反対運動の動きが全国に生じているという事態を忠実に反映したものであるが、このような動きはこれ以前の党税調での決定過程では見られなかった。この時期に初めて反対運動が生じたこと、つまり、これ以前にはこのような反対の動きが起こらなかったことについては、以下のような説明があり得よう。

第一は、これ以前には売上税の内容が明らかになっていなかったということである。特に税額票方式が、所得の捕捉に転用し得ると受け止められたことが反対運動の盛り上がった理由であるというのが通説的な理解である。自民党の税制改正大綱が示されるのは、八六年一二月二三日のことであるが、その後に年末年始を挟むから、反対運動が生じるのはちょうど年明け八七年一月に入ってからと見るものである。

第二は、一二月中は多くの業界は非課税枠獲得競争に専念していたが、その枠に入れないことが明らかになってから、反対運動を起こしたと見るものである。非課税枠獲得競争は、課税分が事業者の負担になるという誤解の故に拡大したものである。非課税枠に入れないことが明らかになったとき、各事業者は、自分が課税負担を負わされるという新たな誤解にとりつかれることになる。そのとき、彼らは強い反対を示すであろう。

第三は、業界の利益を代弁してくれる（はずの）日商や中小企業団体中央会の頂上団体が、中央での阻止に失敗したため、反対が地方レヴェルに広がったと見るものである。

だが、これらの要因だけでは説明しきれない問題も残っている。

まず、既に触れたように、売上税の細目が大蔵省から明らかにされるのは一月も末の二八日になってからであるという問題がある。この時に至ってようやく、税額票番号方式・非課税品目が最終的に明らかになったのである。つまり、当初反対運動は必ずしも税制の細目を知らないで組織されていた可能性が高い。

また、多くの反対運動は、「これからは自民党を応援しない」と語っていることが多く、つまりそこまでは自民党を支援していた、それまでは大型間接税への反対を表明していなかったと思わせる発言をしている。つまり、彼らの反対の意向は、それまでの決定過程には十分媒介されていなかったと考えられる。

**統一地方選挙に合わせた動き**　自民党の地方組織では、一九八六年中の税制改革案がまとまる前の段階で、東京都連や京都府連が反対の決議や声明を出していた。急先鋒となっているのは東京都連である。都連は八六年一〇月二八日に大型間接税反対を全国に先駆けて決議した上、自民党本部が売上税を正式に打ち出す直前の一二月三日には、都議会で新型間接税への反対決議に賛成している。

一月に入ると、一九日の全国幹事長会議での党本部の対応に対して各地で反発が生じる。一月二二日には、宮城県議会の自民党議員団（四二人）は、議員総会で、売上税に事実上反対する決議を行なった。この後、二月六日に「売上税は時代に逆行」という決議を出して売上税反対で党本部に造反した静岡県連を始め、二月八日の時点では、東京・宮城・岡山・静岡・京都・岐阜の六都府県と、神戸市・福岡県大牟田市などで自民党の県議や議員団で売上税反対を明確に打ち出し、全国一二都道府県の自民党内に反対の動きが表面化していた。[97]

このような動きに対しては、党本部からの通達徹底の圧力も強力で、一旦売上税反対を決議した都道府県連が、通達の下部への周知徹底を唱えるというちぐはぐな対応も見られ（京都府連など）各地の自民党地方議員の行動は混乱していた。鎌倉市のように自民党の反対票を押し切って他の会派が反対決議を可決したというところもあるが、羽島市のように自民党が革新政党と一致して反対を決議する例も見られた。函館市では保守系を含む全会派が共同提案を行なっており、山梨県南巨摩郡鰍沢町議会では、共産党町議の提案が満場一致で議決されている。

また特に公明党・民社党は地方首長選挙で自民党と共闘するケースが多かったため当初は中央と地方は別であるという論理を立てていた。しかし地方でも公共料金への売上税への転嫁や売上譲与税を予算編成にどう組み込むかという問題が出てくるため、この争点を地方選挙から完全に切り離すことはできず、公明党は「売上税を前提とした予算を編成した首長は、推薦、支持を再検討せざるを得ない」という態度を打ち出すことになる。公明党の強い態度に最初は驚いた民社党も結局同調する。(一九八)

こうして、売上税・売上譲与税の見送りは全国で相次ぐ。また自民党支持層・自民党地方議員らの中でも強い反対の動きが現われたことから、結局保革相乗りの首長候補は売上税を見送る判断を下さざるを得なくなった。

自民党単独推薦の場合でも、北海道知事選では元食糧庁長官松浦昭候補が、地域での売上税反対の声の高まりと自民党中央との狭間で売上税への対応に苦慮することになった。松浦陣営が道内の二一二の市町村に組織した後援会では、市部の後援会長は殆どが地元商工会議所会頭など経済団体の幹部であったため、松浦が売上税反対でないと動けないという声が噴出した。(一九九)このままでは批判をかわせないと見た松浦は党道連の了承を取り付けて、とりあえず修正論の立場を打ち出したが、それに対して党中央からは応援を見合わせるという声もでたため、党道連は釈明書を出して党本部との関係悪化は避けながら、松浦は選挙優先で修正論の立場を取った。最終的には、次に述べる三月八日の岩手参院補選で自民党候補が敗れると、松浦の全道後援会会長会議で「道民の理解の得られないままでの売上税実施には反対する」ことが決議されたが、三月一〇日の選挙では、現職の横路に勝利することは出来なかった。(二〇〇)

三月一四日の朝日新聞によると、世論調査で中曽根内閣支持率が二四％に急落、不支持は五六％となった。売上税反対は八二％であり、特に自民党支持層での売上税への拒否が強いということが明らかとなった。売上税が今のまま導入された場合、次回の総選挙で自分の支持する政党に投票すると答えた割合は、自民党支持層で五割に止まった。自民支持層の中で中曽根内閣を支持する人は、八六年一二月の時点で五八％だったものが、四四％に急落している。（三〇一）

このように反対運動の強まりと地方議員・地方議会での反対決議の広がりが並行しているのが、この第二次反対運動後期の重要な特徴である。これは八七年四月に統一地方選が控えていたというだけでなく、この時期は、地方自治体での予算審議過程と重なっており、予算議決という場面において否応なく売上税への態度表明を迫られることになったという事情も関係している。消費税についても、施行直前の八九年三月に、各地の反対運動の盛り上がりと同時に、地方議会での反対・見直し決議が相次ぐが、それも、予算審議の過程と重なり合っていた。この点で売上税反対（第二次後期）と消費税導入直前の反対（第三次後期）とは共通している。

**自民党中央の対応**　勿論このような各地の地方議員・地方議会の売上税反対の動きに対して政府・自民党中央は様々な統制を試みるが、それらの自民党の試みは結局、失敗に終わる。

一月二九日、自民党は各都道府県連合会に対し、地方議会での売上税反対決議に同調しないよう求める通達を、幹事長・政調会長・全国組織委員長の連名で出した。（三〇二）また、二月一〇日には、売上税導入を推し進めるために税制改革推進全国会議が開かれ、中曽根首相は予定を大幅に超える四〇分に及ぶ挨拶を行ない、「政治家は歴史的使命を負っている。私はどうなってもいいが、国家、国民は大事だ。身命を賭して改革を軌道に乗せ、責任を全うしたい」と述べ、さらに、「逆襲はこれからだ」と野党の攻勢に押され気味の税制改革の実現に自信を見せた。だが、中曽根の意欲に反して、出席していた党地方組織の代表からはこのときも売上税導入に反発の声が続出することになった。

**岩手県補選の影響**　三月八日の参院岩手県補選で自民党の岩動候補が売上税反対を唱えた社会党候補に大敗すると、それまで売上税に対する態度を明らかにしていなかったり、或いは党中央の方針に従う態度を見せていた地方でも一挙に反対の決議が噴出することになる。

各都道府県議会で岩手県補選以前に撤回や拒否を決議したのは京都・兵庫・福岡のみであったが、補選以後は、三月一〇日、和歌山県議会が売上税導入に反対し撤回を要求する意見書を全会一致で可決したほか、「撤回」の文言を含む決議をしたのは、神奈川・静岡・大阪・奈良・岡山に広がり、北海道・岩手・岐阜・愛知・三重・高知・大分では「反対」の文言を含む決議が行なわれた。[一〇三]

三月一二日には、自民党首脳の中にも、参院岩手県補選の結果を受け止めるべきだという意見が出始める。地方議会で売上税反対決議が続いていることについて「岩手ショックのためだ。すでに出てしまったものは仕方ない。（自民党議員が加わって）反対決議したからといって除名といった環境にはない」と述べ、地方レヴェルでの売上税反対の動きは事実上黙認せざるを得ないとの態度を示したものである。

## 反対運動の影響力（後期）

以上見たように、各地の地方議員は統一地方選を控えての予算作成という局面において、売上税への態度表明を余儀なくされたため、全国の地方議会で売上税反対が表明され、売上税は廃案に追い込まれることになった。この時期の売上税反対運動はこのような地方議員・地方議会での反対の拡大と連携しているところに特徴がある。この反対運動の組織は、第一に地域的ネットワークによって組織されており、第二に、反対の圧力行使が個々的な働きかけによっており、第三に反対運動の期間が限られていたという特徴を持つ。

この時期の反対運動の第一の特徴、即ち地域的な人的ネットワークの上に成り立っていたということは、東京の例で見ると、日本橋横山町奉仕会という地域的な組織が出発点にあったのであり、(宮入の場合)繊維卸売業者という個別特定の業界団体が特定の業界利益擁護のために集結したのではないということに示される。

このことは、この時期の反対運動が必ずしも全国的な組織化を図らなかったことを説明する。全国組織化しないとは二つの意味がある。

一つは、既存の全国組織との間に指揮命令動員統合の関係がなかったということである。商工業者の全国的な団体としては日商が最も代表的であるが、これら地域で反対運動を行なう商工業者の動きは、日商によって統合されていない。それは何より、東京の宮入らが、売上税反対を表明する方策として、自民党からの離脱と同時に、東商（即ち日商）からの離脱を図ったということから明らかである。

もう一つは、これらの反対組織が他の組織との糾合を目指さなかったということである。勿論反対する他の団体・組織とは、相互に集会に出席しあうなど一定の連携は行なったが、各団体はあくまでも地域ごとに反対の集会をし決議をし行動をしたのであり、その組織を、地域を超えて拡大・発展させるという方針は採られなかった。また政党の参加を拒否して革新政党系の全国組織化の動きとは一線を画したものが多い(一〇四)。

この時期の反対運動の第二の特徴である反対運動の圧力行使の回路の形態は、このような地域的な組織化に由来するものである。東京での反対運動に見られたように、政治過程への要求は、「膝詰め談判」と語られるような後援会を媒介にした代議士への圧力という形で行使されている。それは業界を結集して各代議士に圧力をかけたというのではなく、業界内の有力者が個々に持つパースナルな関係を通じて個別に行使されたものである。

国会議員の側でも、「地元からの突き上げ」として反対の強さを知ったと語っている(一〇五)。そのような「突き上げ」は、業界団体として結集し組織化され表出されるような利益主張ではない。

第三の特徴は、反対運動の期間が限られていたということである。既に述べたように、反対運動は一月に入ってから全国で噴出したもので、これらのアクターは、それ以前には政策過程に圧力を行使しようとした形跡がなく、反対運動の開始は自民党の政策過程での決定以後であり、またその終期も早い。

全国的に見ると、反対は統一地方選の前半戦までは強かったが、それ以後は売上税廃案を待たずに縮小する。統一地方選の後半戦では自民党の議席に大きな変化がなく、また、次に見るように、岩手県でも、参院補選の後の知事選では自民党の現職候補が当選しており、商工業者による反対運動自体は、参院補選以後鎮静化しているのである。

このように全国各地で生じた後期反対運動の期間が限られているということを、上の、反対運動の拡大が地方議員・地方議会での反対決議の拡大が重なり合っているということを合わせ考えると、実は、このような売上税反対運動とは、その実質は、（負の）選挙運動にほかならなかったのではないかという解釈を得る。

反対運動の噴出が選挙過程に限定されるのは、無論第一に反対運動の側のリソースの制約があることによる。だがそれだけでは、特に選挙過程に限定されるのは何故かが説明されない。この点については、圧力表出の回路が選挙における動員の回路と重なり合っているのではないかと考えることが出来る。

個別に圧力行使せざるを得なかったのは、業界団体が特定の候補者の後援会によって丸抱えされていないため、業界として特定候補の支持不支持を明らかにすると、反対運動が分裂するためである。第三次前期において福島県知事選では、後援会が割れるからという理由で、消費税反対の勉強会が中止になったということがあったが、これは、必ずしも、消費税への反対の弱さを意味するものではなく、商工業者が一枚岩ではないことの証左なのである。そして、個別に働きかけつつ、運動として自民党全体への不支持が打ち出されたことで、業界団体のなかにクロスオヴァしている複数候補の後援会がいずれも動員されることになり、そのため自民党候補の全体が圧力を感じることになったのである。このような後援者から政治家への働きかけのあり方は、政治家が選挙においてどのような経路で支持を調達しているかを逆に示すものでもある。

## 第三項　岩手県参院補選

### 保守「天国」岩手

売上税反対の流れが一気に加速したのは八七年三月八日岩手県での参院補選からである。これ以後、各地の地方議会・自民党地方議員が一斉に売上税反対の声を上げるようになり、そのうねりは全国を覆うことになる。

岩手県の国会議員の議席は自民党が占める割合が高く、保守王国・「保守天国」（加藤）と評される。この保守王国においてさえ、自民党が、社会党の候補に負けたということが、それだけ社会内の売上税反対の強さが明らかになったものであると解釈されている。一般に自民党議員は、自己の選挙区に公共事業を誘導し、その開発政策によって住民の支持を受けていると指摘されることは多い。そのような国会議員の典型が田中角栄であるが、近年では、岩手が田中（的）政治の後継者、小沢一郎の地元であるという事情もこのような「保守王国」観に影響していよう。このような見方は、当然、農村が多く経済発展の遅れた地域では利益誘導によって自民党候補が優位に立ちやすいという想定を帰結するものである。

実際自民党の独占区は東北に多かったのは確かであるが、だが、岩手県では八六年夏の衆参ダブル選挙でも社会党の得票率が全国でも四位であり、必ずしも社会党は弱くはないことは確認しておかなければならない。もともと社会党は戦後の農民運動に多くの実績を持っている。[二〇六] さらに、岩手県には戦前から農村改革運動の伝統がある。言うまでもなく北一輝は岩手県の出身であり、ここは満蒙開拓につながる農村改革運動の一つの大きな拠点であった。[二〇七] これら国家社会主義的な農村改革の志向は、日本の社会主義政党にも分け持たれているものである。[二〇八] このように岩手県は必ずしも自民党の金城湯池というものでもない。

反面で、この参院補選では、次に見るように自民党が勝ち得た可能性も決して小さいものではなかった。

本項では、この岩手県補選における社会党の勝利について、売上税という要因は過大視されるべきではないことを明らかにする。岩手県の参院補選では売上税によって自民党が負けたと言われるが、候補者が岩動でなければ自民党が勝った可能性のあることを指摘する。[二〇九] この選挙で自民党が勝っていたならば、全国的に反売上税の声が高まるということはなかったかもしれず、中曽根政権下で売上税は実現したかもしれないという可能性に注意を促したい。

## 岩動麗候補の選定

自民党は、死去した岩動道行参議院議員[二一〇]の後継候補には、夫人の麗を担ぎ、弔い選挙と称して選挙戦を戦うことになる。このような戦術は、自民党に多く見られるものであるから、当然の選択であったかのように見えるかもしれない。だが、この候補者選択がスムーズに行なわれたわけではなかった。選挙後、自民党中央で、後藤田らが候補者に問題があったと発言し、岩手県連の反発を買うという光景が見られたが、そのような見方は——岩手における自民党が売上税のお陰で如何に選挙戦を戦いにくかったかという事情を配慮していないとは言え——まったく不当なものでもなかったという面がある。

岩動が死去して直ちに後継候補が問題になるが、夫人は東京に留まったままで、不出馬を表明していた。そこで地元では県議の中から候補を立てるように話し合いが進んだ。前回の参議院選挙では県議から高橋清孝を初めて国会に送ることに成功し、岩手の地方議員たちは地方政界から国政への「風穴」を開けたと評価していた。岩動の後継についてもまた県議から候補を出そうという意欲は強く、それを国会議員主導に奪い返されることには抵抗があった。こうして県政レヴェルでは県議の菅を立てることで一本化が実現した。

ところがそのような状況で岩動未亡人が突然、東京で出馬宣言した。これを後押ししたのは、自民党岩手県連会長玉沢徳一郎を中心とする国会議員団であった。玉沢ら県連幹部は、選挙期間が短いので勝てる候補を立てることが必要であり、統一地方選が重なるので県議の動員はあまり期待できないが、岩動未亡人なら故人の全県に及ぶ後援会組織を動員することが出来、また、弔い合戦とすることで、売上税という争点を避けた上で女性票にも期待できると主張した。県議たちは、結局岩動には勝てぬと退いたが、一部は強い反発を示し、県議たちの中にはしこりが残ることになったのである。

玉沢らが県議たちの動向を無視して唐突に国会議員団主導で岩動を候補に担ぎ上げたのは、岩手県選出の国会議員の中で鈴木善幸に対する主導権争いという事情があったためである。岩動は宏池会であり、鈴木善幸は岩動の後継者については態度を明らかにしていなかったが、他の国会議員たちは、県議出身の高橋参議院議員が鈴木の意を受けて後継候補決定に動いていると見、鈴木が県議を立てて県政への影響力を強めようとしているものと判断して、それに対抗すべく、岩動で一致することになったものである。このような形で候補に選ばれたため、岩動の選挙活動は、党主導で行なわれることになった。

ところが、他の地域での統一地方選の選挙戦では、多くの自民党候補者は自民党という看板よりは人物本位を前面に出して戦う戦術を採っており、また、北海道知事選でも見られたように、自民党（推薦の）候補でも支持者の意向を容れて売上税反対を唱えている者は多い。これに対して岩動は、担ぎ上げられた〝御神輿〟であったということもあり、売上税について何ら発言することも出来なかった。支援者や自民党の中からは、故人であれば、売上税についても臨機応変に対応できたはずなのに、という声も聞かれた。

県議の中には候補決定の経緯をめぐって岩動への反感が残っていたところに、統一地方選で県議同士がライヴァルとして争っている上、各地の首長選挙をめぐっての対立も党内にあったため、党主導とは言っても自民党地方議員団が一丸となって岩動を押すことも出来にくく、また、各議員には、売上税がからむ参院選で売上税擁護派に与すれば自己の選挙にも影響があるという思惑も見られ、結局、県議たちは岩動のためには全く動かなかったと後に報じられるほどであった。

県議が動かなければ、期待されるのは、岩動自身の後援会であるが、これも六年に一度のサイクルで動いているものなので、任期途中の急な選挙では、地方支部の中には休眠状態の所も多く、また、候補者選定が遅れたという事情もあって、期待どおりの動きは見られなかった（三二）。

結局、小川の得票は四二万票であった。これは前年夏の衆参同日選の際の参院比例代表区での結果から推定すると、社会党の基礎票を二五万票上回り、岩動は同じく自民党の基礎票を一一万四千票余り下回っている。野党協力により、各党の基礎票がまとまって、小川支持に動き、公明・民社・進歩各党と、諸派のＭＰＤの基礎票一一万余のうち、五・六万が小川支持に回ったものと見られる。共産支持からも小川に流れている。岩動も、基礎票と、岩動道行の個人票からすると、一八万失っていると見られる。自民支持でありながら小川についた団体は、商工業などで五〇団体ほどあった。また、釜石の不況の影響もあると見られる。棄権も多く、投票率は八六年を大きく下回り、棄権者も三八万余と約一三万増えた。

## 岩手県内の商工団体の反対

勿論岩動の敗北に売上税問題が関係していることは間違いない。

岩手県内では一〇の商工会議所のうちで八つの商工会議所が売上税反対決議をしており、この反対が大きな影響を与えたという指摘は多い。

岩手県内の売上税反対運動は一関と北上での動きに目立つものがある。(二二)

一関では、一関専門店会を中心にした売上税粉砕一関市民会議が開かれた。代表を務めた畠中は一関商工会議所の有力者である。ここでは、政治色抜きを標榜しており、革新政党とは一線を画している。これに名を連ねているのは、デパート協会・遊技業組合・粧業小売組合である。一関の選挙結果は、小川一七、四〇〇、岩動六、六〇〇と、二倍以上の大差であった。

北上市の反対運動は北上商店街連合会（菊池寿太郎会長）を中心にして組織された売上税粉砕北上市民会議である。これには、社会・民社・共産の野党各党、和賀郡労・北上同盟の労組・北上市民生協も参加しており、県粧業小売組合・北上専門店会といった保守系の団体が野党や親野党団体と提携した組織である。(二三)

ただ、商工会議所の決定によって会員であるところの商工業者の行動が決定されたというように考えるべきではない。岩手県内の会議所の中でも、売上税に反対していないところが二つある。これは、各地の会議所が日商の指示で動いているのではないということを示すと同時に、決定は、各会議所単位で、会員の意向に応じてなされているということを示すものである。盛岡商工会議所のように売上税反対を決議してはいても、その政治団体である盛岡商工連盟(二四)は自民党の岩動候補を推薦しているという現象も見られる。(二五)これは、逆説的ではあるが、商工会議所の決定が商工業者に影響を及ぼしていないことを示すものであり、選挙における業界団体の推薦というものが如何に形ばかりのものであるかを示す一例である。

## 岩手県知事選・統一地方選

以上のように三月八日の参院補選では、社会党の候補が大勝するが、その後、岩手県では、売上税法案の廃案が決まる以前であるにも拘わらず売上税反対運動は鎮静化する。(二六)盛岡で参院補選時に売上税反対を組織した吉田は、補選後売上税反対の声が立ち消えになったことを指摘している。(二七)

実際、知事選では現職の自民党知事中村が圧勝した。(二八)知事選と参院選とでは、投票行動に違いが現われるのは岩手県に限らない。この点は、消費税導入後の新潟県で、知事選と参院補選が相次いだとき、後者では反消費税の候補が勝利したが、前者では、自民党公認の候補が勝利したのとパラレルである。岩手県補選の結果は勿論売上税への反対が影響していることは間違いないが、売上税反対の動きが知事選まで継続していないことを重視すれば、参院選で、しかも、地元から担がれたのではない候補であったからこそ、これだけの反対を招いたのではないかということは、考えなければならない。参院選では、特に一人区の場合、争点選挙になりやすく、政党対立が鮮明に出やすい。(二九)

四月の統一地方選での岩手県内の地方議員選挙では、結果的に、自民党が議席を減らし社会党が躍進したが、売上税問題が取り上げられることは少なくなっており、それは、有力新人の出馬、保守の二分、保守系無所属の乱立によるところが大きい。(三〇)

以上の点から本書では岩手県参院補選での自民党大敗における選挙戦術・選挙戦略上の失敗という要因を重視し、社会における売上税反対の強さをこの選挙から結論づけるには、留保が必要であることを指摘したい。

なお、消費税のときには、売上税反対に動いたような地域の有力者たちの間では動きがなく、一関でも売上税のときのような反対の動きは見られない。だが、末端の業者へのインタヴューでは、消費税でも関心は売上税に対する場合と変化はないという発言は多い。盛岡市の若手経済人として参院補選時には反売上税を掲げて立ち上がった吉田も、参院補選後も反対を主張しており、消費税についても、売上税と事情が変わっていないとしている。また、県書店組合・県粧業小売組合は消費税に対しても反対の声を上げ続けている（三二）。

## 第五節　一般消費税の場合

### 第一項　第二次・第三次との対比

#### 反対運動のパターン

第二次と第三次の反対運動を比較した場合、業界団体の激しい抵抗を引き起こし導入が阻止された売上税、導入後に消費者の広範な反感を買った消費税という対比で捉えるのが従来一般的であった。だが、本書がここまで述べてきたのは、売上税の反対運動は八六年の一二月までと、八七年一月以降では変容しているということ、消費税の場合は、決定過程では弱いながらも、売上税反対から継続する中小企業の反対があったということである。

政治過程の進行を、政府自民党内の決定過程と、その後というように前期・後期の二段階に分けて考えると、第二次では、前期過程において、日商・チェーンストア協会・百貨店協会・中小企業連絡会の反対があり、政府自民党の決定後の後期過程において、国会での審議過程で、各地の商工会議所・同業者団体・商店街からの反対が起こっている。

第三次については、前期過程では、中小企業連絡会の反対があり、国会での法律成立後の後期過程において、八九年三月から七月にかけては、商店街を中心とする反対が生じた。

この時期区分に対応させると、従来一般的に見られる理解は、第二次については前期・後期の反対が連続的なものと捉え、第三次については前期・後期を不連続のものと捉えていると言うことが出来る。

まず、第二次反対運動について見ると、反対運動の代名詞ともなったチェーンストア協会の清水信次はこの前期から後期まで一貫して反対を主張しているなど連続性も見える。清水が議長を務めた税制国民会議は反対運動の総本山とも見なし得るが、全国各地で噴出した売上税に対する後期の反対は、税制国民会議との間に十分に連絡があったものではなく、それらの噴出はあくまでも地域に自生的なものであった。勿論様々な形での共闘関係が見られたことも事実であるが、各団体の自立性は高い。

他方、日商や百貨店協会では、導入が決定された八六年一二月には――少なくとも一旦は――反対を一層盛り上げようというのではなくて、逆に諦めムードに捉われていたのである。前期での決定過程から頂上団体が排除されたために、後期において各地でその下部組織が反対運動を組織したと考え得る余地もあるが、この点については、何故、前期過程では下部団体は動員されなかったのかという疑問があり、後期の反対運動は、これら前期のアクターの動き方とは共通性・連続性が見られないと考えられる。

第二次反対運動について、このように前期と後期の不連続面を重視すると、この反対運動のパターンは消費税への反対運動のパターンと相似形をなすことに気がつく。

消費税については、勿論、法案作成の過程では、日商・チェーンストア協会・百貨店協会・中小企業団体中央会といった売上税には強硬に反対した団体がいずれも、条件付きではあるものの、容認に転じており、反対運動は鎮静化したと見ることも出来る。だが、大型間接税反対中小企業連絡会は売上税に対するのと変わらない反対を、消費税に対しても展開している。この反対を、ごく一部の弱小な反対と見ることも出来ようが、売上税についても――反対運動の不連続性を重視するならば――第二次前期過程における日商などによる反対は、売上税の決定を阻止できなかったという点では同じく弱小なものであったと言うことが出来るのである。

第二次・第三次の反対運動がともに前期後期の不連続な二つの運動からなると考えると、それぞれの過程は、次のように整理される。

前期は、政府自民党内部での導入決定過程に対応するが、その決定を、反対運動は阻止していない。後期は、政府自民党での決定後に生じる。それは、全国的に生じたもので、政治過程に及ぼす影響は大きい(三三)。

以上のように、大型間接税反対運動を前期・後期の二区分に整理すると、では、七九年の一般消費税はどうかという当然の疑問が生じる。それは、反対運動が政府自民党内での決定を阻止したものと見られている。つまり、一般消費税は前期過程の途中で挫折したのである。

本書ではここまで売上税と消費税の決定過程ではともに反対運動は、政府自民党内での決定を阻止できない、その意味ではその影響力は弱い、という観察を行なってきた。では、何故、一般消費税のみが政府内部での決定の過程で挫折したのかが考えられなければならない。

そこで、本節では、一般消費税が阻止された要因を検討することにする。

## 一般消費税決定過程の特徴

一般消費税はその後の政府・自民党に大きな「教訓」を残した重要な政治的争点である。例えば、「増税なき財政再建」をキャッチフレーズにする行政改革が以後の政権の課題となるのは、一般消費税導入問題で大型間接税導入に対する拒絶感の強さを政府・自民党が感じたということがひとつの重要な要因である。

だが、それならば、何故、一般消費税とほぼ同じ制度である消費税が、社会の反対を抑制し得た（と考えられている）のかということは考えておく必要がある。

売上税の失敗から消費税への成功への転換の重要な秘訣として、社会の要望を取り込んでの制度変更がなされたという点が上げられている。なかでも、売上税の失敗が税額票方式を採ったことによるとする論は多い。つまりそれが売り上げ・所得の捕捉に転用されることをおそれて中小業者が売上税に反対したとするものである。そのような反対を公聴会で認知した大蔵省と自民党は消費税では税額票方式を排して帳簿方式を採ったと言われている。

ところが、税額票方式が反発を受け得るものであるとは、大蔵省は、一般消費税の立案過程の段階から議論していたことであった。一般消費税導入が政策過程に浮上したとき、既に大蔵省は、税額票方式では、業界の反発を得るであろうと予想しており、そのために、帳簿方式の一般消費税案を作成したのである。（三三）そもそも、帳簿方式の一般消費税に反対が向けられまた税額票方式の売上税にも反対が向けられたのは何故かという問題がある。この問題については以下のような仮説を想定することが出来る。

第一は一般消費税反対と売上税反対は別種の運動であったと考えることである。売上税反対が特に税額票方式に由来すると考えるとすると、この二つの反対は、異質のものと考えなければならないであろう。だが、少なくとも第二次前期の反対運動は、明らかに一般消費税反対運動と連続性がある。（三四）

第二は売上税反対は税額票方式に対するものではないと考えることである。この考え方は、二つの反対の共通性を説明する。

この第二の仮説は、売上税（と呼ばれることになる大型間接税）に対する反対が、その骨格すら明らかでない八六年夏の段階で、日商などの一般消費税に反対した勢力によっていち早く展開されたこととも整合的である。

しかし、この第二の仮説は、消費税が反対を抑制したことを説明しない。一般消費税には強力な反対が生じ、消費税ではそれが抑制されたということが説明されなければならないのである。勿論、歴史的な状況の変化ということは重要な要因である。加藤が指摘したように、増税を意図した一般消費税に比べて、消費税では、相当大規模な減税をセットにしたという事情は極めて重要であろう。ただ、ここでは、そのような歴史的説明とは別の、理論的な可能性を考えておかなければならない。論理的に整合的な仮説は、一般消費税に対する社会からの反対は、消費税に対するのと同じように弱かったというものにならざるを得ないからである。以下ではこの可能性について注意しながら、一般消費税の挫折の過程を検討する。

一般消費税の決定過程は、売上税・消費税の決定過程との対比で言えば、前期過程のみで終了しているという点が注目される。社会からの反対が三度の試みのうちでも一番強かったから、前期の政府内決定過程の段階でプロセスが挫折したと見るのが普通かもしれない。しかし、売上税・消費税の場合では、反対運動（のポテンシャル）は前期過程では社会的な広がりを持たず、どちらも決定過程の進行を阻止し得ていない。これは、特に売上税について重要な点である。第二次・第三次の過程の考察から、これらの反対運動が中央での決定過程から排除され影響力を行使し得ていないものだとすると、それらが、一般消費税についてのみ、影響力を行使し得たとは考え難い。

一般消費税導入問題は、一九八〇年代後半の大型間接税導入問題の先例となったはずの事例であった。大蔵省にせよ、自民党にせよ、この先行事例から多くを学んだはずなのである。だが、以上の観点からするとこのときの反対運動のあり方は必ずしも十分に理解されていない可能性がある。

## 第二項　反対の動き

### 一般消費税導入の目論見

石油危機以後、日本の財政は大きな欠損を生じさせており、この時期、その赤字を如何に埋めるかが重要な課題とされていた。

日本で戦後一貫してとられていた財政均衡主義・健全財政主義が終焉したのは、福田政権での赤字国債発行によってである。大平は、その時大蔵大臣を務めていたため、この財政赤字について大きな責任を感じており自己の政権でこの赤字の解消を実現したいと念願していたと言われている。一般消費税は、まさにこのような赤字財政の解消・財政再建を目指して打ち出されたものであった。大蔵省にとっても、財政赤字の解消は、悲願とも言うべきものであったから、大平は大蔵省と一致して、一般消費税導入実現に向けて努力することになった。[三五] 当時、財政赤字は空前のものでもあった。新経済七カ年計画（七九－八五年度）では赤字国債依存度を七九年度の二七・一%をピークに、期間中に解消することを目標とし、八〇年度に一般消費税を導入し、税率も五%から漸次引き上げて行き、トータルで一〇兆円を越える増税とする計画であった。

大平の一般消費税導入の試みは、反対が生じる可能性についてあまりに思慮に欠けるものであったと見なすのは、簡単であり、通例でもあるが、一九七八年には、酒税・有価証券取引税の税率が引き上げられ、石油税が創設されており、一般消費税構想もこれら一連の増税措置の延長上に位置づけ得るものであるから、新税創設による財政再建構想はこの時期必ずしも唐突なものではなかった。

財政再建の切り札として一般消費税の導入が取り上げられたのは、一九七七年一〇月、政府税調による「中期税制に関する答申」である。これが大平政権における一般消費税導入構想の始まりである。ここから政府税調の審議が始まり、七八年の九月に政府税調特別部会によって一般消費税の試案が公表された。

政府内でまず議論されたのは、導入の時期である。大蔵省・政府税調は、七九年度税制改正の中で一般消費税の導入を実現すること、つまり七九年度中の実施を主張していた。具体的には八〇年一月が想定されていた。これに対しては、政府部内でも、経済状況の好転していない情勢では国民的な合意は困難という見方があり、一二月二五日の党税調では八〇年一月導入が決定されたもの(三六)の、最終的判断は斎藤邦吉幹事長ら党首脳に一任された。党三役段階では、景気情勢、国会対策から、八〇年一月導入には慎重な意見が強かったため、一二月二六日の自民党七九年度税制改正大綱では、導入時期については、八〇年度実現に向けて準備するとされるに止まった。一二月二七日の政府税調の七九年度税制改正答申では、一般消費税は八〇年から実施すべきであるとされ、そこで提示された大型間接税案は、税率は五％、年間売上高二千万円以下は免税、二千万円超四千万円以下は緩和税率というものであった。

続いて問題になったのは、国会への提出時期である。

一月の時点では消費税法案を開会中の国会に提出する予定であった。だが、この時期、医師税制改正のほか、元号法制化や日商岩井のダグラス・グラマン事件といった政治争点があったため、自民党内でも消極論は強かった。このときの税制改正の狙いには、財政再建とともに、不公平の是正が挙げられていた。この後者としては、いわゆる医師優遇税制の改正が問題になっており、これが一般消費税導入の前提とされていたのである。結局、統一地方選や元号法案の審議などが考慮され、一般消費税法案の提出はこのときの国会では見送られることになった。

以上の過程では、大型間接税の内容は勿論、導入自体の是非は、政府・自民党での論議の対象にはなっておらず、ここでは政府税調の答申を実行するということ自体については、疑問が持たれていなかったことが明らかである。これは売上税の決定過程において――最終的には考慮されなかったものの――党税調で、幾人もの議員が、大型間接税自体に対して反対の声を上げていたのと対照的であり、また、消費税の決定過程においては、多くの社会集団の要望を取り込んで税制案を作成し（ようというポーズをとっ）たのとも異なる。[三七]

七九年春の統一地方選で勝利を収めると、大平は、一般消費税の実現に向けて積極的な動きを見せ始める。五月に入ると、可能な限り歳出をつめ、既存の歳入体系の中で歳入の確保を試みてそれでも足りない場合は、国民の理解を得て八〇年度から一般消費税を導入したいと発言し、また、六月五日には、当面の経済運営の最重要課題は財政再建であり、歳入歳出の合理化とともに、一般消費税の問題の検討は避けて通ることができないと強調し、「財政再建には苦痛がともなうもの。この目前の苦痛を避けようとすれば、後代の批判を浴びることは必至。私はそれを憂慮する」と述べた。

大平が一般消費税導入への決意を示すのと平行して、各省庁では翌年度の予算編成が進んでいた。この予算編成の過程で歳出の見通しが明らかになり、それと歳入の見通しとの差から必要な増税規模が論じられるという展開となった。逆に言えば増税を受け入れさせるためには歳出規模を予め抑えることが求められた。[三八]このため、無駄な歳出があったり、想定されたより大きな歳入があったりすれば、新税導入の説得力に直接影響することになる。この点は、目前の赤字を補塡するという直接的な必要に迫られていたのではない中曽根・竹下での改革では見られなかった重要な相違である。[三九]

増税の必要について、大平は、来年は四兆円の増税が必要だ、日本の所得税は諸外国に比べて特に年収二―三〇〇万円の層がかなり安い、一般消費税を導入しないならば、この層の農家や子供のいない夫婦、独身者にもう少し負担してもらうのも一つの方法である、と発言している。[三〇] この時点での税法では、夫婦子供二人の標準家庭で所得が二〇一万五千円以下の場合は課税されず、年収三〇〇万円（七八年所得）以下の標準家庭に対する所得税額は、住民税を別にして六万円強で、欧米の水準よりかなり低いものである。また、ＯＥＣＤが九月一九日に発表したところによると、加盟二〇カ国のＧＤＰ比率での税（社会保障費を含む）負担状況は、日本は二二・二%で最低であった。[三一] 財政再建を目指したこのような大平の税制改革構想は、大蔵省の方針に即したものであった。

政府税調の一般消費税導入提案は、決断を自民党首脳に委ねるものであったが、しかし党としては、一般消費税導入を決定することには未だ躊躇が残っていた。

## 反対運動の組織と展開

このような政府自民党の動きに対して商工業者・消費者・労働による反対運動が展開された。[三二]

日商では、一九七七年に政府税調が「中期税制に関する答申」で一般消費税を取り上げると直ちに、「昭和五三年度税制改正に関する意見」で一般消費税への反対をいち早く表明していたが、七八年八月には、会長を日商会頭の永野が兼務する日本小売業協会が一般消費税に反対する意見書をまとめ、一一月二二日には、日商として「昭和五四年度税制改正に関する意見」で一般消費税に反対を表明した。

そして、七九年二月一五日には、日本小売業協会・全国青色申告会総連合（会長林慶之助）・全国中小企業団体総連合（会長中村元治）が「一般消費税反対、財政再建を考える中央連絡協議会」を設立した。この三団体は、売上税前期においても反対運動を組織していた（売上税反対に際しては、「中央連絡会議」と改称される）アクターである。いずれも商工会議所の関係団体である。

三月一九日には、日本小売業協会・全国青色申告会総連合・全国中小企業団体総連合、日本卸商団体連合会・

日本卸商団体協議会の五団体が、九段の九段会館で「一般消費税反対・財政再建を考える大会」を開き、政府が八〇年度に導入を予定している一般消費税に反対する決議を採択した後、代表が政府、国会などに陳情を行なった。ここで反対に結集している団体は、第二次前期の反対において活動したものと共通である。(三三)

財界では同友会などで増税止むなしとする論も現われていたが、日商の永野は、強い反対で一貫している。八月二二日には、永野会頭ら日商首脳は小坂経済企画庁長官と意見を交わし、一般消費税の導入に対する絶対反対を表明した。(三四)反対の理由としては、力の弱い中小企業は税額を製品価格に上乗せすることが困難で、自己の負担で納税させられる恐れが強い点が挙げられた。(三五)

そして九月一二日、日商は正副会頭会議、議員総会で、「財政再建を一般消費税の導入で行なうことには反対である。政府は行政の簡素・合理化、効率化などによる歳出の削減をもって進めることが先決である」と決議した。

## 第三項　党内の反対

### 選挙過程での党内の反対

一般消費税導入構想は、七九年一〇月七日の総選挙での自民党の大敗によって挫折し、「財政再建に関する国会決議」によって大型間接税の導入の可能性は封印されることになる。増税が争点となった選挙で、増税を実現しようとしている（と目される）側が有利に立てるとは考えにくく、一般消費税導入による増税を掲げたまま、選挙戦に突入することになったことは、選挙戦術として重大な誤りであったと言われる。(三六)

新税導入が大きな政治的混乱の引き金となったケースは、市民革命期の幾つもの著名な事例以外にも数多く、新税が社会的抵抗を招くことを考えずに選挙に臨んだとは、余りに思慮を欠いた態度であるかのように見える。勿論、財政赤字の解消という目標の実現のためには新税が必要であると国民に訴え、その支持を得て財政再建に取り掛かろうとすることは、民主主義政治家としては、まったく正当な態度であると言えるが、とりわけ、その後噴出した大型間接税への反対の強さを知っている後世の者の目には、大平の判断の誤りは明らかであるように映る。

だが、最も重要な点は、この一〇月の総選挙の結果が自民党の敗北であったと断定することに一定の留保が必要であるという点である。

選挙結果は、改選前の二四八議席に対して当選二四八で、選挙後、保守系無所属の一〇人を加えて辛うじて過半数を確保したものである。この結果が惨敗と判断されたのは、前回がロッキード問題で大敗した選挙であるから今回はそれ以上に伸びるはずという見込みを持ち、また、この選挙の目標として安定多数の獲得が掲げられていたからである。

ところが、自民党はこのような見込みを実現し得なかったものの、その得票率・得票数は、ともに前回選挙より上昇している。得票率は、史上最低だった前回選挙から三ポイントアップの四四・五九％だった。この得票率の上昇はわずかであるように見えるが、自民党の得票率が前回に比べて上がったのは二一年ぶりのことである。

前々回の七二年一二月の選挙では、得票率四六・九％で二七一議席（定数四九一）を獲得していたから、七二年に比べて獲得議席が著しく少ないのは、自民党候補の共倒れ、つまり、選挙戦略の失敗によるところが大きいと考えられるのである（三七）。

大型間接税が選挙の争点になって政権党が敗北を喫したとされるのは、この後、売上税導入をめぐっての八七年四月の統一地方選挙や、消費税導入後の八九年夏の参院選の例がある。一般消費税が問題になった七九年一〇月の総選挙の敗北も、これら八〇年代末の選挙とパラレルなものとも見えようが、重大な相違は、七九年の総選挙は、大平が自ら準備したものであるという点である。選挙のイニシアティヴは大平の手の中にあり、彼は、自ら勝利するつもりで、衆議院を解散して総選挙に臨んだのである。

一九七七年の参院選や七九年の統一地方選では自民党が勝利しており、大平は保守復調の兆しを見ていた。大平は、この保守復調の波にのり、自民党の安定多数を回復すべく、早期解散総選挙を目指していたのである。この選挙日程の設定がかなり強引なものであったという指摘もあるが、(一三八)船出したばかりの大平政権は好評であった。財界も、安定した政権の実現を望んで早期解散総選挙を支持しており、また、自民党の勝利を予想していたのでもある。実際、選挙戦が始まっても、自民党の優位が伝えられており、自民党の斎藤邦吉幹事長は、安定多数の二七一は確保できる見通しを再三大平に報告している。九月中旬には財界も自民党の圧勝を予想していた。

これらの点からすると、大平は、解散に際しては一般消費税反対の圧力を重要視していなかったと見られる。勿論、上に述べたように、反対運動は組織され、いろいろな活動が行なわれていた。また、次に見るように、自民党内でも一般消費税に対する反対の声は上がっていた。しかし、大平はそれにも拘わらず、解散を選択したのである。これは、当然、その時点での反対が自民党の優勢に影響しないと考えていたからであると見なければならない。七九年総選挙の結果は、その後四〇日抗争を引き起こしたこともあり、自民党の大敗として記憶されているが、得票率で言えば自民党は伸びているのであるから、一般消費税反対運動が総選挙にどのような影響を与えたのかについては疑問の余地がある。(一三九)

このように考えると検討すべきは、社会からの反対の動き以上に、自民党内での動きである。

自民党内に都市選出議員を中心に一般消費税に反対する議員グループを作ろうとする動きが現われるのは、七九年三月のことである。(一四〇)四月一一日には、参院自民党の有志でつくる中小企業議員懇話会（斎藤栄三郎代表世話人）の代表が、大平に会い、一般消費税の取り扱いについて慎重を期するよう要請した。一般消費税に対する反対論は党内にあったが、グループで正式に反対の意向を打ち出したのはこれが初めてであった。(二四一)

また、商工族（と後に目されることになる議員）からなる財政再建対策議員懇話会（世話人・足立篤郎全国組織委員長、亀岡高夫・武藤嘉文両副幹事長、鯨岡兵輔総務副会長ら一〇人）が、一般消費税の導入を回避し、財政再建は現行税制の枠内での増税や歳出の見直しによるべきだとする財政再建対策案をまとめ、自民党の全国会議員に賛否を問うアンケートを実施したところ、署名は八月二日の時点で、二一四人に達した。(二四二)八月四日には、財政再建議員懇話会代表が大平を訪ね、一般消費税に代えて、同懇話会がまとめた財政再建案を採用するよう申し入れを行なった。反対は、都市派や中小企業関係の議員のみのものではなく、七月一二日の総合農政調査会でも非難の声が上がったという。

党内には、増税隠しとして批判を浴びることになるのであれば、いっそ堂々と表に出した方が有利かもしれないという考えもあったが、(二四三)だが、八月も後半に入り、総選挙の具体的な日程が定まってくると、大平の一般消費税に対する態度が後退していく。これは、まず、自民党の公約の検討の中でのことであった。

総選挙向けの公約はまず、八月三〇日に自民党の政調審議会で検討される。一般消費税導入に関する記述を避け、税の自然増収などによる再建の方向を総選挙向けに印象づけようとする形にはなったが、(二四四)続く三一日の総務会での審議では、大平の財政再建・増税路線に対する苦情が各総務から出る。(二四五)

大平は、九月三日の臨時国会での所信表明演説でも、大型間接税を具体的には示さないものの、増税によって財政再建を行なう考えを示していたが、(二四六)九月四日に自民党総務会が決定した選挙公約では、従来の一般消費税に対する方針が変更されることになった。七九年度の税制改正大綱では八〇年度中の実現を目指すとしていたものを、「必要に応じて新たな負担を求めることを検討する」というようにぼかす形になり、一般消費税という言葉が落ちることになった。

この時の選挙には自民党からは候補者が乱立していたために、それだけ候補者間の競争は激しかった[二四七]。そして選挙戦を戦っている自民党陣営のかなりの部分は、有権者に向けて大型間接税への反対を主張していたのである。そのような前線では、多くの候補は「増税をねらっているのは大蔵省であり、自民党は大蔵省のいいなりにはならない。大蔵省の狙いを阻止できるのは自民党だけである」という論理で選挙戦を乗り切ろうとしていた。そのため一般消費税を党の公約とすることには大きな抵抗が生じたのである。

一般消費税への反対の強まりに大きな影響を与えたとして、九月八日の朝日新聞のスクープの重要性が指摘されている。これは、鉄建公団のカラ出張問題を明るみに出すものであった。一般に、効果的な納税の確保のためには、負担の公平性（の外観）を一定程度実現しなければならない。とりわけそれが新税である場合、課税対象が不公平さを拡大するものと受け止められると、不満は、税制にのみ向けられるのではなく、それによって実現されている政治システムに対してまで、向けられるということが起こり得る。

一般消費税は困難な赤字財政を解消する目的で導入されると喧伝されていた。これは翌年度の予算規模の具体的な計算の上に切迫した具体的な赤字として示されたものを埋めるという形で論じられていたから、赤字幅に関係するような目に見えるムダがあったとすれば、増税は受け入れ難くなる（この点で、より長期的なスパンで税制改革を志向していた中曽根や竹下の場合とは、事情が異なる）。このカラ出張のような「無駄遣い」が国家財政において行なわれているという印象が与えられると、その新税の正当性は失われてしまうことになるのである[二四八]。

これ以後、大平の一般消費税についての発言はさらに後退を続けていくことになる。

## 自民党幹部の不一致

党内の反対は総選挙の選挙日程の具体化とともに生じ強まっている。大平は一般消費税の導入構想においては、党内への配慮が十分ではなかったと言われており、最終的には自民党内で一般消費税擁護はただ大平のみと言われるほどの状況にさえ至った。

第二次の過程においても、最後まで廃案に抵抗したのは首相の中曽根であったように、ここには政府の主宰者としての面子が関わっていることも間違いないが、売上税と比較すると、大平の税制改革においては、特に党首脳部間での不協和音が目立ってくる。この点では、竹下幹事長らが中曽根の改革を全面的に支えようとしたこととは対照的である。

総選挙の日程は大平の設定によるものであったということは、それが同時に、翌年秋の総裁公選を見越しての選挙日程の設定だったという意味を持っている。そして、大平が選挙日程を、総裁公選を見越して決定したのと同じように、他の自民党幹部の大平批判も、総裁公選を見越してのものでもあったということは見落とされるべきではない。

大平の方針に反対を表明していくのは、三木・河本・中曽根といった反主流派であった。

三木元首相も、政府自身が行政の簡素化や歳出の見直しをすることが前提条件であると批判を繰り返しているが、特に強い反対を繰り返しているのは河本である。(二四九)

既に四月の時点で河本は、一般消費税導入について慎重な姿勢を示していたが、首相への批判を強めていくのは七月以降である。七月になると、税の自然増収が伸びていることを理由にして、八〇年度の一般消費税導入に固執すべきでないという発言を繰り返すようになる。政調会長である河本からの批判を受けて、大平は妥協を図るよう努め、八月二日には両者が会談し、増税については総選挙後、年末の八〇年度予算編成時に判断することにした。だが、各省庁での予算要求規模が固まってくれば、必要となる財源をどのように準備するかは当然検討の対象となり、一般消費税問題を総選挙後まで棚上げするというわけにはいかなくなるのであった。

一方、中曽根が一般消費税批判を始めるのは、八月になってからである。中曽根は、これを争点にして選挙を戦うこと、つまり、野党ではなく、翌年の総裁選に向けて大平と戦うことを明示した。

河本らの反対は、自然増収の規模が明らかになるにつれ強まっていった。一般消費税の導入が、財政赤字の補塡という目的のために構想されている以上、その必要性は、赤字幅の大きさによって説得力を持つ。大きな自然増収が見込まれるのであれば、増税の必要性は説得力を失うのである。この増税問題は、翌年度の予算作成とリンクしており、翌年度の予算を作成する過程で、必要な財源額を特定し、その金額を確保するものとして一般消費税を準備するという手続きが取られていたため(二五〇)、ごく短期的な税収の増減が、重要な要因となっていったのである(二五一)。

八月二日に明らかになった七月の税収実績によると、同月の税収は一般会計分で前年同月に比べ、二二・八%の大幅な伸びを示していた。また九月五日、大蔵省がまとめた税収実績調査によると、七月の租税印紙収入は昨年同月の実績額より三〇・一%多い二兆三、〇七〇億円となった。この結果、七九年度七月末までの累計では前年同期の二四%増となった。

このような状況を受けて、河本は九月一二日、今年度下半期の経済運営を誤らなければ、税の自然増収は五兆円近くになり、一般消費税導入など増税をしなくても、財政再建は可能であるという見方を示し(二五二)、中曽根も九月二五日には三兆円の見通しを示した。ただ、これらの数字は裏付けのあるものではなかった。財政当局の見込みでは、一・二兆円に止まり、河本や中曽根の語る数字は、明らかに一般消費税を牽制するための「見通し」であった。

これに対して、大平が公示直前になっても増税の必要を主張し続けていたのは、自然増収の規模がそれほど楽観できなかったという理由のみならず、現下の財政アンバランスが構造的なものであるという認識があったためでもある。大平は、一定の自然増収が見込まれるにしても、選挙後直ちに迎える翌年度予算編成では、財政再建のため何らかの形で増税を盛り込まざるを得ないと判断していた。それならば、選挙戦で口をつぐんでおきながら来年度増税となった場合、かえって国民の反発を買い大平政権への不信につながると案じていたのである。だが政府自民党中枢部でも反対の声は強まっていった。九月一四日、渡辺美智雄農相が現職閣僚としては初めての一般消費税反対を表明し、また、金丸国対委員長も反対を表明した。

このように自然増収の伸び（の可能性）は、一般消費税による財政赤字解消を目指す大平にとっては逆風となった。だが、自然増収増（に現われる景気の好転）は、本来大型間接税導入にとっては順風ともなり得たはずであるという点には注意が必要である。後の竹下の成功と中曽根の失敗という対照の背景には、景気状況の違いという事情もあった。竹下は好況下で生まれた余裕によって消費税を導入し得たのである。この点から言えば、大平が景気好転にも拘わらず一般消費税を導入できなかったのは、それが具体的な赤字の解消に強く結びつけられていたというアジェンダの設定の仕方にも関係している。そのような結びつけ（られ）方が成り立ったのは、勿論、大平と大蔵省が財政再建・赤字補填を目標として一般消費税導入計画を提示したことに端を発するが、アジェンダ設定次第で是非どちらの論拠にもなり得たということからすれば、自然増収の伸びという論点は、反対側が提示したからこそ反論の根拠になったという面がある。実際、河本や中曽根が、自然増収の伸びが明らかでない時期に、実際に予想し得るところをはるかに超えた数字を挙げて一般消費税に反対していることからすれば、その論拠は「反対のための反対」のためのものではないかと疑われても致し方なく、結局、その対立は、政策論争というより総理総裁をかけた政争としての性格を強く帯びるものであったということを示していると考えさせるのである。

## 一般消費税の挫折

九月一七日の公示を受けて選挙戦に突入すると、攻勢に出たのは、自民党の側であった。全般に自民党は安定多数を目指して攻めの選挙を開始したのに対して、野党は共産党を除くと守りの選挙に入っていると報じられている。

この選挙戦の中で、自民党内でも一般消費税反対を公然と訴える議員が増えていく。このような反対の高まりを受けて、九月二一日の閣議でも、一般消費税の導入問題については賛否を決めないという点が確認され、記者会見では、斎藤幹事長も、八〇年度導入は党内状況から困難であるとするに至った。

大平自身も、公示後には後退発言が目立つようになり、ついに、九月二六日、新潟市内での記者会見で、一般消費税の八〇年度導入を断念したと明言した。大平の一般消費税断念は、総選挙の公示後わずか一週間のことである。

一〇月七日の総選挙では、解散時二四八議席に対して当選も二四八に止まり、目標としていた安定多数どころか、過半数を割る事態に止まった。そして一二月二一日、衆参両院によって「財政再建に関する決議」がなされ、以後大型間接税導入、増税による財政再建の道は閉ざされることになった。

この「大敗」をめぐっては、以後自民党内で激しい対立が生じる。一〇月七日から、後に四〇日抗争と呼ばれる激しい党内対立が生じ、首班指名はようやく一カ月後のことであった[二五三]。この「敗北」後の党内対立は、八〇年六月の大平の死と史上初の衆参同日選での自民大勝まで、長く尾を引いた[二五四]。

この激しい党内抗争の記憶は、八〇年代の自民党の行動に大きな影響を残した。派閥均衡人事の制度化が、その最たるものである。このような党内での制度化の進展が九〇年代初頭の自民党分裂の一因になったという指摘があるが、(二五五)それだけの拘束力をもって維持されることになったということは、このときの党内対立がどれだけ自民党にとって苦い経験であったかを如実に示している。その記憶は、また一般消費税の記憶と一体となって、自民党の中に残り、その後の政策を方向づけたのであった。

## 第四項　一般消費税過程の特徴

一般消費税の過程を、その後の大型間接税の導入過程と比較してみると、その反対の現われ方は第二次の前期に類似している。商工業者の団体では、日商・小売業協会・法人会・青色申告会・中小企業団体中央会のほか、日専連・全日商連といった団体が、反対決議を行なっており、また総評を中心に労働・消費者団体も反対運動を組織した。だが、それでも全国の地方議会・議員による反対決議は少なく、各地の商工団体・商店街単位で反対運動を組織しようという動きは見られない。

### 財界の反対

財界が景気を懸念して一般消費税に反対したとは言われているが、それでも必ずしも反対で一貫していたのでもない。確かに、財界も、七九年六・七月頃までは増税反対で一枚岩だったが、八月頃からは変化が見られていた。経済同友会は財政再建のためには導入止むなしという態度であり、(二五六)また、経団連も賛否を表明しないながら、八月一三日に、土光会長が、行政改革の必要を強調しながらも、増税も止むなしと記者会見で語るなど、(二五七)一旦は導入を認める方向に傾きつつあった。(二五八)日経連の桜田武は「一般論としては増税は反対である。しかし現下の財政の窮状を知れば一般論では片付けられない」と言い、首相の決意が固い以上、財界ぐるみで増税反対を唱えるのは適当ではないという配慮を示していた。(三五九)また、これには、一般消費税を採らなければ法人税増税や所得税増税を考えるという大蔵省の脅しともとられかねないほどの強い姿勢も影響していた。

経団連は、最終的には、九月二五日、経団連の理事会で、「政府案は企業課税と変わらない仕組みになるうえ非常に複雑で徴税コストもかかるので受け入れられない」として、一般消費税導入による八〇年度の増税には反対で一致することになった。経団連の最終的な態度は早急に増税しなくても、二兆円程度の自然増収が見込まれるので歳出を大幅に圧縮すれば財政再建の足掛かりは得られるという判断によっていた。

財界団体の中で顕著なのは既に見たように日商の反対の強さである。小売業協会（日商）が中心になって組織した一般消費税反対・財政再建を考える中央連絡協議会に加わった全国法人会総連合（九月二一日）・全国青色申告会（二月七日）・全国中小企業団体中央会（九月一九日）といった保守系の中小企業団体も相次いで一般消費税への反対を決議した。ここで前面に出てくるのは永野会頭のリーダーシップであり、各地の商工会議所単位ではそれほどはっきりした反対は打ち出されてはいない。これは、第二次後期で各地の商工会議所で反対の決議が行なわれており、各地の商工会議所の有力者が反対運動を組織したのとは、対照的であった。

## 反対の弱さ

社会からの一般消費税への反発は必ずしも強くはなかったのではないかとは、既に述べたような、地域単位の反対運動があまり見られなかったという点からも考えられることである。特にこれは、売上税や消費税への反対運動（特に後期）が地域単位でのまとまりに依拠して展開されたのと比べれば、違いは明らかである。しかも重要なことは、この年の統一地方選では自民党は勝利していたということである。

統一地方選に合わせて、大型間接税反対の動きが現われなかったわけではない。統一地方選前には、小売業協会などの反対運動は開始されており、それを受けて青色申告納税組合などから一般消費税反対の陳情申し入れが自民党になされていた。

しかしこの統一地方選では、保守中道が圧勝している。また、それに先立つ一月一四日の衆議院京都二区補欠選挙でも、自民党前職の谷垣専一・民社党新人の玉置一弥と、保守中道が当選し、共産党の新人や社会党の前職候補は落選した。また、都知事選では鈴木俊一が当選している。

大平が統一地方選に際して一般消費税問題を隠蔽していたというわけではない。統一地方選の終盤にも、四月五日に大平は札幌での記者会見で、「できれば五五年（一九八〇年）度に導入したい、今年中に一般消費税法案を出さないという約束はしかねる」と述べていたのであるが、それは、統一地方選には影響を及ぼさなかったのである。これは第二次第三次との対比で言うならば、この時点では地方議会は予算審議において一般消費税の計上を迫られていなかったという事情が重要であると考えられる。自民党の地方組織・地方議員のレヴェルを見ると、大阪府連（八月一八日）東京都連（九月一一日）の反対決議や、中野区議会（九月一一日）の反対決議はあったものの、必ずしも大きな反対の動きはなかった。

また総選挙の選挙戦途中の世論調査を見ても自民党への支持の低下は現われていない。九月一〇－一六日に行なわれた日本経済新聞の世論調査では、一般消費税への抵抗感から大平内閣の支持率は下降線を示していたものの、自民党の復調、革新中道の伸び悩みという傾向が顕著に現われていた。（二六〇）自民党執行部では保守復調の追い風に乗っていることで楽観し、乱立した候補者間の調整を怠っていたのである。（二六一）

このような点から見ると総選挙に向けて党内指導部に統一がなかったことの意味は大きいように思われる。大平は、福田との対抗関係上河本や中曽根と手を結ぶ必要があったが、彼らも次期総裁の椅子を目指しており、大平の失点を狙っていたのであった。

党内指導部の不一致のために、自民党は各議員の行動をコントロールできなくなっていた。増税の必要性を明確に打ち出していたのは大平派の中核の候補者にほぼ限られ、盟友と目された田中派でも大平離れが進み、福田・中曽根・三木各派はおしなべて反対を表明していた。大平は、野党の反対だけではなく、自民党内の派閥抗争の口火になることを恐れて一般消費税を断念した面がある。

このように、この総選挙では、候補者間の競争の激しさと総裁の座を狙う党首脳の間の対立の激しさのために、自民党の各候補者が支持獲得を目指して自ら積極的に一般消費税反対を争点化しようとしていたのである。このような厳しい党内対立がなければ一般消費税が成立しただろうとまでは言えないにしても、以上の事情を考えると、自民党の議席数の伸びが期待したほどではなかったという選挙結果が、社会の中の一般消費税反対の意向の強さを反映するものであると断ずるには慎重にならざるを得ない。

この後八〇年六月の自民党の大幅議席増には、衆議院と参議院の——史上初の——同日選であったことが野党の選挙協力に不利に働いたという事情や、大平の突然の死去がもたらした国民の同情と自民党内の結束という事情が関係している。つまり、八〇年の「大勝」もまた特殊事情によっている。このため、議席数という結果で見ると、二つの選挙は際立った対照を顕すことになるが、それぞれに固有の特殊事情を除外して得票数・得票率の伸びという点に着目すると、自民党の「大敗」と解釈されている七九年の選挙は、むしろ、それに続く八〇年の総選挙での自民党大勝の兆しであったと考えることも出来る。八〇年代に明らかになる新しい保守優位という流れが、既に七九年から始まっていると見ることが出来るのである。

# 第六節　小括

## 第一項　反税運動の中の保守支持層

以上、三度の大型間接税導入をめぐる政治過程を概観し、中小の商工業者の反対がどのように現われていたかを検討してきた。本節では保守支持層と言われる中小企業者層が三次の大型間接税反対運動の中でどのような組織の下でどう動いたかを見ることでその社会的位相を検討し、それによって、自民党支持の枠内に固着し、かつ選挙過程において自民党候補がその利害を考慮せざるを得なかった中小企業は、第一章での枠組に言う地域的ニッチ適応タイプであることを論じる。

### 中小企業連絡会と商店街―消費税

**一般消費税と消費税の過程の比較**　日商・小売業協会・百貨店協会・チェーンストア協会・青色申告会や中小企業団体中央会は、第一次反対運動の過程で、大型間接税反対中央連絡会議を作って反対運動の中核を構成していたが、これらの団体は第三次反対運動の際には、いずれも条件付き容認に転じており、団体としては、反対運動に関与していない。以上の団体による反対運動を以下タイプ1と呼ぶ。これら諸団体は、上部団体・関連団体である日商とともに行動を決していることを示していると、さしあたり考えることが出来る。

これに対して、第三次反対運動において特徴的なのは、第一に大型間接税反対中小企業連絡会が前期後期を一貫して反対運動に関わっていること、第二に、その後期において各地の商店街振興組合が、反対運動を起こしているということである。

**日商**　言うまでもなく、日本において中小企業の利益を統合する最も中心的な組織と考えられているのは日本商工会議所である。

小売業協会は、会長を日商会頭が兼務することが多く、また事務局員は日商からの、期間を区切った出向者が務めており、実質的には日商のもう一つの顔であるに等しい。日商はあくまでも財界団体であり、かつ補助金を受けた公法上の組織であるために、活動に制約を受けることが多い。それ故、場合によっては、実質的に日商の活動であるにも拘わらず、小売業協会の名で活動することも珍しくはない。実際、第一次（そして、次で述べるように第二次前期の際にも）反対運動の中核となった大型間接税反対中央連絡会議は、小売業協会が青色申告会・法人会・中小企業団体中央会という中小企業団体とともに作ったものである。

全国法人会総連合は、法人税に申告制度が導入されたのを機に、中小企業を中心とする納税企業が、記帳の整備や納税知識を勉強しようとして一九五四年に設立されたもので、七五年には納税意識を育成する公益目的に適するとして、大蔵省認可の財団法人になっている。七八年の時点では、金原四郎会長、会員七〇万法人であった。

青色申告会は、青色申告納税の普及・円滑化のための中小企業の団体であり、法人会と同じく、大蔵省国税庁の納税協力団体であり、法人会と青色申告会は、大蔵省・国税庁の二大納税協力団体と言われている。

青色申告会も法人会も、だいたい税務署単位で全国各地に設けられ、それが、全国的な頂上団体である法人会総連合や全国青色申告会に統合されている。これら団体が各地で組織されるにあたっては、実質的には当該地域の商工会議所が中心的な役割を果たしており、(二六二)これらは、各地の商工会議所（全国レヴェルで言えば日商）と非常に近い団体である。

　これらは、売上税についても反対運動を組織したが、消費税については条件付き容認に転じた。法人会や青色申告会を中小企業団体と位置づけると、消費税時の転換は中小企業という社会集団が消費税容認に転じたことを示しているもののように見えるが、それまでの反対運動においてもこれら両団体が単独で行動するということは殆ど見られず、その行動は実質的には日商に追随したものと見ることができる。したがって、これら団体の転向を以て、消費税が中小企業の意向を反映していることの証左とするのは十分ではない。

　日商と行動を共にしているもう一つの団体は、中小企業団体中央会である。これは、全国三万四千組合・三〇〇万企業が加盟する中小企業組織である。(二六三)各地域毎に組織された業界団体（業界団体というのはたいてい組合組織である）を統合する中央会が、それぞれの都道府県におかれ、これら都道府県単位の中央会の上部団体が、全国中小企業団体中央会である。この全国中小企業団体中央会も一般消費税以来強い反対を提起している。

　ただ、大型間接税反対の動きについては、消費税の（条件付き）容認に際しては、各地の中央会の行動にばらつきが生じたり全国中小企業中央会の決定とのズレが生じることは見られなかった。これは、商工会議所のうちで消費税にも反対の動きを見せたものがあるのとは対照的である。

　このような相違は商工会議所と中央会の組織の沿革および組織的自律性の違いに由来していると考えられる。これらはともに現在では法律に根拠をもつ団体であるが、(二六四)商工会議所に比べて、中央会の方が組織の沿革としては、行政の主導性が強い。各地の中央会は、立法に基づいて一九五〇年代にほぼ一律に設立されたものであるが、これに対して商工会議所は各地域毎に設立年もバラバラである。歴史をたどってみても、商工会議所は法律以前に地域の商工業者が自発的に組織したという由来を持つものが少なくなく、(二六五)前国家的な組織という面もある。国からの補助金は受けているが、会員からの会費と簿記検定などの事業収入で予算の七割ほどを賄っている。このため、今日でも各地の商工会議所は、地元の商工業者の自発性によって運営されているという側面は強い。

売上税反対に際しても、日本の各地の会議所では、相当な〝温度差〟があった。積極的に反対決議を行ない、自民党の候補者に対して推薦を出さないところまでに踏み切った会議所もあれば、大型間接税については一般消費税についても売上税についても反対決議を行なわなかった会議所もある(三六)。岩手県内でも、いち早く売上税反対の決議をしたものや、最後まで決議をしなかったものなど、反対の強さには差があった。また、日商が消費税容認に転じた後も、反対を続けた会議所もあった。これらのことは、各地の商工会議所が日商からの一定以上の自律性と地域的な自立性を持っていることを示すものであり、したがって日商が各地の会議所の反対の意向をアンケート調査などで集約することはできても、各地の会議所に対する日商の動員力は決して大きいものとは考えられない。

なお、中央会の傘下におかれている同業者組合の中でも前国家的性格を持つものは少なくない。現行法の枠に従って運用されている組合でも、業種によってはやはり江戸期（以前）にまで遡り得る起源を持つ地域的組合は存在する。法制度上、中央会が各組合を包摂してはいても、各組合は業界としての経済的自立性の上に成り立っており、中央会に対しても一定程度以上の自律性を持っていると考えられる。

ともあれ、中央会は公法上の組織であることは間違いなく、また、法人会・青色申告会も行政の外縁にある組織であって、その点でも日商および各地の商工会議所と友好性がある。これら団体は、一般消費税・売上税に対しては日商・小売業協会を中心に反対運動を組織したが、消費税については条件付き容認に転じた。

**中小企業連絡会**　日商や中央会は中小企業の統合団体と目されているが、これらが消費税容認に転じた後も、反対を貫いている中小企業団体は存在した。この大型間接税反対中小企業連絡会とは、全日本小売商団体連盟・

日本専門店会連盟・日本商店連盟を中核とする組織である。これらはもともと地域において、百貨店などの大規模業者に対抗するために共同で事業を行なうことを目指して設立された中小商業者の組合組織である。特に近年ではカード事業が重要な役割を占めている。これらの団体は第一次から第三次まで一貫して大型間接税に反対している。以下この三団体による反対運動をタイプ2と呼ぶ。

**商店街振興組合**　各地の商店街でも、反対運動は、タイプ1の条件付き容認後の第三次にも見られる。しかし、タイプ2と各地の商店街では、結集の仕方が異なる。

第一に、連絡会の反対は第一次から持続的であり、第三次の際も自民党内での決定過程及び国会での決定過程を通して、反対を表明していたのに対して、商店街からの反対が噴出するのは第二次後期および第三次の特に後期（八九年三月後半から導入後）に集中している。

第二に、商店街の反対は地域単位での活動が特徴的である。

第三に、共闘関係を見ると、商店街単位の行動の方が革新勢力に対して距離がある。

第一の点からは、商店街構成員に関わる利益がタイプ2の利益と異なるものである可能性も考え得るが、反対噴出後の主張を見る限り、反対の理由は転嫁の困難の可能性であり、その論拠はタイプ2とは差がなく、そもそも中小商業者としての両者の社会的位相に相違もなく、地域によっては連携も見られる。ここからすると、商店街は、第三次については、後期に至るまでその持つ反対の意向を組織化し顕在化することが出来なかったと解する方が適切であると考えられる。これは商店街の持つ組織リソースから考えても妥当である。(二六七)

商店街は振興組合としては都道府県の中小企業団体中央会、ひいては全国中央会の傘下にある。しかし中央会が消費税を容認したのにも拘わらず商店街が反対運動に熱心であるところからすると、中央会の統合力は弱いものと考えられる。末端の商店では消費税の決定過程において、売上税に対したのと同様の不安を語るものは決して珍しくなかった。彼らは、むしろ、何故反対運動がなされないのか不思議であると語っていたのであり、消費税決定過程ではこのような反対の意向が第三次前期では十分集約されていなかったと考えられる。

商店街振興組合は、都道府県単位でも商店街振興組合の中央組織を持つが、他の商店街とは近隣であればあるだけ商売敵であるから、連帯の意欲はもともと強いものではない。反面、一つの商店街はその商店街全体で一つの集客単位として共同の利益の下にあるため、その地域単位での結集度は強い。こうして、当該地域における商店街の自立性は強く、行動単位として有効なものになり得るが、反面では、組織として確保しうるリソースは必然的に限られることになる。それ故、消費税反対の意向はあってもそれを顕在化することは容易ではなく、問題がかなり切迫してこなければ反対運動を起こすことが出来にくかったと考えることができる。

このような制約下にある商店街に対して、タイプ2は、地域での活動だけではなく、中央組織としても持続的な行動を行なっているところに特徴がある。地域によってその活動の活発なところとそうでないところはあるが（それは勿論事業展開の地域差による）、組織全体が一体となって行動している。タイプ2がこのように十分組織化されたのは、一九八〇年代に入ってからのことである。第一次反対運動ではタイプ2の各団体は、反対運動組織に個別に参加していただけで、中小企業連絡会として組織化されたのは一九八五年のことであった。これは、この時期に至ってカード事業等の進展により、事業主体としての基盤が固まり、専従職員などそれだけ多くの組織リソースが実現されたという事情を反映している(三六)。

**タイプ3**　消費税反対運動を分別する中で、われわれは、中小商業者の二つの類型を得た。

第一は反対運動のタイプ2に参加しているものであり、第二は地域単位で行動している商店街などである。前者は全国的な反対を持続的に行ない、後者は地域単位で比較的限られた期間に活動を行なっている。どちらも、少なくともそのリーダー層では、保守支持であることが明言されていることが多く、また双方に関与しているものもある。

タイプ2は、生協のみならず、労組ほかの革新的な組織との連携を図っていた。(二六九) これに対して、商店街などの運動は、しばしば「もう自民党には投票しない」という発言を伴っていたが、しかし、実際には野党や革新勢力の展開する反税運動とは距離を保ち、あくまでもその商店街のおかれた地域密着型の運動に執着した。

このような商店街などを単位にした動きは、商工会議所や中央会によっては十分統合されていないがしかし保守支持への執着が強い。以下このような商店街などの地域単位での反対運動をタイプ3と呼ぶ。

このタイプ3が保守支持に向かうのは、必ずしも組織によって統御されているからではない。中小企業の保守支持は利益誘導を媒介にする組織化によって調達されているというのが従来の日本政治研究の通説であった。しかし、消費税導入に際して政府自民党から供給されたはずの多くの利益は、タイプ3の反対を全く統御しなかった。また、彼らは商工会議所や中央会の方針に反して、反対運動を展開した。しかもそれは体制の枠内を強調しつつである。

革新に接近せず保守支持の範囲内で大型間接税反対運動を行なったということは、その後の継続的な利益供給関係の回復を期待していたからであるという解釈もあり得る。しかしその解釈は、もともと同じように保守支持を標榜しつつ、かつほぼ同じような社会的位置にある（つまりは、同じような利益供給を受ける）はずの事業者の参加しているタイプ2が革新とも接近したことを説明しない。

個々の商店で見ると、例えば日専連の加盟店でありながら特定の商店街振興組合のメンバーであるということは、それほど珍しいことではない。規模で見ると、商店街はごく小規模の商店だけからなることもあるし、比較的大きい商店からなることもあるし、また一つの商店街に大きい店と小さい店がある場合もあり、同じ商店街の構成メンバーでも規模は一律ではない。他方日専連加盟店は、規模はやや大きく、繁華街に多いようではあるが、結局、規模の相違は両者を分かつほど重要な相違とはなっていない。

ただ、商店街の活動は当該地域に密着した活動であり、地域活動というものと重なり合う部分があるのに対して、日専連などの活動の方が、ヨリ広い範囲の事業者を含んでいる。また商店街の方が地域的ネットワークと重なり合っている分、地域限定的な動員力は強いと考えられる。

## 流通業界と商工会議所―売上税

**売上税反対の過程の比較**　第二次反対運動では日商を中心にするタイプ1と、日専連などのタイプ2は、八七年一月以前から反対運動に従事している。具体的には八六年夏の同日選の時以来であり、また、八六年の一一月から一二月にかけての自民党税調での審議の過程では、強い反対を表明している。反対が前期後期で連続しているということは、その理由が税額票方式や非課税枠といった制度に関係するものではないことが明らかである。

**流通業界の影響力の弱さ**　このように第二次前期に既に反対が展開されていたことからすると、このタイプ1と2の政治過程への影響力は必ずしも大きいものではないと考えられる[一二〇]。これはマル優廃止の見返りとして郵政族が多くを得たのに対して、商工族は、税調での声高な発言によって一見厳重な働きかけをしているように見せながら、その実何も得ることがなかったことからも、明らかである。

ここからは、第一次のときには、当時の日商の反対は一般消費税の阻止には決定的ではなかったはずという含意が生じる（尤もこのときには永野会頭が相当に熱心に活動したことの意味は大きいはずである。この点では、第二次のときの五島会頭は、永野ほどの熱意はなかった）。

また、第三次の反対運動では、決定過程においてタイプ2が反対したとしても、タイプ1のたいてい（タイプ1の中でも、清水は、反対に関わっている）が容認に変わった状況では、消費税を阻止できなかったのも当然と

いうことになるであろう。[二七二]

**業界団体の参入**　第二次の反対運動は八七年の一月の時点で変質したと見るべきなのは、まず、言うまでもなく、これ以後非課税枠問題を契機に無数の業界団体が政治過程に関与してきたからである。この争点は、原則として非課税品目がなかった第一次と第三次にはなく、第二次の反対運動を特徴づける重要なポイントである。

ただ、第三次にまで継続して反対運動を行なった業界団体もある。それは、書店業界と化粧品店業界である。これらが反対を継続したのは、比較的小規模の事業者が多い中に同時に一定の大規模業者が混在しているという状況で、再販制度によって商品の値段を保っているという業界の事情がある。書籍の再販価格については言うまでもないが、化粧品もカウンセリング販売という名で事実上の再販価格が維持されてきた。大型間接税の免税業者と課税業者が分かれることによって、再販価格が破壊されたときの「過当競争」への懸念は両業界とも小規模業者が多いだけに大きかった。

再販価格は各企業の差別化追求努力を抑制し経営主体間の無差別化を保存する効果があり、それだけ経営主体間の組織化を進める。つまりこのような流通形態によって、両業界とも業界内の結集力は強かった。化粧品店業界の組織力はよく知られており、彼らは、参院の比例区に自分たちの利益代表と目される議員を持つ。だが、大型間接税反対運動において特にこれらの業界の影響力が発揮されたと見るべきではない。化粧品店業界は、大型間接税反対中小企業連絡会に加わっている、つまりタイプ2に属しており、[二七三]第二次前期・第三次前期の反対運動で熱心に活動していた。しかし彼らは政策決定過程に影響を及ぼし得なかったのである。ただこのような組織力によって、これらは、業界団体としては例外的に第二次から第三次にまで継続する反対運動が可能になったと考えられる。

岩手県での売上税反対運動では、業界団体として地域横断的に反対に関与している——例外的な——組織は県粧業小売組合であった。その売上税反対闘争特別委員長佐々木輝男は化粧品店業界の票は一〇〇％革新に流れると広言していた。このように業界全体として左傾し得るのも、それだけこの業界が組織的統合力を――例外的に――持っているからである。

**チェーン協・百貨店協の逸脱**　八七年一月に第二次の反対運動がそれ以前のものから変容したと述べたが、しかし、後期になってもタイプ1と2の反対運動は継続している（ヨリ事態に即して言えば復活した）。ただ、継続しているといっても、それ以前の運動とはいささかの変質がある。

もともとタイプ2には、野党・革新系との提携を拒まない面があったが、この時期タイプ1の中でも野党・革新系との連携を模索しようという動きが現われたからである。その実情は、タイプ1全体の揺れというよりは、むしろタイプ1内部の分裂というに近いものであった。

第一次の反対運動で、タイプ1は日商のもう一つの顔である小売業協会に事務局をおいて、大型間接税反対中央連絡会議を組織し、一般消費税に反対したということは上で述べた。これが第二次前期においても継続して売上税反対を唱えていた。

ところが、八七年一月になって大型間接税反対の動きが広まると、タイプ1に止まらずヨリ広い反対運動の連携を実現しようという動きが生じた。この動きをリードしたのが、日本チェーンストア協会会長の清水である。提携の模索は一月末に始まる。野党との懇談会に、タイプ1のチェーンストア協会や百貨店協会のメンバーが参加したことへの反響は大きく、自民党内部で「虎の尾」発言を引き起こしたものである（一月二七日）。清水本人は自民党を支持していると言っており、また、実際に野党と共闘するには組織内にも大きな抵抗があって、必ずしも十全の提携が実現したわけではないが、消費者団体や労組などとの連携を目指した税制国民会議は、二月二四日に正式発足する（設立の決定は一月一七日）。注目されるのはこれ以後、日商・小売業協会が反対運動の前面に出てくることが少なくなるということである。その変化を端的に示しているのは、それまでの大型間接税反対中央連絡会議の事務局が小売業協会に置かれていたのに代わって、税制国民会議の事務局が百貨店協会に置かれたという点である。小売業協会は日商のもう一つの顔であったということからすると、事務局の移動は、この反対運動が日商から距離を置くものになったということを示している。

八七年一月に、全国で反売上税の動きが活発化するが、この時、各地で盛り上がり始めた反対とは対照的に、日商には、疲労感やためらいが見えるとした報道がある。[一七三]実際この第二次後期になると、チェーンストア協会の清水や百貨店協会の市原が野党との提携の可能性を示し続けたのに対し、日商の五島会頭は、反対は行なうがあくまでも体制の枠内で行なうという発言を繰り返しており、税制国民会議（に至る清水らの動き）と距離を置くことが強調されている。[一七四]

日商会頭は、一般に小売業界の声を代表するものと考えられており、一般消費税のときには永野会頭が小売業協会会長として反対運動の先頭に立っていた。[一七五]だがこの第二次においては、日商とその他の小売業界との対応とのズレが明らかになっている。ここには、日商という財界団体としての役割、五島の立場（とりわけ、中曽根との親密な関係[一七六]）、チェーンストア協会を主導する清水の独自性、といった要素が関係している。五島は、八五年当時にも大型間接税を容認する発言を行なっており(後に取り消し)、もともと、反対の意向はそれほど強くなかったのではないかと考えられるのである。[一七七]

税制国民会議の成立は、タイプ1内で日商の動きに飽き足らないメンバーが主導権を握って行なったものであり、運動を広げると言いながら実は、軸足を日商からシフトしようとするものであったと言える。東京での反対運動の指導者であった宮入は、反対にあたって自民党からの離党と同時に日商（この場合具体的には五島が会頭を兼務する東京商工会議所）からの離脱をほのめかしている。他の地域では、商工会議所（の人脈）が反対運動の中核を占めることが多かった中で、この宮入の行動は特異である。これは、東京商工会議所会頭を兼ねる五島が、売上税反対運動に消極的であったために生じたことであると考えられる。

第三次においては、会長の交代に伴ってチェーンストア協会が、反税運動から距離を置く姿勢を示したが、これは、チェーンストア協会が日商を中心にする本来のタイプ1に復帰することを意味していたのであり、会長の交代と共にそれがなされたということは、それまでの逸脱がいかに前会長のイニシアティヴに負うところが大きかったかを物語っている。[二八]また、国会で売上税が審議されていた過程の終盤で、既に百貨店協会やチェーンストア協会が自民党に対して修正論議に応じようという態度を示していたという観察がある。[二九]この動きは、結局統一地方選での自民党の惨敗によって、大きな流れにはならなかったが、この時点で既に業界内に自民党に（再）接近しようとした動きもあったことには注意されてよい。[三〇]

**商工会議所**　第二次後期の特徴は、多様な業界団体の反対の噴出というだけでなく、それが、各地から起こったという点にもある。この時期の運動の中で地方からの反対に特徴的に見られたのは、やはり流通業者が反対の中核にいたという点である。

第三次後期と比べれば、同じ流通業者を中心にする反対という点では共通であるが、大きな違いは、第二次後期の担い手の方が、卸売業者などヨリ大きい事業者が多いという点である。[三一]このような社会層の反対運動は、第二次後期限りのものであり、第一次にも第三次にも見えない。これらの層は各地の商工会議所の中心的メンバーであり、それ故各地で商工会議所が、反対運動の実質的な中心を担うということが多く見られ、各地の商工会議所が売上税反対の議決をすることも多かった。[三二]このような各地の商工会議所の反対決議は、決して日商からの指示によるものではなく、あくまでも自主的な決定によるものであった。彼らはもともと多く自民党支持層であって、自民党政治家の有力後援者であることも多い。自民党を離党しようという動きも多く見られ、また、「もう自民党に［票を］入れない」とは広言したが、たいていはそれでも体制の枠内での活動を標榜し、他の野党・革新系の運動との連携には積極的ではない。

この時期の反対運動組織の中核をなした層は、第三次後期の商店街を中心にするタイプ3とは、事業規模と社会階層が異なる。これをここではタイプ4とする。この層の反対の動きが自民党政治家を最も動かしたところからすると、これらが自民党支持層の中核を占めていると考えられるが、これらは資本主義の高度化によって没落するような零細企業、競争力を持たず保護政策に依存するような企業でないことは明らかである。

これらの層はタイプ3よりは大きな事業者であったり、卸売業者であったりするから、タイプ3の層ほどには、一般消費者とのエンカウンターの局面から圧力を受ける機会は少ない。しかし、転嫁の懸念が少ないというわけではない。特に、卸売業者は利益率が低く、東証上場企業でも売上高経常利益率が五％未満のところも多いため、五％の売上税を売値に上乗せできないとすると、赤字に転落しかねないことになる。決定が急であったから、転嫁の仕組の理解が一般に広まっていたとは言えない面があり、非課税枠に入らなければ五％をまるまる負担する恐れがあるとだけ受け止めて、反対運動に加わったものも少なくないようである。(三三)

また、このタイプ4の反対運動では、公約違反を問う声が大きい。自身が直接的な後援者であるだけに、八六年夏の公約を同年末に破られたことの怒りは大きかったと思われる。

このタイプ4の反対は、第三次には殆ど継続しなかった。制度に対する理解が進み、タイプ3に比べれば転嫁の困難を感じにくいということがあったと思われるが、しかし、継続した反対が全くなかったというわけではない。仙台や熊本・伊予では、第二次後期の反対の主体が第三次後期でも反対の声を上げている。(三四)

**タイプ4**　第二次後期におけるタイプ4の反対運動の特徴は、地域単位の結集力を強調した点にある。勿論これらの層も何らかの同業者団体に所属しているはずではあるが、彼らは業界の全国的な結集によるアピールではなくて、地域からのアピールという方法を採った。特に流通業者にとっては、同業者は競争相手であって、同業者間の組織的な結集や活動にはなじみが薄い(三五)。無論、いかなる業界でも同業者は競争相手の側面を持つものであるが、製造業者などの場合は、同業者の組織化によって、供給する財の質を高めて全体の信用や市場を確保するなどの集合的な利益を実現することができる(三六)。これに対して流通業者の場合には、同業者組織化をしても、それによって集合的利益（差別化）を実現しにくく、もともと組織化に向かうインセンティヴが一般に弱い。商店街のところでも言及したように、彼らにとっては、唯一地域的な活性化が事業の発展にとっての集合的利益なのである。

大型間接税の反対運動は、その反対組織がどのような名前を名乗っているにしても、いずれの場合でもその実質は既存組織の上にあった。第二次後期にタイプ4の反対運動の組織化が地域的基盤の上になされたということから、彼らは業界の組織ではなく、地域のネットワークを自己の基盤と見なしているということがわかる。

**影響力行使の回路**　タイプ4が、地域を基盤にした反対運動を組織したということは、また、彼らの影響力行使の回路が業界組織を媒介にしていない可能性を示唆する。日本政治研究の通説においては、中小企業の影響力行使の回路は、業界団体を経由して、族議員を媒介に行政に及ぶという構図で理解されている。しかし、大型間接税反対の政治過程を見ると、中小商工業者を組織化していると見られている日商は、第二次前期の段階では政治過程に影響力を及ぼしているとは言い難く、また、この時期、タイプ1・2以外には、タイプ4が政治過程に影響力を及ぼそうと活動した形跡はない。タイプ3・4はともに、第二次後期に至って初めて反対の運動を起こすのであり、しかもそれは日商の活動からは自律的に、地域において自生的に行なわれたものである（仮に日商に動員する能力があったとしたら、その動員力は第二次前期で既に発揮されていたはずである）。

しかも彼らの影響力は業界団体を回路として行使されたものではなく、地元選出の国会議員に対する「膝詰め談判」で行使された。このタイプ4は、国会議員後援会の有力後援者の層であり、(三六七) パースナルな影響力行使が可能であった。だが繰り返し強調するように、彼らの影響力は業界の組織力をリソースとするものではなかった。

## 中小企業の反対の理由

従来、売上税に対する中小企業の反対の理由は何より、「節税」や脱税が税額票によって捕捉されることを恐れたためであると考えられてきた。そして、消費税ではそのような恐れの生じないように税制案が修正され、また、逆に様々な便益を与えられることで反対運動は鎮静化したものと見なされてきた。しかし、これに対して本章ではここまで、従来自民党支持と目されてきた商工業者・中小企業者における大型間接税への反対の多様性を明らかにした。本章で述べてきたところを表にすると、次のようになる。

**税額票方式による税捕捉**　最も重要と思われてきた所得や売り上げの捕捉への転用可能性の問題は、税額票方式を採った売上税の時に問題になった。

ただ、第二次前期においては、方式が明らかにならないうちからの反対であったから、その時期の反対は税額票方式などの制度の問題は関係してこない。

問題になるのは、第二次後期の反対である。この時にはタイプ3とタイプ4の反対が噴出しているが、このタイプ3は第三次後期にも反対を行なっているから、売上税の制度のあり方が反対運動に関係している可能性があるのは、タイプ4に限られることになる。

ところが、このタイプ4は、各地商工会議所の有力者などであり、事業規模が比較的大きく、会計手続きも比較的適正に行なわれていると期待できる層である（帳簿の不備や遺漏が多く見られるのは、タイプ3の層である）。また、この層で脱税が多く摘発されているというような事実もない。(三六八)

2－6　小括

| | 一般消費税 | 売上税前期 | 売上税後期 | 消費税前期 | 消費税後期 | 税率引上 |
|---|---|---|---|---|---|---|
| タイプ1（日商・法人会など） | 反対 | 反対 | 反対？ | 容認 | 容認 | 容認？ |
| タイプ2（全日商連・日専連など） | 反対 | 反対 | 反対 | 反対 | 反対 | 反対 |
| タイプ3（各地商店街） | 顕在化せず | 顕在化せず | 反対 | 顕在化せず | 反対 | 反対の動きあり |
| タイプ4（各地会議所） | 顕在化せず | 顕在化せず | 反対 | 容認＊ | 容認＊ | 容認？ |

（＊では、タイプ3と同じ行動をとる重要な例外あり）

以上の点から中小企業の大型間接税反対においては、所得の捕捉への転用可能性の問題は決定的な要因ではなかったことは明らかである。

**転嫁問題**　反対運動の当事者が反対の理由として強調しているところは、転嫁の問題である。売上税については、高めの免税点・広範な非課税品目を設定したことで、転嫁の懸念が拡大した。中曽根は、大型間接税は導入しないという公約を守るために、「思い切った例外」を設けることで、間接税の規模が大型にならないようにしようと考えたのであったが、取引の過程に免税業者が入ると、税額票が発行できないために、売上税分を免税業者が自腹で負担することを余儀なくされる恐れがでてきた。また、取引業者も、税額票を受け取れないとそれまでかかっていた税額分を控除できず不利益を被ることが予想されたため、免税業者を取引から除外しようという動きもでてきた。

このような難点は、特に小規模業者の多い小売業界や繊維業界で問題にされた。例えば、京都の西陣織を取り上げて、「完成まで二三工程もあり、ほとんどは一億円以下の業者だ。もとの糸には売上税がかかるのに、税額票は出せないから税金はまるまるかぶるしかない。導入を強行されたらつぶれるところもでる」という声があった[二八九]。

こういった転嫁への懸念は、税額票方式に由来するものではなく、むしろ非課税品目を広範に認めたり免税点を高くしたという売上税の例外性に由来するものである。この点からすると反対抑制のために税額票方式を帳簿方式に変更すべき必然性はなかったのではないかということさえ考えられる。

それはともかく、転嫁問題への懸念が売上税への強い反対の理由であると考えた大蔵省は、転嫁を容易にする様々な措置をとった。転嫁カルテルなどである。ところが、それにも拘わらず、第三次においても反対が現われる。タイプ2とタイプ3である。この両者は中小商業者として社会層は重なっている。特に注目されるのはタイプ2の反対で、彼らは方式の如何を問わず、大型間接税に一貫して反対を続けているのである。

或る小売業者は消費税率引上げに反対して、店頭で顧客から消費税分をまけてくれといわれれば、利益を削ってもおまけしなければならないと発言していた。実際にこの商店主がそれだけのサーヴィスを提供しているかどうかは定かではないが、このような発言から明らかなのは、消費税が課されたからにせよ何にせよ、商品の――外見上の――値段を引上げることには、常に抵抗感が伴っているということである。つまり、小売業者が対消費者関係で受ける心理的プレッシャーの存在が示されている。このようなプレッシャーは、大型間接税の方式がどのようなものであろうと感じられるものであろう。

小規模であればあるほど、商業者は顧客との間に日常的な対面関係をもつのであり、そこでの信頼関係によって営業を成り立たせている。商品の値上げにしても、何らかの形で、顧客を説得する論理が求められるのである[二九〇]。これはこれら小売業者間でそれだけ激しい価格競争・値引き競争が行なわれていることを示すものである。そしてこのような競争の激しさが上に述べたように、業界団体としての組織的結集を阻害するものにほかならない。このように激しい競争にさらされているという意識が中小企業に転嫁の困難を感じさせているということを大蔵

省及びこれまでの政策過程観察者は理解していない。(三九一)

以上のように考えると、次に疑問となるのは、同じような小規模の商業者からなり、同じように転嫁問題に直面していると考えられるタイプ2とタイプ3で、反対の現われ方に相違があるのは何故かということである。

## 反対運動の地域性と中央への統合

大型間接税に対しては全国的な反対運動の組織が幾つも見られたが、それらの実態は何らかの既存の組織の上に成り立っているものであった。一般消費税以来の大型間接税反対中央連絡会議は、小売業協会を中心に日商の関係団体で成り立っており、中央連絡会は総評を中心にし、その中央連絡会に連なる各地の都道府県民会議は、各地の総評の下部組織が中核となっていた。第二次前期に作られた中小企業連絡会は、日商連・日専連の組織の上に成り立っている。このような既存組織に依存しているからこそ、大型間接税問題が表面化する度に、迅速に反対運動を組織できたのである。

これらの反対運動組織は相互に加入しあったり集会に参加しあったりしており、重複する部分も見られる。(三九二) しかし、それらは、基盤とするところを別個にしており、相互に指揮命令関係にあるわけではない。大型間接税に対する反対運動においては、反対に加わっている団体の数の多さが新聞紙上などで紹介されることが多いが、それは実質的には、それらの基礎になっている団体に名を連ねている団体の数であるに過ぎず、その数が凡て反対目的のために結集したものではなく、また、それらの団体が反対運動にあたって等しく熱心に参加し、或いは動員されるというものでもない。したがって、ある主体が幾つかの反対運動のメンバーにカウントされていても、その主体が実質的に反対のための行動を起こしているとは限らず、その数の多さは運動の大きさ・広がり・強さを直ちに示すものとは限らない。また、その主体が反対のための行動を起こそうとする場合、どのような組織の一員として動くかは、それがどの組織のメンバーにカウントされているかどうかとは、別の問題となる。つまり、上部団体と目される団体と下部団体と目される団体の動きが呼応・一致しているとは限らないのである。

このことが重要なのは、タイプ3・4の反対が、前期過程では顕在化せず後期過程でのみ顕在化した第二次・第三次の反対運動の組織をどう理解するかに係わるからである。

まず問題になるのは、日商と各地の商工会議所の関係である。各地の商工会議所はそれぞれが本来独立的自律的に行動しており、地域毎の個性特殊性がその地の会議所の動向を決定している。上部機関の日商が態度決定すれば、当然各地の会議所もその意向に従うというものではなく、それらが政府の下部機関になっているということもない。売上税・消費税反対運動に商工会議所が関わった場合でも、それは当該会議所の会員の自発的な動きがあってはじめて会議所が動くのであって、会議所自体が会員を運動に動員するということはない。会議所は結局、運動を行なっている会員のための事務局を担当するというに過ぎない。

商店街についても同様のことが言える。タイプ3として示した商店街を構成するような中小商業者の中にも勿論商工会議所の会員は少なくないし、また、商店街振興組合としては都道府県の中小企業団体中央会に加盟している。ところが、第三次後期においては、これら地域の商工会議所・中小企業中央会が消費税容認に転じているのにも拘わらず、多くの商店街が反対に立ち上がった。このように個々の商店街の決定は、上部団体の方針に左右されていない。各地の反対運動は各地域で自発的に生じたものであり、したがって、地域によって活発に活動したところとそうでないところがある。

また、このタイプ3の反対運動を中央で統合する役割を果たす組織もなかったと考えられる。大企業が経営者に財界活動を許すような資源が中小企業に潤沢にあるわけではなく、また、農協のような巨大なコングロマリットを持つわけでもない。商店街の全国的な連合組織である全国商店街振興組合連合会の組織率は高いものではな

く、その統合力は強くない。[二九三]

このような資源の制約から、各地の商店街では消費税への反対の意向を持っていたにしても、それを顕在化し得るのは非常に短い期間に限られていたと考えられる。それは典型的には選挙を契機としてのものである。このようなところからすると、中小商業者は仮に地域レヴェルで組織化されているにしても、中央での政策決定過程に恒常的に参与し影響力を行使できるような統合された組織は持っていないと考えられる。

それに対して、タイプ2はカード事業などの発展で実現した組織リソースを反対運動にも動員できたため、第二次後期から第三次前期にかけても継続的な反対運動が可能になったのである。

## 中小商業者の影響力

**中小企業の影響力**　業界は集票マシーンとして機能することで政治過程に影響力を及ぼすという見方がある。典型的な多元主義的政策過程理解に従えば、政策過程において中小企業団体というアクターが存在し、その圧力行使によって税額票方式などをとる売上税が阻止され、帳簿方式をとった消費税が成立した、という見方となる。そして、それ故、中小企業団体の影響力は大きいという結論が導かれる。その場合影響力の大きさは、また、選挙における集票力によって傍証される。その集票力が、自民党内の族議員を育成し、また、典型的には参院全国区では各業界からの支援を受けたそれぞれの業界「代表」と目される議員が見られる。

だが、本書の以上の観察によれば、売上税について、地域単位で噴出した中小企業の反対は、政府自民党の税制審議の過程では顕在化せず、考慮もされなかった。政府自民党内での決定過程で特筆されるのは、中小企業団体の影響力の弱さである。自民党議員を最も動かしたのは、前期過程ではなく、後期の選挙過程での反対運動であった。[二九四]

そして中小商業者による大型間接税反対の一貫性が制度の如何にかかわらず競争圧力下での転嫁の懸念という事情に由来しているとすると、政策決定過程において考慮されたはずの、業界の意向とはいったい何だったのかが問われることになる。(二九五)

第二次後期、第三次後期に現われた大型間接税への反対運動は、地域単位での行動を中心にしていた。その特徴は、地域を越えた業界団体の結集という動きではなくて、地域内のネットワークに依存した結集であったという点にある。そのような結集によって表出される利益とは、必ずしも特定業種の特定具体的な利益という形では表示されにくい。

しかも、第二次後期に見られたように、議員への圧力行使は、後援会長などの人間関係を媒介に個々的に行なわれており、それは、議員の側からすれば、地元からの個々的な突き上げとして認知されているものであり、具体的な業界の特定の利益としては把握しにくいものである。(二九六)

つまり、たとえ議員が業界の意向として語ったものであっても、それは、中小企業団体がアクターの意思として集約し示したものではなく、議員が支持者との個別的な接触の中で「地元の声」として想定していくものにほかならない。

第二次前期では現われなかった反対が、後期においてしかも全国各地から噴出したということは、それが選挙戦の過程と重なっていたという事情と関係している。中小企業が十分組織化されているわけではなく、政策過程に恒常的に影響力を及ぼすことは出来ないにしても、しかし選挙戦においては自民党候補者は支持者の「意向」の把握に意欲的になる。そのような政治家側の条件があったからこそ、資源の制約から長期に亙って反対運動を組織できない中小企業者の意向も政策過程において考慮されることになったと考えられる。

**自民党候補者のヴァラナビリティ**　このような圧力の認知は、保守系の候補者の持つ脆弱性の意識に由来する。

候補者は、絶えず、競争圧力にさらされているという意識から、社会からの圧力の可能性に過剰に反応する。選挙過程における反対運動の噴出という事態は、脆弱性の認識を持つ候補者が、そのような圧力がかけられていると公言することそれ自体によって紛争が拡大していくという側面を示している。選挙過程における彼らの振る舞いが社会の中の反対運動の可能性を過剰に代表している。

このように選挙過程において（のみ）考慮される利益は、目につきやすいものであるが、目立つということは実はそれだけ表面化しなければ考慮されない利益であるということをも意味する。組織が政治過程に恒常的に関与しているのであれば、選挙過程においてあえてその要求を噴出させなくてもその利益は考慮されるはずである。また、候補者の側から言えば、選挙過程で取り上げることが迫られる利益とは、選挙過程以外では集約されにくい利益であるということも言える。(二九七)

このような解釈によって、選挙準備が始まる期間に反対運動が始まり、しかも、それがあくまでも地域単位を基礎にして行なわれ、さらに、選挙が終わると反対運動が鎮静化した、という事態が初めて整合的に説明される。そして、このことは、一般には極めて強力な影響力を持ったと目される大型間接税反対運動が、実は選挙過程と重ならなければ大規模な動員を行ない得ないという含意を持つ。

このような解釈はまた、消費税導入の決定過程においては大規模な反対が現われなかったということ、しかし、導入決定後、ようやく広範な反対運動が起こったということ、そして参院選後はその反対運動が急速に沈静化したことをも整合的に説明する。消費税に対する中小企業の反対も参議院選挙の選挙過程において初めて組織化されたと解釈できるのである。

このような「支持者の意向」なるものは、若手、即ち、特に基盤の脆弱な議員――つまりそれだけ広く支持を呼びかけねばならぬ立場の議員――によって重視されていることに注意しなければならない。これは、必ずしも、その「支持者」たちが具体的な団体を組織して具体的に意向を表明し自民党或いは自民党議員に対して圧力行使しているということを意味しない。そのように具体的に組織化された意向ないし圧力であれば、それは、特に基盤の脆弱な議員たちによって代弁されるというのではなくて、それら組織によって支持を受けている議員たち（いわゆる族議員）によって等しく、そして組織的に代弁されるはずである。このような違いは売上税とマル優廃止の対比に明らかである。

この「意向」なるものは、ある具体的な「意思」として議員の前に示されたものではなくて、特に支持基盤が弱く、自己の支持基盤を個々の具体的な組織として把握し得ていない若手議員が、自己が投票を呼びかける広範な対象の中に、「ありうる存在」として漠然と察知しているものに過ぎない。そのような「意向」が社会の中に存在しないと言っているわけではない。それは社会の中で確固と組織化されたものとして把握できる存在ではなく、むしろ、社会内に拡散しているものである。

一般に政治的実業家が成功するためにはこのような社会的に拡散している意向を集約することが必要であると言われるが、本書がここでこのような「意向」に注目するのは、これが多く業界の意向として語られているからである。つまり、一般に組織化され固定的に政治過程にその要求が――族議員によって――媒介されていると考えられている中小企業の「意向」が、このように、特に脆弱性の自己認識をもつ若手議員によって媒介されていたという点に注意を促したいのである。

このような議員は自らの脆弱性の故に、支持者の意向を――あくまでも議員の側で――特に強く意識して行動している。この場合、そのようにして「代弁」される業界が、十分組織化され或る意向をもって行動しているものであるかどうかは定かではない。重要な点は、このように議員が考える支持者の「意向」なるものは、現実に支持者たちが考えているところと一致するとは限らないということである。実際、消費税導入後生じた広範な反消費税運動の高まりは、むしろ、税制上の合理性を貫徹した方が反発を受けないと見た党税調幹部の見通しの方が正しかったことを物語っている。このような支持者の意向なるものの取り込み方は、社会からの圧力行使という形には必ずしも単純化されないことである。さらに言うならば、このような形での政策形成は中小企業政策に多く見られるものであるというのが、本書の立論上重要なポイントである。

したがって本書は第二次・第三次のそれぞれ後期に現われたタイプ3・4による反対運動によって、政治過程に変化が生じたことを主張はしても、それらが政策決定過程においてアクターとして影響力を行使した、或いは、政策決定過程における影響力を持っている、とは言えないと考える。

## 第二項　中小企業の自立性と体制内化

ここでは日本の中小企業の体制内化した特徴を明らかにするために、急進化した反税運動の例であるフランスプジャード運動との対比を試みつつ、日本の徴税体制の特徴を検討する。

### 中小企業の反国家性

日本で売上税反対が盛り上がったことで、これとフランスにおける一九五〇年代のプジャード運動との対比が語られることもあった。両者は、中小企業による付加価値税反対運動という共通点がある。[三六] だが、双方の論理には、大きな隔たりがあることは重要である。

プジャード運動は一九五〇年代のフランスで、付加価値税導入を一つの争点として生じた政治運動である。背景としては、この時期に大規模スーパーマーケットがフランスでも増え始めていて中小の小売業者を圧迫していたという事情がある。この運動の指導者であるピエール・プジャードはフランスの右翼グループに所属した経験があった。彼らは反大企業・反国家・反中央・反資本主義を標榜し、反税運動を展開した。彼らは、自分たちこそが、フランスの伝統の中心的な担い手であると主張していた（二九九）。そして彼らは国政選挙にも候補者を立て、実際に一定の議席を獲得した。この運動は伝統セクターを中心とし、伝統的価値に対する志向が強く、中小商業者のほかに、農民からも支持を集めていた。地域を見ると、経済発展から取り残されたエリアで勢力を伸ばしている（三〇〇）。

財産権の不可侵が市民革命の基礎におかれたことから明らかなように、私的経営主体は国家との間に常に一定の緊張関係をはらむ。その緊張関係が最も尖鋭に現われるのが租税問題である（三〇一）。私的経済活動が国家の関与によって支えられている面があるのは否めないにしろ、レッセフェールとして求められる企業の自由は、租税の極小化の要求でもあったのである。租税が国家の数量的表現である以上、課税対象となる経営主体は常に国家と対峙していると言えるのであり、その意味で反税運動には常にアナキズムのモメントが潜む。特に徴税網の周縁部にある零細な経営主体にとってはその網の目から逃れたいという誘因は小さくないから、反国家的な側面が強く現われる可能性も高まろう。

日本では源泉徴収制度・年末調整制度によって所得を相当程度まで捕捉されていると感じているサラリーマンは、様々な節税・脱税をしていると伝えられることの多い中小企業経営者・自営業者に対する不公平感を強く抱いている。また、自営業者たちには様々な優遇税制が取られていると指摘されていることにも、不公平感を募らせる原因がある（三〇二）。売上税導入に対する中小企業の反対が強かったことについて、売上税が予定していた税額票方式が売り上げの捕捉に転用されることを中小企業が警戒したからだという主張は広く見られ、売上税挫折の主要な原因の一つをそこに認めるのが、現在の政策決定過程研究の通説であるが、それは、日本において中小企業が徴税体制の周縁部にあるという判断を前提にしたものである（三〇三）。

ところが、日本の売上税反対運動では、プジャード運動に現われたようなラディカルな主張は見られない。反税という主張自体に反国家的要素が含まれているとは言えるものの、双方を比較してみると、プジャード運動に見られるような反国家性・急進性が日本の中小企業運動の中には見られないという相違が際立っている。また日本では、大型間接税反対に際して、中小の商工業者と大手の流通業者との連携が見られ、さらに、労組・一般消費者とも連携が生じている。このような連携は、争点を限定したことで可能になったものと思われるが、それは、この運動がそれだけ急進性を欠いていたということを意味するものである。(三〇四)

これは、日本の反税運動は中小企業者がそれだけ体制内に十分包摂されていることを示している。このような体制内化は、彼らが徴税網から逸脱していると言われているところとどのような関係があるのかが検討されなければならない。

## 日仏の相違

プジャード運動と日本の大型間接税反対運動の相違について、あり得る幾つかの説明は以下のようなものとなろう。

第一は、文化的伝統からの説明である。

もともと、フランスやイタリアの地方には、コミュニズムの強い地域がある。そこに見られるのは、反国家・反大企業・反資本主義・反中央・反エリートの思想であり、共産主義とは言ってもレーニン主義のような集権制を指向せず、むしろ、アナキズムとの連続上にある。(三〇五) プジャード自身は極右とも言える人物であったが、その主張は、このようなローカルコミュニズムと通じるところがあり、実際、プジャード運動の有力メンバーに(元)共産党員も加わっていた。

第二は国家の形態、利益媒介の回路からの説明である。

日本で中小企業が体制内化しているとすると、それだけ政策過程に対する中小企業の利益表出の回路が開かれているという事情が想定される。問題はこれがいかなる回路なのかということである。フランスの業界団体の結集力・統合の度合も小さいものではなく(三〇六)、しばしばこの業界団体が反国家的運動の媒体になっている。

日本においては有力な中小企業からの売上税への反対は、政府・自民党内での政策決定過程においては有効には行なわれず、むしろ、選挙過程において地域単位・保守の枠内で行なわれていた。このような反対の表出の期間と場所からすれば、これらヨリ保守的な層の利益表出の主要な回路(の少なくとも一つ)は、選挙に特化した媒体として組織されているものと考えられる。つまり、業界団体としての統御力によってではなく、このようにして業界としては集約されず分散した形で地域単位で政治過程に統合されていることこそが、その運動の体制内的な特徴と保守支持の一貫性を説明する。業界団体としての全国的結集力を持った化粧品店や書店こそが大型間接税反対を主張し続けると同時に、革新系の団体に接近する態度を示しているところからすると、業界団体としては分散され、個々が個別に保守政治家と結びついていることこそが全体としての中小企業の保守支持の安定性の理由と考えることができる。逆に言えば、日本よりフランスの方が業界団体の結集力が強いため急進化しやすいのではないかと考えられる。

第三の要因としては企業の存立基盤を考えなければならない。

フランスでは、産業的マルサス主義が知られている(三〇七)。これは企業活動においてその投資意欲が小さく、防衛的な経営が見られることである。このような事情は、フランスにおける金融市場の状態から説明される。フランスでは投資市場が小さく、金融市場による資本調達は不活発であった。このため、各企業は各家族の家産という性格を持つことになる。大企業レヴェルでも、フランスでは長らく百家族による支配は知られている。このような存立形態では、企業経営はとかく防衛的になることが予想される。[三〇八] 経営において防衛的な中小企業は、企業経営の存立点が政治から（相対的に）自立していることからすると、逆にそこに政治的な急進化の可能性がある。そのような家産を政治や国家から守るためにである。[三〇九]

逆に言うと、借入金に依存しているような企業は、（創業は比較的容易であるにしろ）積極的な経営展開を余儀なくされ、（マクロ的な経済動向への関心から保守政党への支持を行ない）経営困難の可能性に見舞われたとしても、政治的急進化のオプションを採りにくい。抑圧されるからというだけではない。そもそも、彼には（裸一貫、ゼロからやり直そうという）転業のオプションがあるのである。彼は、困難を何か政治的要因に転嫁するより――と言うよりそんな暇があるぐらいなら――失敗は自己責任と受け止め、別の儲ける算段をした方が合理的なのである。このように経済的な成功へのチャンスが開かれているという状況は、政治的な急進可能性を抑制する。家産によらなければ経営の存立が立ち行かないような場合には、経営の危機は即ち家産が失われることであり、それは同時に再生の困難な状況に追い込まれることを意味する。このように再挑戦のチャンスが限られる場合、家産を守ろうとする彼の防衛行動は急進的なものとなるであろうことが予想されるのである。つまり、日本の中小企業の体制内化は、日本の中小企業にそれだけ多くのビジネスチャンスがあることを示しているとも考えられる。

最後に反対運動の担い手の相違を挙げなければならない。ここまで、フランスのプジャード運動と日本の大型間接税反対運動を、ともに中小企業の運動として同様に扱ったが、両者の構成員の間には重要な相違がある。それはプジャード運動が主に零細業者を中心にしたものであるのに対し、日本の大型間接税反対運動、特に売上税反対運動は各地の商工会議所の有力メンバーが中心になって組織していたという点である。日本で売上税反対の中心になった事業者は決して零細業者ではなかった。プジャード運動が広がったのは経済的に停滞している過疎化地帯であり、また、その運動の支持者・参加者も主に零細企業であった。プジャード自身も、行商からスター

トしたごく小さい商店主である。(三〇)

事業規模が大きければ行動が穏健化しやすいだろうことは予想できるが、それでは大きな事業者も大型間接税反対運動を起こしたのかが説明されない。大型間接税反対運動についての通説に従えば、これは、日本の企業はそれだけ大きくても、税負担を免れ徴税の取りこぼしの恩恵を受けてきたということの現われと見ることになる。この問題は日本の徴税体制の事情に関係してくる。そこで、次に、徴税体制のあり方自体を検討する。

## 日本の徴税体制

今日の日本の徴税体制が整備されたのは第二次大戦中のことである。(三一)言うまでもなく、それは戦費調達のためであった。現在の源泉徴収制度とそれを支える税務署が整備されたのは戦時体制下であった。源泉徴収制度が開始されたのは一九四〇年のことであるが、税務署の職員数・税務署数も戦中に整備され、その後GHQの指示下で一時的に拡大したことはあるものの、その時期を除くと署数は五〇〇前後、職員数は五万人前後で戦後その規模には大きな変化がない。(三二)

現在の所得税中心主義は、戦中に整備された源泉徴収制度に依拠しているが、第二次大戦中は、日本の税制も基本的には間接税中心主義であった。戦費調達と消費抑制を目的として、一九三八年に成立した物品税が、戦中には、生活必需品を対象とする大衆課税にまで広がったためである。一九四〇年の税制改革も戦後のシャウプ改革も所得税中心主義をとったが、戦後所得税中心主義が実現されるのは、物品税の課税対象が縮小されたことと、高度成長によって国民の所得水準が飛躍的に向上して所得税の課税対象が広がったことによる。(三三)

ヨーロッパ諸国においては、第一次大戦中・後に売上税乃至取引高税が導入され普及した。これは、やはり戦費調達と戦後インフレへの対応のためである。また、一九二九年から三四年に、ヨーロッパ各国・アメリカの諸州で一般消費税が広く採用された。

フランスでは、五四年に付加価値税が実現される。これは、それまでの累積型に代わって投資財全額控除と前段階税額控除方式を採用するもので、これがその後、ＥＣ型付加価値税として西ヨーロッパ諸国に普及するものの原型である。このフランスでの付加価値税の実現も、この年に終わったインドシナ戦争――またこの年に始まったアルジェリア戦争――のための戦費調達の問題が、明らかに関係している。

加藤淳子が指摘するように、大型間接税への抵抗の強さは、それ以前に、それに類する税制をもっていたかによるところがある。(三一四) 日本では、原則として凡ての財を課税対象とするような売上税・取引高税・一般消費税の経験が十分なかった。他国が戦費調達のためにこれらの税を採用したとき、日本でも三七年の馬場税制改革案で取引税導入の提案はあったものの、それは内閣の瓦解で実現されず、結局物品税の拡大と源泉徴収制度の整備による財源の確保が目指されたのである。

日本では、他の諸国に比べれば比較的少数の人員で全国的に実効的な徴税を実現している。一九五五年と一般消費税が問題になった一九七九年を比較すると、職員数は横ばいであるにも拘わらず、所得税の申告所得者は二倍の約五〇〇万人に、法人税を納める法人数も三倍の約一六〇万社にふえていた。(三一五) 戦後所得税・直接税への比重を高めることになったのは、効率的な直接税課税のシステムがあったからである。これは整備された源泉徴収制度によって可能となっていた。これに対して、大型間接税を厳正に運用するためには、多数の徴税職員が必要である。フランスでは付加価値税の実施のために、税務職員を増やさなければならなかったし、また、日本でも、一般消費税の導入に際しては、国税庁では人員増員計画を準備していたところ、それが新聞に報道され財政再建に逆行するものであると批判を浴びることになる。(三一六)

付加価値税・大型間接税が多くの徴税職員を必要とするのは、それが経済活動のフローをたどろうとするものだからである。そのために、経済活動の一々を証する帳票——とその精査——が必要になる。その制度の実現のためには、企業側もフローを明示化するコスト負担が求められることになる。

それに対して、直接税は経済活動のストックのみに目を向けるものである。しかも源泉徴収制度では、個々の被雇用者の所得を把握している雇用者のみをチェックの対象とするから、税務署は被雇用者の一人一人まで監視するコストを低減できる。この制度は、直接的には国家が雇用者・企業のみを監視する制度である。

さらに日本では、遺漏を極小化するために、ストックを監視する上での補完的な制度が充実している。登記のほか、住民票・社会保険制度といった様々な角度から国民生活に掛けられた網の目が、直接税中心主義の実効性を担保する。日本の徴税網は、確かに単独では資源の制約が大きいが、国民を管理するこれら制度の充実によって、経済活動から得られたストックを対象にする場合、かなりの精度での調査が期待できる。[二七]特に社会保険制度の存在は大きい。[二八]これらの補完的に機能する諸制度が無ければ、源泉徴収制度を持っていても、少ない徴税職員によっての効果的な徴税は期待できない。

一般に日本のサラリーマンは、自分たちがこのような源泉徴収および年末調整の制度[二九]によって所得を厳密に捕捉されているのに対して、申告納税を行なっている多くの事業主体は、自由裁量が与えられ、多くの脱税・節税を行なっているのではないかと、不満を抱いている。[三〇]最も重要と思われるのは、必要経費の控除の問題である。自営業者の場合、様々な個人的な支出を経費に計上していると疑われ、[三一]サラリーマンの場合、控除の対象となる経費の認定が極めて形式的であるという不満が抱かれている。

だが、そのような経費申告に自由裁量の余地が与えられていることは、経営者が自己の経営活動を常に一定の枠内で自主的に規律化することを余儀なくさせるものである。法人に与えられる多くの優遇措置が、事業主体の法人化へのインセンティヴとなるが、その法人となった以上、定期的に所定の形式の諸手続を少なくとも書類上は行なわなければならない。実際にチェックが入るか否かは別にして、それによって、各事業主体は、常に一定の枠内に事業を整備しなければならないのである。[三二]

経営者においては、税務署の存在は常に強力に意識されており、持続的に経営を維持しようという者は決して放恣的な税務処理を行なうことは出来ない。特に長期に亙って経営を行なっている主体であればあるほど、体制的に馴致されていくことになる。[三三]このように自発的に申告・納税をさせることで、大幅な逸脱を抑止するという方法は、大多数の企業の自発性を最大限に利用する方法である。

また、事業規模が大きければ、所轄の税務署は税務署ＯＢの税理士を顧問として採用することを（非公式に）働きかけるという動きも見られる。勿論法執行が彼の介在によってねじ曲げられるということはなかろうが、企業にとっても税務署と話が通じる人間がいることは安心であろう。[三四]また、税務調査が第一線職員の裁量に負うところが大きい以上、税務署との間で〝信頼関係〟を作っておくことは企業にとって大きな便宜と言えよう。[三五]

経営主体に対する税務署の監視が厳しいという自覚が、ほかならぬ企業における厳正な源泉徴収制度の執行を実現しているということを考えれば、企業経営者のみが監視の目を免れていると見ることは出来ないのである。

つまりここからすれば、日本では、多くの優遇措置が与えられていると言われている中小企業も既に国家の徴税網の中に十分組み込まれていたと言える。

これに対してプジャード運動は国家の徴税体制の周縁部での運動であったと言うことが出来る。フランスでは所得税の伝統が薄く間接税が中心で、しかもそれは富裕税を中心とするものであったから、それまでこれらの零細業者は課税の対象に取り込まれていなかったのである。[三六]つまりプジャード運動とは国家が徴税網を拡大しこれら零細事業者をも徴税網の中に組み込もうという動きに対する抵抗であった。だからこそ、この運動は反国家的な色彩を強く帯びたのである。

日本での八〇年代の大型間接税反対運動は、既に国家の徴税網に組み込まれているアクターの運動であると言うことが出来る。[三七] その中心に名を連ねていたのが、青色申告会・法人会といった納税協力団体であったことが何よりそのことを象徴している。彼らの経済活動は、既にストックの面では、国家の監視の前にある。[三八] 彼らの抵抗は、転嫁の懸念、フローを明示化することに伴うコスト負担への拒否反応といった純然たる会計上の要因に関わるものであったと言える。これが日本の大型間接税反対運動に反国家的モメントが少なかったということの意味である。

## 納税と名誉

売上税反対運動は租税そのもの、つまり国家そのものに対する反対ではなかった。この点がプジャード運動との大きな違いである。中小企業者・自営業者にとっての脱税への誘因が必ずしも大きくはないと考えられるのは、それが、国家から与えられる名誉に関わる面があるからでもある。そもそも大衆課税によって国民の凡てが国家の徴税網に組み込まれる以前においては、申告し納税することとは名誉あることであった。納税が――軍務とともに――当該政治体のメンバーシップを保証するものであったからである。

今日の日本でも優良納税者に対しては国家から名誉が与えられるとともに、脱税の経歴は、叙勲の考慮において著しいマイナスになる。

このような形で、自由な中小企業者の自発的な活動を特定の方向に動機づけるやり方は、日本の政治体制・国家システムの極めて重要な特質を表している。このことの含意は次章で検討されよう。

## 註

（1） 大嶽一九九〇、第三章。
（2） 大型間接税導入という争点を取り上げた政策過程研究は、既に数多い。本書は、社会過程までを射程に入れた政策過程分析を試みることで、従来の政策過程研究（及び政策担当者）の陥穽を明らかにしようとするものである。
（3） もともと日本の税制には、見なし法人課税制度に典型的なように、中小企業を優遇する幾つもの特例があると言われる（租税特別措置については、和田一九九二）。税制上の特例は、中小企業優遇政策の中でも代表的なものと考えられていることからしても、税制改革という問題は、政治体制の中で中小企業が占める位置を検討する上でも重要な争点であると言えよう。
（4） イデオロギー的に税制と体制を結びつけてみると、社会民主主義的な福祉指向の体制では、所得の再配分機能を有し平等を指向する累進性を伴った所得税が、また、経済的自由主義を指向する体制では、市場適合的な付加価値税が優位を占めるのではないかと予想することも出来るが、スタインモは、むしろ社会民主主義的なスウェーデンでこそ間接税の比重が高く、ヨリ経済的自由主義的なアメリカで所得再配分機能の強い所得税が優位を占めていることを明らかにした（Steinmo 1989; 1993）。仮に日本における間接税比重の低さが保守優位の現れであるとすると、大型間接税への抵抗の中心にいたとされる中小企業の政治的・経済的存在形態が、日本の保守優位体制のキィストーンになっているのではないかということはここからも考え得る。ただしこの点について、八田は、北欧諸国の間接税比重の高さは、累進的な所得税が既に十分行き渡ったうえで実現されたものであり、一般には経済規模の拡大と所得税比重の高さは正比例するとしている（八田一九九四、四六－五一頁）。
（5） 例えば、永久は自民党政治家の防衛問題への関心の低いことが防衛費の伸びを抑えることになったとし、その関心の低さを中選挙区制に結びつけている（永久一九九五）。
（6） また、後の自民党分裂のクリーヴィッジを、売上税問題時の党内対立と関連させて見る議論もある（加藤一九九七、二五六－二六四頁、ラムザイヤーほか一九九五、一八六－一八七頁参照）。
（7） 自然増収の大きさをとらえて、消費税導入の必要はないと批判する論者もあった。
（8） 内田ほか一九八八、七九頁。
（9） この論点の重要性を指摘するのは加藤である（加藤一九九七、三二－三六、二〇九頁）。

(10) 尤も、大型間接税に一貫して反対している日専連の事務局（仙台）で、売上税や消費税に反対したことで税務署に目をつけられたり不利益を被った関係企業があるかと質問したところ、そういう話は聞いていないという回答を得た。

(11) 『アエラ』一九八八年一二月六日、一八－二〇頁。

(12) 岩﨑一九九四、三三九－三四二頁。清水自身はその後も反対の態度を貫き、引き続き税制国民会議議長の地位に留まるが、運動の前面に出ることは少なくなった。また、売上税反対運動の主要メンバーであった全国商店街振興組合連合会でも、一九八七年六月に、人事もめで、分裂騒ぎが生じている。それまで、理事長を務め、売上税反対にも大きな声を上げていた並木貞人は、続投の意欲を示していたのにも拘わらず、再選されなかった。ただし、こちらの人事が売上税反対と直接的に関係しているかどうかは明らかではない。

(13) 八八年七月一五日「消費税に関する中小企業の意見に関する情報の整備について」。

(14) 制度についての誤解や理解の浅さに由来する反対が、売上税反対運動の中に多かったことについては、岩﨑一九九四、二〇四頁、加藤一九九七、一九二－一九三頁。なお、岩﨑は非課税獲得競争は制度についての無知のために生じたと指摘する。「[売上税の]非課税項目は、どちらかといえば、事業者にというよりは、消費者に有利になるもので関係する省庁や族議員の強烈な働きかけは、付加価値税の仕組みについての学習が十分ではなかったことを示すものであった。付加価値税が定着してくれば、非課税項目は徐々になくなっていくという大蔵省の目算もあったようである。案の定、消費税の審議では、非課税項目の拡大はあまり議論されず、これは学習効果の現れであったといえる」（岩﨑一九九四、二〇九頁）。ただ、この岩﨑の指摘も、消費意欲への影響は考慮していない。また、転嫁困難の可能性からする反対の心情を見落としており、その後も続く消費税への抵抗は十分説明しない。非課税枠に入れれば、さしあたりは転嫁を心配しなくても済むのである。消費税決定過程において、非課税枠が取り沙汰されなかったのは、売上税時の反省（それは、第一に、非課税枠を求めて党税調での審議が混乱したこと、第二に、非課税枠をめぐって業界単位で形成された組織が、とりわけ、非課税枠から外れた際に、反対運動のための組織化のための触媒となったこと）から、非課税品目を設けないという原則を掲げたという事情も大きい。

(15) 後に詳しく論じるが、このような責任感はとりわけ、日商に強く現れている。

(16) 自民党税制調査会幹事野田毅の発言。
(17) この村松らの論文は、優位政党制の研究書の中の一章である。
(18) 加藤一九九七、二一四―二一五頁。
(19) 例えば、新藤一九八九、二〇二―二〇三頁。
(20) 非連続性を指摘する論者は、消費税反対運動の主要構成メンバーが、業界団体・中小企業ではなくて一般の消費者であったとする（村松・真渕）。また、加藤は、消費税反対運動の盛り上がりにはリクルート問題への関心が関わっていることを指摘する。
(21) その前提には、それらが日商などによって代表される一つの共通利益の下にありまた自民党の保護優遇政策によって自民党の支持基盤として組織化されているという想定がある。
(22) エグレ一九八五、宮島一九八六。
(23) 佐藤一九七九、佐藤ほか一九九〇。
(24) 伊藤一九八五。
(25) 内田ほか一九八八、六九頁。また「赤字国債からの脱却が困難であることが、行政改革とほぼ並行して短期間に国民に印象づけられたのは、大蔵省が、毎年の予算編成を通じてゼロシーリングを設定し、それにも拘わらず継続する財政赤字に国民の注意を喚起したことが、大きく貢献している」（加藤一九九七、一六〇頁）。
(26) 新藤一九八九、二一六―二一七頁。
(27) 例えば、所得税中心主義がそれである。
(28) 一九八四年一二月三日。
(29) 例えば、一九八六年六月一四日、藤尾政調会長が「所得税の負担が重ければ、負担を購買力に転嫁するのは当然であり、大型間接税は世界的に行なわれている」と六日に発言したのに対しての発言。また、六月三〇日、札幌市内での記者会見での発言。
(30) 中曽根は、自己に近い人物を、「暴れ馬」として政府税調に何人も送り込んでいた。
(31) 八六年九月二七日、大蔵省・自治省は税制改革の増減税規模の総額四兆五千億円としており、減税は、所得税減税二兆七千億円、法人税減税一兆五千億円、相続税減税三千億円とし、増税は、新型間接税で四兆円、少額貯蓄非課税制度（マル優）廃止で一兆円としていたが、製造業者のみにかかる単段階の税ではこれだけの財源は実現し得ないというものである。

(32) 大蔵省は製造業者売上税案が優勢であると意図的にリークして、財界を大型間接税支持の方向に動かそうとしたとも言われる。

(33) 内田ほか一九八八、七三頁。

(34) ある新人議員は、自分の後援者の中心が売上税の影響をもろに受ける層であったと言っている。

(35) 売上税を大型ではないとするために非課税品目が設定される以上、その品目の範囲を理論のみで画定することは出来にくくなることが考えられた。実際、多くの利益団体は非課税枠に入るために関係議員を動員し、党税調での審議の過程では、非課税品目の拡大が生じた。一二月九日に大蔵省が提示した非課税品目は九事業であったが、二〇日の党税調では三三品目、二三日の「税制の抜本的改革と六二年度税制改正大綱」四三品目に膨れ上がり、八七年二月三日に閣議決定された「売上税法案」では非課税品目は五一品目となっていた。このような品目の拡大は、基準が生活必需品と公共性といういささか曖昧なものであったことによる。ただ、個々の品目を見ると一定のリーズニングはあり、不当に恣意的な拡大であったとばかりも言えない。

(36) 二月五日衆院予算委員会。

(37) その不満の強さは、税金問題を取り上げたサラリーマン新党や税金党に、一定の支持が集まっていたところからも知られる。

(38) もともと、中曽根が税制改革に取り組んだのはこれらの層の支持を取り込むためであった。中曽根は八六年衆参同日選の勝利を大都市部のサラリーマン・主婦・学生に支持を広げたことによると考えており、税制問題をテーマとしたのも、彼の言うこの「八六年体制」を一層確実なものにしようとする「マーケティング」戦略上にあったと考えられる。大前一九九〇参照。この時期中曽根は、マッキンゼージャパンの大前研一の示唆を受けていることを度々語っている（内田ほか一九八八、四六頁）。

(39) どのような家庭をモデルにするかで異なるだけでなく、計算上の諸々の想定により結果は異なった。売上税の問題になった時期には、多様な主体が様々な試算を公表した。

(40) 大嶽は、中曽根は、本来人気取りで始めた改革が支持を得られなかったため、その後一転して「自分はどうなってもいい、国家こそが大事なのだ」という国士的な言説をとるに至ったと言う（大嶽一九九四、二九一頁）。

(41) これは日本における政策変化の連続性を示す典型例とも言える。リンドブロムに即して言えば、現実に採りうる、或いは採ろうとしている政策手段に合わせて政策目標を選択しているのであり、これこそインクリメンタリズムの手法にほかならない（Braybrooke *et al.* 1963）。尤も、このような手法は、例えば、一旦建設の決まった公共事業を――往々それが反対運動に直面して遅滞している間の時代状況の変化によって――当初目的が無意味になった状況以降でも、実現・貫徹しようとして採られる方法でもある（渡部一九九三）。このような現象は、或いはまた、もともと行政がもっている政策手段が限られているために、異なる問題状況に対しても、同一の施策が提示されていることとも見ることは出来る（Cf. March *et al.* 1976.大蔵省の政策遺産については真渕一九八九）。リンドブロムの言う「現実に可能な」選択肢とは、たまたまそのとき最も準備の整った政策ということにほかならないことになろう。大型間接税の導入が試みられた三次の問題状況において、大型間接税導入のみが採り得る唯一のオプションであったのかどうかには疑問がないわけではない。消費税導入後の反対運動の盛り上がりの中で議論されたように、多くの個別的な優遇制度の廃止といった方策は税収増および不公平是正の目的には適うオルターナティヴであったはずである。また、納税者背番号制度の導入も脱税捕捉・不公平是正のためには重要な施策である。第三次の決定過程では、それらは関係団体の反発を極小化するべく考慮から外されたものであった。

(42) 例えば、内田ほか一九八八、六二頁。

(43) 岩﨑一九九四、九九－一三四頁。

(44) 彼がこのような手法をとったのは勿論、彼個人のパースナリティによるところも大きいはずである。

(45) 内田ほか一九八八、大嶽一九九四、飯尾一九九三。

(46) 例えば、中曽根はアメリカのレーガン大統領の税制改革を評して「思い切った発想で大変参考になる。税制改革は政治家がバサッ、バサッと決めなければならない。大蔵省の役人に積み上げさせて改革案を作らせたら、米国案のようなものは絶対できない」としている（八六年六月二九日）。また、「こういう改革は、いっぺんにやらなくては駄目だ。潮時がくれば決断して、一気にやらなくてはならない」と語っている（八六年一一月二六日、自民党の松永代議士に対する発言。内田ほか一九八八、九九頁）。

(47) このような決定方法が、結局中曽根と大蔵省と間の意見の齟齬を生むことになった。その齟齬をすり合わせようとする過程で、中曽根は後に「公約違反」と謗られることになる態度変更を余儀なくされた。それは、決定過程から排除された多くの社会集団の反発を一層拡大することになった。

(48) 売上税については、一二月五日以降二三日の大綱決定に至る期間は、自民党税調では非課税枠獲得競争が展開され、売上税の枠組みに対する議論は見失われていた。

(49) 例年の税制審議の過程については木代一九八五、村川一九八五、栗林一九八七。

(50) 岩崎一九九四、九九－一〇〇頁。これは大型間接税導入問題の重要性に対する政権首脳の配慮が十分ではなかったことを示していると――現時点からは――言えるが、逆に、当時の政権首脳は後に生じるほど大きな反対運動の可能性を予想していなかったということを示すものと考えることが出来る。

(51) 山中は税制改革の動きが八八年度予算と結びつけられることを警戒して、党税調での審議開始を、八八年度予算の成立を見るまで遅らせていたという指摘もある（岩崎一九九四、二一五頁）。

(52) 政府税調内部ではEC型を推す者が多数であったが、それとともに一般消費税型を併記したのは、一般消費税型が比較的業界からの抵抗が小さいと考えた「大蔵省と自民党の連携プレー」（党税調幹部）によるものであった。なお、この段階では増減税の規模は示されなかった。

(53) 自民党内でも鯨岡のように最後まで大型間接税自体の是非を問おうとしていた代議士はあるが、それは例外的な存在であった。

(54) また、同じ理由から、納税事務をさらに簡素化する簡易課税制度の選択を大幅に認める方向がとられた。

(55) 尤も、党税調の幹部の一人は、「もともと商工業者らの本音は、新税導入なんて面倒なことはするなということ。EC型を諦めたことを、どこまで評価してくれるか」と語り、反対抑制の効果に疑問を示していた（朝日新聞一九八八年五月二四日）。本書の主張は、まさにこのような感想こそが正しいとみるものである。

(56) 尤もインヴォイスあるいは伝票方式を採らない場合、非課税品目設定は技術上困難になることも確かである。

(57) 尤も売上税の決定過程では、税制案の内容の検討以前に、大型間接税に賛成か反対かが分岐点となってしまい、また、党税調のトップはそもそも中堅若手の意向を十分考慮しようとしていなかったのではあったが。

(58) 尤も各業界の足並みが五千万円でそろっているわけではなく、運輸族は個人タクシーのことを考えて、極力低くすべきだとしている。これは、個人タクシーの年間売上高が、比較的高い東京でも平均五〜六〇〇万円であるため、免税点が一千万円でも殆どが免税業者になり、個人タクシーと会社組織のタクシーで料金が違ってくる可能性を懸念してのことである。

(59) ここまで農林族はコメについての軽減税率の実現を要求していたが、この実現が困難という見通しから、ここで免税点の設定によって農家の救済へと方向転換したものである。

(60) この三千万円という基準は、年間売上高三千万円以上の自営業者は、所得税法上税務署に報告を義務づけられていることを踏まえたものである。免税点をこれより低くして、新たに税務署と付き合いを始めなければならない業者をつくると、新税への反発が生まれかねないという配慮もはたらいていた（村山小委員長。朝日新聞一九八八年六月二三日）。

(61) 西独では、年間売上高二万マルク（約一四〇万円）以下、英は年間売上高二万二一〇〇ポンド（約五〇〇万円）以下、仏は、年間納税額一三五〇フラン（約二万八千円）以下であった。なお仏の標準税率は、一八・六％である。

(62) ただし、不公平税制の是正については、実質的内容に乏しく、株式売却益課税、医師優遇税制の見直しは小手先の改正、見なし法人・宗教法人課税も事実上手付かずであった。

(63) 教育・医療・福祉の三分野の一部については非課税扱いとすることが一三日に決められる。

(64) ただし、この政府税調の最終答申では、消費税を「帳簿方式」としたことは一応は評価できるとしながらも、今後の定着とともに、将来は税額別記の「伝票方式」にしていくことが望ましい、所得課税・資産課税を通じた不公平税制の是正につとめ、よりよき税制の姿を求めて不断の努力が必要、今回の改革案が後世代に負担を残すことがないようにし、行財政改革を引き続き推進することが不可欠であるとしている。

(65) これは大蔵省や政府税調では全く話題に上っていなかったものが、四月の業界団体からの意見聴取で、小売団体に依然として大型間接税への反感が強いことがわかって急遽党税調で取り上げられたものである（この時期でも小売業者の大型間接税反対の意向が強いと認識されていたということには注意)。これは、組合員五〇万人以上、店舗売上高一千億円以上の大手生協の法人税率を、二七%から三〇%に引き上げるというものである。ただし、実際に課税強化となる生協は全国でわずかに三生協のみであったが、このような課税強化によって各地の生協の消費税への反感は強まり、生協はその後の消費税反対運動の重要な担い手となることになる。

(66) もともと中曽根後継の選定に際しては、党内各派の思惑の交錯という経緯があったから、竹下政権では党内の結束に意を砕く必要があった。そしてさらに、竹下およびその周辺では、自民党内での離反が売上税失敗の主要な原因であるという判断があり、とりわけ挙党態勢を整えることが重視されたのである。

(67) 中小企業からはまた強い抵抗が生じる可能性があったため、中小企業庁では、七月一五日「消費税に対する中小企業の意見の動向に関する情報収集体制の整備について」という文書を出し、庁内の六つの担当課に調査を指示し、細かい情報の収集に努めていた(しかしこのような情報収集は、中小企業団体側からは「まるで思想調査だ」という反発を受けた)。

(68) また、転嫁問題については公正取引委員会が独禁法違反とならないためのガイドラインを準備した。

(69) つまり、そこに相互に取引関係がなかったならば、実はそれらの施策が実際に反対を鎮めるうえで効果があったかどうかは言えないのではないかというのが、本書の観点である。利益供与がなされても、個々の主体の動きを統御するためには、個々の主体に対する組織的な統御のシステムが必要である。

(70) 加藤一九九七、二二二―二二三頁など。

(71) 選挙日程が政策決定に大きな影響を与えることは、既に広く知られている。アメリカ大統領選挙については、Tufte 1978、日本については猪口一九八三。売上税については、特に中野一九九二、一八六―二〇六頁。

(72) 曽根らは、政策過程を障害物競走に譬えた。政策が乗り越えなければならない障害群は、コース上に予めおかれている――つまりスタート時点で予見しうる――ものばかりとは限らず、スタート時には障害とは見えなかった、あるいは、障害ではなかったものが、そこまで走り着いたら障害になっていた(のに気がついた)ということが現実には多い。言ってみれば、ランナーの走り方が障害を作るのである。曽根ほか一九八七。

(73) 売上税の際には、野党共闘が自民党と徹底抗戦して国会を空転させたため、参院岩手県補選や都議選、統一地方選挙が、売上税を争点にする選挙となったのである。

(74) 朝日新聞一九八八年八月三〇日。福島県知事選に合わせて、税制国民会議が福島県内の六都市で計画していた反消費税の学習会が、開催決定の三日後に中止が決定された。開催を呼びかけたのは、郡山市中央商店街振興組合連合会の宮沢俊彦専務理事らであったが、開催反対には、商店主の多くが対立する保守系候補を支援していたという事情があった。学習会に反発した側として、会津若松市商店街連合会の白井義夫会長が「消費税には反対なんですが、選挙にからんで利用されるのは困るんです」としている。

(75) このような判断は当時の政策担当者のものであるのと同時に、その後の政策過程分析者のものでもある。「福島の選挙の結果は、この時点で、自営業者の消費税に対する反対が、売上税の時と異なり、必ずしも、政権党にとって選挙に不利に働くほど強いものではなかったことを示している」(加藤一九九七、二二三頁)。岩﨑もまた同じ評価である(岩﨑一九九四、五六九頁)。

(76) 容認の条件は免税点五千万円以上などで、翌二六日には、「税制改正に関する要望」と題する決議の中で、行財政改革の推進や大型所得税減税の実施という条件付きで、一般消費税型(帳簿方式)の新型間接税の導入を容認する考えを明らかにした。

(77) 条件としては、大幅な所得税減税と不公平税制の廃止、行財政改革の推進を前提とした上で導入を検討すべきだとの考え方を示し、導入に際しては、第一に、税金を商品価格に転嫁できる措置を講じる、第二に、簡易課税制度を認め複雑な事務作業を避ける、第三に、将来税率の引き上げをしない、第四に、原則として非課税品目を認めないということを要望した。

(78) 消費税の商品価格への転嫁を容易にするため税金分を価格とともに表示するなど対策を講じる、事業者免税点三千万円を引き下げる、税率アップの歯止めを設ける、などの三条件である。これらの条件については高丘会長は「協会として転嫁の問題は深刻。免税店が三千万円では、個人商店のうち八三%が免税業者で不公平だ。大蔵省は税率三%を上げる可能性があり歯止めが必要」と説明していた。

(79) 例えば、六月二八日、自民党は、地方議会で税制改革への反対決議が見られ始めたことから党の都道府県連に対して「税制改革に対する反対決議、意見書、請願が他党や団体から出されても同意しないよう議員や支部に周知する」という通達を出している。これは、安倍幹事長名で、自民党所属の衆参両院議員全員を対象にして、消費税反対をねらう各種団体のアンケートに回答しないように、という通達が出された際に、同時に出されたものである。なお同趣旨の通達は、一九八八年三月にも出されている。

(80) また、七月二日には都道府県連幹部らを集めて税制改革推進全国会議を開催し、国民に対してPR活動を展開することを決めると同時に、地方議会での野党の反対決議に自民党所属議員が加わらないようにとした。そして、このときの会議では、地方から消費税そのものに対する直接の反対の声は上がることはなかったのである。国会議員の中から反対の出ないように求める声はこのとき地方から多く現われたものでもあった。

(81) 売上税廃案後にも大型間接税反対の議決は見られた。

(82) 七月一一日に報道された朝日新聞の調査による。

(83) 朝日新聞 一九八八年八月二三日。

(84) 尤も、地方議会において売上税反対決議がなされたときも、単純に反売上税の共闘が自民党と非自民間で実現されたわけではない。自民党提案の意見書が、野党提案を否決して採択されたという形のところもある。

(85) 赤間は、付加価値税の比重は法人税の比重と代替関係にあると指摘している(赤間一九八九)。

(86) 特に導入後の消費税反対の中に多く見られた。

(87) 尤も、これは、恐らく、付加価値税制度のあり方単独では判断されるものではなく、所得税制度・社会保障制度等を合わせて総合的に判断しなければならない問題であろう。この点が、付加価値税と体制の関係を考察するうえでの難点である。

(88) ただ売上税反対の時とは異なるのは、連合の中でも間接税導入に前向きな態度を示す組合が現れたことである。大蔵省は労組に対しても細かく説明に回っていたため、総評系民間労組の中にも、柔軟な声が見られ、売上税のときとは違って、野党に対して、国会審議を拒否して徹底的に闘えとまで主張する声は少なかった。例えば、IMF-JCは、特に早い段階から容認の姿勢を見せていた。だが、それにしても容認論は連合内部で多数を占めていたわけではない。

(89) 朝日新聞一九八八年一〇月二一日。

(90) 各階層別では、反対が二〇代後半、三〇代前半の女性や産業労働者層、商業などの労働者層、自営・商工業者層などで、反対が過去二回の調査より増えている。反対の理由では、「低所得者層の負担が重くなる」が二三%で一番多く、次いで「物価が高くなる」が一四%。「商店や中小企業いじめになる」は四%で六番目であったが、自営・商工業者層では、一三%と、「物価」に次いで第二位であった。この結果については、自営・商工業者でも反対は明らかで、被害者意識があるという点に注意が必要である。朝日新聞一九八八年一〇月五日。

(91) 尤も、九七年の税率の引上げは、日本経済に相当程度の景気の落ち込みをもたらしたため、これ以後の税率引き上げには、大きな抵抗が生じる可能性がある。

(92) 無論、他に争点がないため、消費税問題を取り上げることになったという可能性はある。また、実際に社会からの圧力を感じて、というのではなく、単にかつては争点になったという記憶から争点として取り上げただけであるということもありうる。

(93) 国民福祉税構想については加藤一九九七、第八章に加え、塩田一九九五。

(94) もともと大蔵省は、八八年の消費税の決定過程においては税率五%を主張しており、自民党内で三%に決まりかけてからも、せめて四%に、という働きかけを行なっていたように、税率引き上げが一貫した意向であるが、この国民福祉税のアイディアがどこから生じたのかは必ずしも明らかではない。一般には、大蔵省の斎藤次官が通産省の熊野次官と組んで主導権をとって実現を図ったものと言われているが、細川政権を支えた小沢一郎はもともと消費税一〇%を主張していたし、また、税制改革のアイディアは細川自身が出したものであるという指摘もある。

(95) 行政が、パフォーマンス志向の――しかも税制に詳しくない――首相を動かして税制改革を実現しようとしたという構図をここに見るならば、それは、中曽根改革と類似したものと言える。

(96) 政権内部でもリーダーシップをめぐる争いがあり、ここに、細川のパースナリティや、政権を支えた小沢一郎の思惑といった要因が交錯し、新党さきがけや社会党の同意を取りつけることができなかった。

(97) 大型間接税の導入が福祉即ち「大きな政府」の実現を志向するものであるとしたら、それに対して社会民主主義的な政党が反対するという事態は、奇妙なことのように見える(尤も、八田の指摘から考えると、福祉先進国では、所得税の比重が一定の水準に達していることが前提となるので、社民政党が大型間接税に反対するのもそれほどおかしくないことになろう。八田一九九四)。何らかのイデオロギー的な「ねじれ」を考えることもできる。日本の政党間にあるイデオロギー的なねじれの問題を一貫して指摘しているのは、大嶽秀夫である(大嶽一九九四、一九九六)。

(98) 日本では、戦後、所得税減税という政策は、与党自民党も、社会党その他の野党も、等しく主張してきており、大型間接税反対という主張は所得税減税要求と類似性がある(このような減税志向の強さが日本で小さな政府を存続させるものであったという指摘もある。樋渡一九九一、第五章、また大嶽一九九六、一一〇―一四六頁も参照)。国会における野党共闘による八七年の売上税反対の活動は、それ以前の国会での所得税減税要求と同様の構図をもつ。野党が共闘して政府から減税を勝ち取るというこの戦術は、保革伯仲状況下での国会で実現された七七年度予算(福田政権)における大幅減税に端を発するものである。特に売上税廃案と同じパターンを示しているのは八三年度の予算審議である。八三年は、深刻な財政状況であったにも拘わらず、野党がこぞって所得税・住民税の減税を要求したために、政府はこれが予算審議の桎梏となることを恐れて、衆議院議長の裁定を受け入れて減税を翌年に実現することを約束している。この八三年も八七年と同じくまた統一地方選の年であった。八七年の売上税廃案に向けての野党共闘の実現には、前回統一地方選前の経験が大きく寄与していたと考えられる。社民党が大型間接税に敵対し、また、所得税減税を要求し、結局小さな政府を支えることになるのは、日本における社会福祉要求が、第一次的には可処分所得の(平等な)拡大を目指すものとしてあったためではないかと考えられる。大型間接税導入は可処分所得の実質的な減少をもたらすという点で所得税増税と同じ問題と受け止められている。その前提には、所得再配分における政府の媒介機能が不十分か、機能に対する不信があるからではないかと思われる。なお、その後最も明示的に消費税率の引き下げ・廃止を主張しているのは共産党である。

(99) 仙台商業政策協議会、(協)日専連仙台会、(協)仙台優良専門店会、宮城県百貨店協会、宮城県書店商業組合、仙台市消費者協会、仙台市主婦連合会、仙台商店会青年部連合会、宮城県青果小売商業組合連合会、日本チェーンストア協会東北支部、仙台アパレル小売専門店協会、宮城県小売酒販組合連合会、仙台ホテルレストラン協会、である。

(100) ただし、このような反対はその後明らかに弱まったが、村山政権での消費税引き上げに対しても、一定の反対の運動は行なわれた。そしてこのような反対の意向が、九八・九九年に全国で見られた小売業界での消費税分還元セールへとつながっている。

(101) 商工会議所の職員によると、仙台は全国の会議所の中でも消費税反対の急先鋒で、機会があるごとに反対を唱えているのだという。

(102) 加藤一九九七、二三〇－二三一頁。

(103) また一般的に言えば、対立を数量的表現に還元することは、その数量上の調整で妥協を可能にするから、対立を抑制し体制内化する機能を持つ（渡部一九九三）。

(104) 九七年四月一日からの税率引き上げは、この懸念が杞憂でなかったことを明らかにした。

(105) 後に見るように、売上税反対運動の過程においては、五島はむしろ運動鎮静化に努めていたのではないかと思われる面があり、彼が出身業界の利益のみを考えたと一方的に決めつけるのは、五島に対しても酷であると思われるが、それでも彼が大型間接税導入に転換するのは、容易ではなかったことは確かであろう。

(106) 日商および各地の会議所の意向は一枚岩ではない。その意向の取りまとめには一定の時間が必要なのである。日商は各地の会議所にアンケート調査を行なって意向の取りまとめを行なっており、そのような意見集約のプロセスが同時に反対を鎮静化する努力を意味した。中曽根の売上税導入構想の政治過程においては、各地の商工会議所の意見を集約して政策過程に提示したり意見交換するチャンスは与えられなかった。中曽根は、大型間接税は導入しないという――日商の意向にも即した――公約に従っていると一貫して主張していたから、改めて日商の意向を聴取するとすれば、それは公約違反（あるいはその修正）を自ら認めることを意味していたからである。会議所側にすれば初めに提示したその要望は踏みにじられたままということになる。拙速と言われた決定過程はまた、各地の商工会議所が改めて意見を取りまとめる時間的な余裕をも与えなかったのである。

(107) 新川一九九三、七二頁。

(108) 一般消費税と消費税との間に見られる制度上の違いは、簡易課税制度の適用範囲が消費税の方が大きいという点である。また、非課税品目の範囲については、一般消費税では具体的に決定がなされるまでには至らなかった。だが、帳簿方式は非課税品をおきにくい制度であるので、一般消費税が実現していたならば、やはり、かなり非課税品目の範囲は限定されたであろうと推定できる。

(109) このような族議員（と目される議員）の対応の分裂を見ると、業界利益とは何を指しているのかが一層疑わしくなるのではないか。

(110) 鯨岡は、党税調の審議の過程でも、八八年六月八日、非課税品目や免税点が論じられている中で、あえて、「議論が各論に入っているが、総論について言いたい。山中会長は総務会の中間報告で『国民がしゃあないと思うような税でなければ、やらん』と言ったが、これを大事にしてほしい。竹下首相のいう六つの懸念は解消されるのか。例えば（税率が）三％、五％というが、製造業では一％もうけるにも四苦八苦している。価格転嫁ができないと困る」と述べた。また、六月一四日の党税調の決定を受けて開かれた自民党総務会では、今後の消費税の税率引き上げや転嫁の問題について不安を表明し、「中小企業や小売業者は、互いに税額を上乗せする約束をしても、抜けがけして安く売ろうとする業者が必ず出る。それが商売だ」と発言している（これに対しては、山中会長が「警察は泥棒が入ることを予想して警官を採用しない。一生懸命やろうとしているときに、水をぶっかけるのは心外だ」と反論）。このときにも、鯨岡以外には批判的な意見は殆どなかった。消費税の創設を決めた自民党の税制改正大綱についても、「私も選挙公報に（大型間接税は）やらないと書いた。公約違反といわれても仕方ないでしょう」とし、「私は党内で筋を通そうというのだが、『理想論をいっても仕方ない』といわれ、困っている」と述べている（朝日新聞一九八八年六月一五日）。

(111) 加藤一九九七、一九二頁。

(112) 日本の繊維産業は流通経路が複雑なためもあって、転嫁の可能性に対する懸念がもともと大きく、売上税に対する反対も強く、大型間接税反対全国連絡会議や税制国民会議の中心的なメンバーであった。また、日本の中小企業の中で、繊維業界の占める割合は今日でも大きい。

(113) 常任理事の八田哲弥は「全国の書店の営業利益率は八七年ベースで平均〇・七五％。こんな状態で三％の消費税をかぶれば、書店はみんなたちまち倒産ですよ」と言う。

(114) 粧業小売連盟はこの斎藤が参院本会議で消費税賛成を唱えたため顧問を解任している。

(115) 宮本の発言を次のようなものである。「二年前の衆参同日選で総力を挙げて自民党を支持した。その同日選で与党は『大型間接税は導入しない』と公約した。三〇〇議席をとってしまうと今度はその議席に大あぐらをかいて、やれ売上税だ、やれ消費税だ、国民をばかにするのもいいかげんにしてもらいたい。リクルート疑惑には竹下総理をはじめ、政府・与党の大幹部がずらり連座しております。ぬれ手でアワの金には税金が一銭もかからない。こんなばかげたことが許されていいんですか。消費税はこんなばかげた連中によって導入されようとしているのです。このような不逞の輩に、まじめな中小企業が、善良なサラリーマンが、額に汗して働いて、その中から税金を納める、その厳しさがわかりますか。消費税に賛成の議員は次の選挙で必ず落選させます」。

(116) 坂田克乗事務局長の発言。

(117) 例えば、大型間接税への反対を主張し続けている日専連の伏見亮は自民党の党友である。

(118) 東京商工会議所が八八年一〇月上旬に都内の機械、金属関連の下請け企業一〇〇〇社を対象にしたアンケート調査によると、消費税が導入された場合、「価格転嫁がしにくい」(四六・八%)、「親企業から価格転嫁のかわりに単価の切り下げが求められる恐れがある」(四一・九%)などと、消費税が導入されると価格転嫁が出来ず、利益が確保できないのではないかと不安を抱く企業が四割以上に上ることが明らかになった。また「事務負担、事務経費の拡大によるコストアップ」(三九・四%)を懸念している企業も多く、消費税に対して中小企業の中で不安が強いことが示された。

(119) 例えば、杉並区商店会連合会は、全国初の商店街カルテルを結ぶはずであったが、三月二〇日、会長提案のカルテルは棚上げされ、逆に「消費税中止を求める決議案」が満場一致で採択された。世田谷の烏丸駅前商店街では全国で初めて消費税導入に伴う商店街カルテルを三月二三日に結んだが、値上げをせず内証でカルテル破りをしようとする店も出てきた。客からは「よそに行く」と言われたからだと言う。三月二九日には、全国で初めて市域ぐるみの価格表示カルテルの結成を表明していた松山市の松山市商店街連盟(木下和也理事長、加盟二八商店街、約一二〇〇店舗)が、三〇日に予定していた公正取引委員会への申請を取りやめた。「カルテルはイメージが悪く、消費者離れが起きる恐れがある」という反対意見が続出したことによる。

(120) 公正取引委員会で審査官を務めていた菊地元一は「カルテルを禁じているのは消費者を保護するのが目的だ。それをやすやすと認めてしまうとは前代未聞。異業種間の商店街カルテルなど例がない。免税業者らが、カルテルによって血税の一部をポケットに入れるのを認めるなどとんでもないことで、消費者が不信を抱き、消費者とのつながりの強い中小業者が転嫁しにくくなるのは十分予想できた。政府だってわかっていたはずだ。中小業者が反乱を起こすのはあらかじめ見えていた」と言う。

(121) 自治省が五月一九日にまとめた全国自治体の公共料金への転嫁状況（八九年四月一日現在）によると、政令指定都市を除く三二三四の市町村の内一〇五七市町村が公共料金など普通会計分について全面的に転嫁を見送った。このうち水道事業など公営企業についても転嫁を見送ったのは五四二市町村で、都道府県では一部見送りを含め、二一都道府県が見送り、うち六都府県が全面的に見送った。一一政令指定都市で転嫁したのは、広島市だけである。

(122) ただ、売上税の反対決議が与野党一致で議決されることも多かったのに比べ、消費税については、自民党が野党側と距離をおくことが多かったという違いは明らかに存在する。

(123) 尤も、これらの中にはあくまでも一回限りの初期投資が多く含まれている。

(124) 消費税導入から一週間たった七日、大企業を中心にする全国の三〇の企業・商店街の消費税担当者を対象に行なわれた緊急アンケート調査では、価格への転嫁や販売現場での客との対応はほぼ順調とするものの、実施に伴う事務に追われており、税制そのものについても、「免税や簡易課税制度の是正」「外税、内税方式の統一」などの修正を求める意見が約三分の二以上を占めた。殆どの企業で、自社の仕入れ先が免税業者かどうか把握しておらず、既に消費税を上乗せしていると回答している。

(125) 年間売上三千万円以下の免税業者では、この際免税を強調して売上を伸ばそうというものも出てきたため、逆に免税商店が多い住宅地の商店街では課税商店側も転嫁を我慢するケースも見られたが、四月中旬を過ぎると、導入直後は転嫁を見送っていた業者も、転嫁を始め、一物二価の状態だった書籍も徐々に三％に統一されていき、薬局やガソリンスタンドでも転嫁する業者が増えていった。

(126) 日本商工会議所でも、馬場伸介事務局長は、会議所議員を対象にした政治献金集めで多少集めにくくなる程度ではないかと見ていた。日本商工会議所の政治団体である日本商工連盟は毎年全国約三万六千人の会議所議員に一人一万円の政治献金を求めており、これまで目標額の約四割、一億数千万円が集まり主に自民党に流されてきた（商工会議所の議員は無報酬であり、会員の選挙あるいは会頭の指名によって選出されるものである。したがって会議所議員とは実質的には当該地域の有力商工業者ということになる）。

(127) 例えば、東京杉並区の商店会連合会は四月二〇日の理事会で、夏の都議選で与党（自民、公明、民社）候補の推薦要請受け入れを見送ることにした。

北海道では、苫小牧や旭川市の商店街振興組合連合会は、政治的上部組織である道商店街政治連盟が夏の参院選で既に自民党候補の推薦を決めていたにも拘わらず、不支持を決めた。旭川連合会では、共産党の演説会の入場整理券も引き受けている（朝日新聞一九八九年五月二日によると、旭川は大手流通業者の大型店が相次いで進出、地元小売業者の経営は苦しい）。そして旭川商店街連合会の強い主張を容れて、北海道商店街振興組合連合会（梶正雄理事長、傘下商店数九千余）の理事会では、二八日、消費税の廃止を求める運動を進めていくとする活動方針案を決めた。

愛媛県の商店街でも消費税撤廃を主張して、自民党離れが現れた。消費税実施前に既に、愛媛県伊予市の商店街幹部二八人が自民党を集団で離党していたが、導入後は、松山市でも反対は強まり、松山市の中心部の通称「銀天街」には「消費税粉砕！」ののぼりが林立した。同青年部では六月六日、参院愛媛選挙区（改選数一）で、全日本民間労組連合会（連合）が擁立する弁護士、池田治を招き、話し合った。自民党以外の立候補予定者を呼ぶのは同商店街としては異例のことだった。自民党公認の檜垣徳太郎も見直し論を主張していたが、愛媛県商店街連盟連合会と同県商店街近代化協議会は六月一五日の合同総会で、「消費税撤廃」を決議し、見直しでは納得できないという意思が示された。松山商店街連盟の政治組織「睦月会」は、最終的には檜垣を従来通り推薦することを決めたが、「消費税撤廃に努力してほしい」と要請している。隣の香川県では、県当局が四月から公共料金への消費税転嫁を実施したことが一つのきっかけとなって、自民党県議団が分裂、同党県議二八人のうち当選一～三回の若手一六人が消費税に反対する平成自民党県議団を結成した。

杉並区商店会連合会でも六月二六日、従来は保守系を中心に推薦してきたのにも拘わらず、七月の都議選では誰も推薦しないことを決めた。

(128) 朝日新聞一九八九年六月二八日、夕刊。

(129) 朝日新聞一九八九年七月二日。

(130) 本書はこの論点を十分論ずる用意がないので、これについては加藤一九九七、二二二―二三一頁を参照されたい。なお、リクルートコスモス社の未公開株譲渡によるヤミ献金疑惑が生じたとき、野党側が手にしたのは宮沢蔵相に関する資料だけで、しかも国会に喚問された江副浩正リクルート会長の証言は、宮沢蔵相についてのものだけ具体的だったことから、それは、野党に蔵相辞任という成果を与えることで消費税導入が図られた政治劇であったという可能性を示唆するものがある（毎日新聞一九九七年九月一一日夕刊。岸井成格論説副委員長のコラム）。

(131) 京都上京税務署でのインタヴュー。

(132) 消費税反対運動の中で、一円玉を集めるというパフォーマンスが見られた。例えば、五月二一日、消費税反対を訴え、大阪の労働組合や市民団体などが企画した「一円玉大集合」で集まった一円玉が約五六万枚に達し、大阪市内で開かれた消費税反対などの集会で展示された。

(133) 四月末時点での全国約六千事業者を対象にする通産省の調査。

(134) 五月二二日には、公正取引委員会は便乗値上げのやみカルテルの疑いのある理容・豆腐・飲食店・弁当・もやし卸業・幼稚園・クリーニングの七業種を対象に警告・注意の処分を示した。これらはいずれも零細業種である。

(135) 朝日新聞が四月二六・二七日に実施した全国世論調査では、消費税について負担が大きいと感じている人が七一％あったが、便乗値上げが行われているという人が合計六七％に上った（朝日新聞一九八九年五月一日）。

(136) これは、一九八八年一一月、野党の修正要求を受けて税制改革法七条三項に付け加えられた条項に基づくもので、同項は「中小事業者の事務負担等に配慮した諸措置については、（略）、定着状況を勘案しつつ、その見直しを行うものとする」としている。中小事業者への諸措置とは、免税・簡易課税などの特例を指す。

(137) 簡易課税方式は、売上税のときには一億円以下の業者が対象だったが、五億円に引き上げられていた。しかし、実施直前になって、消費者側から、仕入れ額が少ない業者の懐に消費者の払った税金の一部が入ると批判が高まった。また、一般の業者と納税額が半分になる卸売業者の境が明確ではなく、業者向けの販売を増やして、卸業者の適用を受けようという動きが広まっていた。

(138) 帳簿方式は、全体の売上高に税率をかけて計算するもので、中小業者にとっては事務が簡単という利点はあったが、曖昧な制度という批判や、大企業の中から課税非課税の区分けがめんどうだという不満が起きていた。大蔵省は、将来税率の引き上げが問題になれば、日用品などは低い税率に据え置くか非課税にするという要求が出るのは必至であるため、税率変更のためには伝票方式に変更しておく必要があると考えていた。帳簿方式は、税率が一律なら簡単に計算できるが、商品によって税率が異なってくると、商品それぞれの売り上げ・仕入れを分けなければならないため、帳簿方式では対応が困難となるのである。

(139) 五月一六日、衆議院予算委員会。ただし、その時期については「まだ消費税の実施から一ヵ月しかたっておらず早い」と現時点での修正は否定した。

(140) 例えば、外税を内税にして一円単位の端数が出ないようにするというアイディアには流通業界からの反対があった。七月二一日、経団連首脳の記者会見で、内税方式について、中内㓛広報委員長（ダイエー社長）は、「流通業界では税額分を価格に転嫁できず、第二法人税のようになる。便乗値上げで、せっかくの物価安定が脅かされる可能性もある。あくまでも外税にすべきだ。こうした問題を選挙の道具にされては困る」と述べている。また、一旦導入された消費税が廃止されることに抵抗を示す業界もあった。自動車業界では、二千CCをこえる乗用車に従来出荷時に二三％の物品税がかかっていたのが、消費税（経過措置で六％）になった効果で売上が急伸した。酒では、酒税の大改革が加わり高級品の値段が大きく下がり車同様売上が伸びた。貴金属商も物品税の廃止で売れ筋が変っており、廃止となれば、在庫調整が大変なことになる。出版業界でも内税が基本になったため税込みの新定価に統一する作業を進めてきたため、廃止となったらそれがすべて無駄になってしまう。商店街連合会は消費税廃止を一貫して訴えてはいるものの、個々の商店では、消費税導入に伴ってレジやはかりを買い替えたり改造したり負担がかかっており、百貨店やスーパー業界でも、ソフトの作成やレジの手直しに大きな資金を投じており、廃止になればまた同じ努力を繰り返させられることには抵抗感はあった（朝日新聞一九八九年七月二九日）。

(141) 八九年夏以降の野党各党の消費税廃止案についてもこれと同じことが言える。

(142) 例えば、宇野首相は六月二三日、東京都議選の出陣式で、「免税点を見直すべきだという声もあるが、せっかく中小企業者のためにつくったものだから、守っていかなければならないと思う」と述べ、現行の年間売上高三千万円の免税点制度は残したいとの意向を示した。ところが、その直後、記者団には「見直しはする」と発言し、その矛盾を記者団から突っ込まれて午後の遊説では「改善を求めたいが、（自民党）総裁はどう思うかと求められたら、免税点を引き下げることはよからぬことである（と答える）」と補足したが、結局曖昧な言い方に終始することになった。首相は、免税点は引き下げないとは、「中小企業向けに言うたんや」と認めている。このように、実態の定かでない見直し論が自民党から現れるのは、宇野のリーダーシップのあり方によるところが大きい。大蔵省でも、竹下が首相に留まっていたなら、いくら選挙が迫っているにしても、このような見直し論が持ち出されることはなかっただろうというぼやきが聞かれた。

(143) 全日本民間労組連合会（連合）でも、加盟労組内に消費税廃止論と消費税の欠陥是正論があったため、消費税の凍結や廃止は明記せず、税制改革のやり直しを求める形となった(五月一三日)。消費税導入が物品税廃止と抱き合わせであったため、消費税廃止論には、自動車、鉄鋼、機械などの労組からは反発がでてくる可能性があったことによる。

(144) 七月三日の政府首脳などの発言。

(145) 五月七日、自民党岐阜県支部連合会は、定期党大会で、消費税には多くの不満・不公平の問題点があるのは事実であり政府は納得できる税制に手直しを図る、リクルート事件は一日も早くけじめをつけ党は国民の信頼を回復する、の二項目の特別要望決議を行なった。これは同県連の多くの郡市町村支部長から出た強い要望を受けた異例の決議であった。

(146) 比例代表区でもほぼ同様の自民党離れの傾向が示される。ただ比例区では、自営・商工業者（だけ）では自民党が社会党より優勢であった。

(147) 日商でも、石川六郎会頭は、七月二〇日、参議院議員選挙の焦点になっている消費税について、論議がムードに流されている感じがする、消費税全体について長所・欠点を出して政策論争すべきである、そうすれば国民もどちらがよいかわかると述べ、見直し時期についても、来年三月まで様子を見て検討すればよい、まだ改正するかどうか決めるのは早いとした。

(148) 和歌山県御坊市では、前回比例区で自民党が社会党の約五倍の得票をあげ保守が強いが、一九八九年六月、同市商店街振興組合連合会が反消費税を打ち出し、自民不支持と自主投票を打ち出していた。御坊市では自社得票率が逆転はしなかったものの、わずか五ポイントの差となった。土井委員長の地元兵庫県尼崎市では、尼崎商店街振興組合連合会が自民党候補に推薦状は出したものの、選挙運動の応援はしないと自民党拒否を打ち出していた。尼崎市では、土井ブームが重なって、社会党が自民党の二倍近くを得票し、大きく逆転した。熊本市では商店街近代化協議会が自民党不支持を出すだけでなく、棄権するか野党に投票する、とヨリ明確な姿勢を打ち出した。熊本市では自社得票率が逆転した。愛媛県でも、県商店街連盟連合会が消費税撤廃を決議した。松山市では自社逆転した（朝日新聞一九八九年七月二四日、夕刊。）

(149) 参院補選では、自民党の弱さが際だっている。八六年の同日選挙以後一〇度の参院補欠選挙では、野党が四勝六敗の成績を上げている。

(150) ただし、投票行動の数量的な分析はこのときの自民党大敗・社会党大勝の原因を、都市部の無党派層の動向に求めている。なお、この事情は、一九八七年の統一地方選での自民党の敗北でも同じである。小林一九九一、三宅一九九二、水崎一九九二、蒲島一九九二などを参照。

(151) ただし、これらがこれら組織の影響力行使の結果とは言えないことについては後述。

(152) 大型間接税反対中小企業連絡会には、商店街の全国組織である全国商店街振興組合連合会と全日本商店街連合会が参加している。しかし、この両者の組織率は高いものではなく、後期反対運動に見られた各地での商店街の動きは、これらの上部団体との関係は稀薄である。

(153) 内田ほか一九八八、一一二頁。

(154) 流通業界・中小企業の大型間接税反対運動には、歴史がある。戦後の取引高税がこれら業者の反対によって挫折したことについては既に述べたが、その後も、大型間接税の導入が話題になる度に、反対の声が上げられている。一般消費税以前では、六八年から六九年にも売上税・付加価値税反対の中小企業や商工会の反対決起集会・反対決議が行なわれている（有田一九九〇、二一二－二一三頁）。このように頻繁な議決・行動がなされるということは、反対組織を事実上、別の——反対運動以外に固有の立脚点を持つ——組織が担っていることを意味している。

(155) 小売業協会・日本百貨店協会・日本チェーンストア協会・日本卸商団体連合会・日本繊維卸商団体協議会・日本商店連盟・日本専門店会連盟・全国青色申告会総連合・全国中小企業団体総連合・全日本商店街連合会・全国商店街振興組合連合で組織されていた。

(156) 岩崎一九九四、三四九－三五一頁。
(157) これは三月にも計画されたものだが、自民党は藤尾政調会長名で回答自粛の通達を出したので、中央連絡会議ではアンケートの実施を延期していたものである。一般に、商工会議所や商工会は、反対運動において――市民を対象とする――署名活動を行なわない。つまり、彼らは自らの主張の正当化（の補強）を大衆的な支持によって調達する必要がないと見ていると考えられる。これは、これら団体の正統性が何に由来するかを考える上で興味深い論点である。
(158) このアンケートの結果が公表されるのは、反売上税の盛り上がった八七年二月のことであった（一九八七年二月七日の朝日新聞（夕刊）である）。
(159) 内田ほか一九八八、一一三頁。
(160) 会長は山中貞則で会長代理は村山達雄である。副会長は、山下元利・奥野誠亮・塩崎潤・田辺国男・丹羽兵助・林義郎・原田憲・武藤嘉文・山本幸雄・渡辺美智雄・井上吉夫・岩動道行・加藤武徳・島崎均・檜垣徳太郎であった。
(161) 内田ほか一九八八、二九頁。
(162) 内田ほか一九八八、二九頁、加藤一九九七、一八六頁。
(163) 党税調小委員会の発言は、要旨が新聞で報道されており、議員にとっては支持者の目を意識した格好のパフォーマンスの場であった。
(164) 内田ほか一九八八、八七頁。
(165) これは争点を形式化することで妥協を生じさせようとするもので、インクリメンタリズムの手法の効果である。渡部一九九三。
(166) 例えば、大嶽一九九四、二九〇頁。
(167) 木代一九八五、一三－一七頁。
(168) 中曽根は党税調の会長に山中を起用することを重視しており、それは党内への睨みをきかせることこそが重要であるという彼の判断を示している（内田ほか一九八八、一九三頁）。

(169) 尤もこの税調では、従来ほど山中の威光が通用せず、木代が言うようなトップの最終決定とともに全体が一斉にそれに従うというスタイルが貫徹しなかったというように考えることも出来、従来の党税調の決定方式自体の限界（やがて自民党の分裂につながるような）が、この時期に現れ始めていたと考えることも可能なのかもしれない。例えば野中一九九五、一八一一九頁参照。

(170) 特定郵便局では、公務員の政治活動への規制のために、局長夫人が表向き政治活動を担当する。なお、このように、妻が夫の代理として活動するというのは、中小企業経営者にはよくあることであり、また、保守政治家の後援会運営でもよく見られるものである。

(171) 内田ほか一九八八、九三頁。

(172) その内容は、郵便貯金非課税制度は廃止するが、その代わり、第一に、郵便貯金の所謂自主運用を認め、八七年度はその規模を二兆円とする、第二に、財政投融資の原資となる資金運用部資金への郵便貯金などの預託金利について、年六・〇％を下回らないとする現行法（一九八六年一二月の時点で六・〇五％）を改正して弾力化する、第三に、預け入れ限度額を三〇〇万円から五〇〇万円に引き上げる、第四に、郵便局の窓口でも年間一兆円の国債販売を認める、というものである。

(173) このような吹田の言動に対しては、党内の、もはや諦め気味の新型間接税反対派などからはもっと頑張れという声援が現われており、大型間接税反対運動と吹田の行動の間に親縁性があると見ることができる。

(174) 猪口ほか一九八七、一八二－一八五頁、内田ほか一九八八、三五－三六頁。

(175) なお、さらに言うと、このような日商などによる大型間接税反対運動の影響力が大きいものでないとしたら、そもそも、一般消費税が阻止されたのは何故かという疑問も生じることになる。それについては、第五節で検討する。

(176) 例えば、柳家小さんが会長を務める落語協会や桂米丸会長の落語芸術協会も、三月に入ると、売上税反対集会を開いている。

(177) 反対運動の主体毎に反対運動のパターンを——それも一般消費税・売上税・消費税から導入後の税率引き上げに至るそれぞれについて——類型化して分析すれば、興味深い結論が得られるであろうことは間違いない。だが、日本中の殆どの団体が売上税に反対したと言ってもいいような状態では、分析対象の選定自体が重要な課題となる。特に売上税と消費税については、頂上団体の態度と各地域の下部団体の態度が食い違って現れていることが珍しくなく、さらに、下部団体の間でも様々な違いがあるのである。しかも――われわれ現代政治を扱う政治学者がしばしば第一次的に依拠することになる――新聞で報道されていない場合でも、その団体が反対運動を行なっていないとは限らないのである。また、同じく反対の態度表明したという場合でも、頂上団体の決定を受けて反対表明したという場合と、頂上団体の決定以前に（この「以前に」とは、時間の前後、という意味だけではない）独自の判断で反対決定をしている場合（そして、そのような決定を行なう下部団体が多ければ、その突き上げを受けて頂上団体が反対決議に導かれることになる）では、同じ反対とは言っても質的には、相当の差異がある。こういった条件の下では、各団体凡ての個性を形式的な基準に還元することで初めて成り立つ数量化の手法は、その処理の仕方如何によっては、却って状況を見えにくくする恐れがある。上で示した点についてだけでも、各団体を分類するためには相当に多元的な指数が必要になるはずで、議論は相当程度に複雑になるはずであるからである。

また、約一〇年の歳月という問題も大きい。例えば、全国の主要な商工会議所と全都道府県の中小企業団体中央会を対象に調査を試みたところ、これらの、当時日本で最も大型間接税に関心を持っていたと思われる団体ですら、多くは資料を保存しておらず、その団体が賛成したのか・反対したのかすら明らかにされないということは、珍しくなかった。そこで、そのような数量的処理は爾後の課題とし、ここではまず、個別事例に着目してその質的特性の解明を第一の目標としたい。

(178) 東京八区は、中央区・文京区・台東区からなり、台東区は上野・浅草、中央区は日本橋と、中小商工業者の多い地域を含んでいる。この時点で、八区選出は、深谷・鳩山と、共産党の金子満広の計三人である。

(179) 消費税への反対については、各地の地方議会で見直し決議が採択された場合でも、自民党が、一旦非自民の見直しあるいは廃止決議を否決して、自党提出の決議を採択するというやり方が見られた。国政における野党と一致することに対する抵抗感が示されている。

(180) 売上税粉砕東京商工会連合会では大阪・京都・名古屋の同業者団体との提携を試みている。また、宮入は、中央連絡会議の幹部にも名を連ねている。

(181) ちなみに八六年に来日したイギリス皇太子夫妻が二条城を訪れた際に、ダイアナ妃が贈られた振り袖を身にまとって見せた場面があったが、その振り袖を贈ったのが川島である（一九八六年五月九日）。
(182) 西陣織工業組合専務理事江口優の発言。
(183) 西陣織工組組織課長栄部智宙の発言。
(184) 組合理事の説明によると、「生活必需品ではないという意味で弱い商品。いまも家族労働でカツカツでやっている。そこに五％もの売上税がかかったら八割は赤字経営になり、産地として立ち行かなくなる」。また、「漆器は円高不況で低迷している。そのうえ売上税を導入するのは、我々に死ねということだ」と訴える。同組合はこれまでも全国の漆器産地と一緒に大蔵、通産省に売上税をやめるよう訴えてきたが、効果がないため一〇日の理事会で集団離党を決めたものである。
(185) 朝日新聞一九八七年二月二五日。
(186) 静内町は我が国一の競走馬のせり場があるなどサラブレッドの町だが、最近は地方競馬の不振などで景気が停滞、倒産する商店が目立ち、商店主らは売上税に危機感を強めていた。
(187) 朝日新聞一九八七年二月八日。
(188) ただし商店街振興組合連合会としての行動には変化がある。これは大型間接税に反対を唱えていた並木が売上税廃案後会長を交代するからである。並木は、消費税に対しては、今度は全日本商店街連合会の会長として反対を唱えている。
(189) しかも、結果的に反対運動は全国的に大規模な流れとなったから、現在から見るとさほど違和感がないかもしれないが、一月の中旬のこの段階では、まだ、売上税への抵抗がどの程度に広がるかは見通されていないのであり、この時期は反対運動を盛り上げていこうとする上では重要な時期であったはずなのである。その時期に、これだけの期間を置かざるを得なかったということは、当然、それだけの調整が必要であったことを示している。これは、模様眺めのための期間であったと言えるのかもしれない。
(190) 岩﨑一九九四、三三三頁。
(191) 特に、安倍総務会長の「売上税の問題だけで自民党を批判するのはおかしい。自民党をあまりバカにしてはいけない。虎のしっぽを踏むと大変だ」という発言は、「トラの尾」発言と呼ばれ、〃トラの尾を踏んだのはどちらだ〃と、売上税反対運動の側に逆に反感を引き起すものとなった。

(192) 具体的には、衆参両院議長に反対の請願を出すにあたって仲介をどの政党に依頼すべきかというようなことで、戸惑いが生じている。

(193) これは、仙台での大型間接税反対運動が、消費税反対にまで継続し得た一つの理由である。

(194) この時点では売上税問題は自民党内の問題であって、野党が関与する余地は、売上税関連法案が国会に上程されるまではなかったということもある。また、一二月中は、国鉄分割民営化法案、老人保健法改正、防衛二法、給与法などのために、自民党内の結束を図ることがとりわけ重視されており、これら各法案のために様々な根回しがなされていたという事情も、売上税反対の動きを抑制するものとして機能したものとも考えられる。

(195) 「これまで自民党を一番支持してくれた団体が真正面から批判している。大型間接税はやらないと言って衆参同日選挙で大勝しており、非常に困る。もう少しタイミングを考えて延ばしてもいいのに、何故今火の手をあげるのか。地方の声を聞いて、もう少し慎重に対応してもらいたい」(岡山県)。また、それら支持層が野党支持に回る恐れが語られる。「(税制改革法案の)修正の話があるため、野党に頼もうじゃないかという声が出ているのは、大変な風潮だ。野党の追及で直すようなものは、自民党自ら直すべきだ」(香川県)。「影響を受ける業界に対して党本部が説得しないと、売上税反対の団体が公明、民社両党にもっていかれる」(北海道)。

(196) 「国会議員が自分は反対したと国政報告会などで話しているので、個々バラバラの対応になってしまう。国会議員にも、しばりをかけてほしい」(京都府)。「売上税への風当たりが強いので、自民党公認を遠慮して無所属で統一地方選に出る連中が、勝手なことを言っている。それを国会議員が応援するのは慎んでもらいたい」(福島県)。

(197) 地方議員の中には自民党を名乗って選挙に出ること自体が不利と見て公認を避ける例も出ている。

(198) 首長の判断で売上税分の歳入は凍結し必要なら補正措置をとれば解決するはずという判断もあったと考えられる。尤も、公民両党にとっては、現職を推す東京都・神奈川県など統一地方選で注目を集めている自治体では、既に予算に売上税を盛り込まないことになっていたために、強硬な姿勢を取り得たとも言える。

(199) 北海道商工会議所連合会は、大型間接税反対道連絡会議の中心メンバーであった。連絡会議としては、地方選挙と売上税問題は基本的には切り離すという立場であったが、売上税への反対の強さを政府・自民党に伝えるためには、松浦にも売上税反対の立場をとってもらいたいという声が強かった（杉浦幸三郎同連絡会議副議長）。

(200) 北海道各地では、その後も地方議会の売上税反対決議が続き、三月二六日の江別市での議員提案による「売上税の導入と少額貯蓄非課税制度の廃止に反対する意見書」が全会一致で可決され、これで北海道内の三二市すべてが売上税に反対する意見書を可決するに至った。

(201) なおこの世論調査でも、職業別に売上税に反対と答えた人の割合を見ると、多い方から(単位は％)、産業労働者層九一、自由業者層八八、商業などの労働者層八六、事務職層八三、自営・商工業者層七九、管理職層七八、その他・無職七四、農林・漁業者層六九となっており、自営・商工業者の反対が他の職業に比べて強いというわけではないという結果になっている。

(202) 通達は、売上税について戦後四〇年間の社会、経済情勢の変化を踏まえ、税体系全体を見直し、慎重に審議したうえ党議決定したものであり、高齢化社会と経済の国際化に対応し、財政の健全化、経済の活性化を図るうえで必要不可欠のものである。また今回の改革は地方税財政の健全化に欠かせないものであるとしている。

(203) また、「慎重」の文言を含む決議をした議会もあるが、それは、野党各党が反対・撤回の意見書を提出したのに対抗して、自民党が、単独或いは自民党主導で可決したというものであって、売上税を容認しようとしたものではない。例えば、青森県議会では、社会・公明・民社・共産各党と無所属の連名で出されていた「売上税導入、マル優廃止に反対する意見書」が反対多数で否決され、自民党から提出されていた「売上税問題について政府、国会に慎重審議を求める意見書」が賛成多数で可決された。このような例は地方議会の勢力関係によるものと見るべきである。

(204) これは例えば、反対の決議を政府に伝達しようとしたときに、地域の組織として陳情を――地元選出の代議士を媒介にして――行なったという点にも見てとれる。

(205) 自民党執行部がこのアンケートで売上税反対を表明した六代議士に対して個別に事情聴取を行なったところ、「地元からの突き上げが激しくて『反対』と言わざるをえなかった」という返答が示されている。

(206) 都市部での支持が長期低落傾向にあったため、近年では社会（社民）党が農民政党の色彩を示しているほどである。

(207) 例えば、今日ではナチュラリストの祖、コスモポリタン、またときにはあたかも「聖人」であるかのように扱われることすらある岩手県人宮沢賢治が、羅須地人協会などで行なった農民啓蒙活動も、北の国家改造計画や加藤完治の満蒙開拓運動に連なるものとして理解されるべきだという有力な指摘がある（吉田一九九七、関井ほか一九九七）。言うまでもなく、宮沢は、国柱会の熱心な活動家であった。なお国柱会の信者は、都市における中小の自営業者に多かった。没落する——という危機意識にさらされた——プチブルに支持を広げたものと言える。

(208) 戦前戦中の国家社会主義者と日本の社会主義政党とは人的にも深いつながりがあることは、岸を見ただけでも明らかであろう。なお、イデオロギー的な分析としては大嶽一九八六も参照。

(209) こういった事情からすると、選挙の敗因をただちに特定争点と結びつけることは難しい。さらに言えば、獲得議席数と争点の相関の判断は一層困難な課題を含んでいるように思われる。

(210) ちなみに岩動は、売上税の導入を決定した党税調の副会長の一人であった。

(211) 以上は岩手日報による。

(212) 盛岡でも、「売上税に反対する若手経済人の会」（銀章堂吉田莞爾）が二月二七日に組織されている。また、協同組合盛岡卸センターや盛岡市小売商近代化協議会のように、商工会議所に近い団体も反対運動を行なっている。

(213) 岩手日報（一九八七年三月五日）は、北上市はもともと革新優位の土地柄とする。

(214) 法制度上正確に言えば、会議所の会員で構成する団体、ということになろう。会員は約一〇〇名であった。

(215) 尤も、それも条件付きではあり、しかも、会員の中では、さらに、「民主主義に立脚して自由主義経済体制を擁護する」という規約の枠を外したらどうかという声はあった（岩手日報一九八七年三月一二日）。

(216) その点には、岩手県内の自民党の対応が関係していることはあろう。まず、岩手県では補選後直ちに、岩手県議会は売上税反対を決議、自民党県議団も反対の意見広告を出すに至る。自民党の中村直知事は、それまで売上税は国政問題なので私見は述べないとして、一旦は売上譲与税を予算に計上していた（県予算案編成は一月二九日）が、参院補選後、県議会の意向を尊重するとして反売上税を表明し、売上譲与税は凍結されることになった。また自民党支持層の中からも、参院補選での選挙結果を見て、いじめすぎたかなという声も聞かれた。

(217) 知事選においてまで売上税反対が継続しなかったことについて、岩手日報は次のように指摘する。「岩手では古いのれんを誇るしにせが多く、取引関係も固定化しており、経営者の手腕より、のれんの古さを重視する傾向がある。こののれんが保守的閉鎖的体質を生む。革新政党支持の経営者もいるが、取引関係の影響をおそれて、知事選では表立った動きを敬遠した。岩手県では県が最大の企業であり、県行政が自民党に直結しており、商人も権力に迎合する傾向にある」(岩手日報一九八七年三月二〇日)。

(218) 補選時に反対運動した保守系の商工業者も、知事選では事情が違うと語っている。貧乏県の岩手県では知事まで革新に渡すと国の予算が来なくなるという空気があり、知事選と国政選挙は別という空気があると言う(河北新報一九八七年四月五日)。ただし、社会党の高橋節郎の得票は党の基礎票一七万一、五〇〇(八六年比例区)を大幅に上回る二八万四、四五八であった。高橋は全県選挙が初めてであるのに、この数字は、かつて、衆議院議員の経歴が長く知名度の高かった北山愛郎が七五年知事選で社会共産の推薦でとった二九万八千に迫るものであり、売上税反対・減反反対の票を集めたと言える(岩手日報一九八七年四月二〇日)。

(219) 事実、消費税導入後の七月の参院選では、一人区で自民党は惨敗している。これが知事選であれば、そのような争点の効果は低くなるように思われる。これは小選挙区において一般に想定される典型的なパターンと言えるが、注意されるべきことは、小選挙区であっても、知事選の場合はそのようなことにはならないという点である。

(220) 尤も、自民党盛岡支部長だった栃内松四郎は、売上税反対の矢面に立たされたため、商工業者の票が逃げたと述べている。

(221) また、消費税が争点になった八九年の参議院選挙では、商工会議所は特に動かなかったのにも拘わらず、盛岡市の比例区では、社会党が自民党の二倍の得票率を得ているのであった。

(222) ただし、これは影響力とは直ちに言えないことについては後述。

(223) 「一般消費税で大蔵省が仕送り状方式を取らなかったのは、中小企業は経理が丸裸にされるという恐怖心が強く、仕送り状方式に固執すると、一般消費税自体が危うくなると大蔵省で考えたため。しかし、実際は、それによって、中小企業の反発はかえって強まった。『EC型より消費者への転嫁がしにくく、第二法人税的な性格もある』(佐藤進東大教授)からである。税務署は五%分を徴収さえすれば、その分がどこに転嫁されようと知ったことではないという態度である。免税点の高いことは納税業者から、競争条件が不利になるという反発を招き、簡易課税方式は税務署の一方的な推計課税となり、業者間の不公平をかえって拡大すると評判が悪い」(朝日新聞一九七九年八月五日。「病める財政第六回押しつけ新税」)。財界では、正確な転嫁の実現のために、一般消費税の帳簿方式には批判的であった。加藤は、一般消費税案が挫折したから大蔵省はそれとは異なるタイプの税制案を売上税として提示する必要があったとする。

(224) 尤も、売上税反対の前期と後期で反対の理由が異なるという見方はありうる。

(225) 後に、大平は大蔵の言いなりになったから失敗したとか、大平は大蔵省に殺されたと言われた所以である。

(226) これには、大蔵省が、土地税制緩和・医師優遇税制是正の緩和などで取引を行なったという説もあった。

(227) 一般消費税に関しては、自民党税調では目立った議論自体がなされていない。これは、後に、大平と大蔵省が如何に独断専行していたかを示すものとしても言及されるが、この当時、まだ、党税調および自民党が税制自体の是非・あるいはその内容を検討する能力を持っていなかった可能性を示すものとも考えられる。

(228) 五月に政府は閣議で各省庁の来年度予算の伸び率をゼロに抑えることなどを目標に各経費の「サマーレビュー」(夏期見直し)の方針を決めた。伸び率ゼロや「サマーレビュー」といった考え方は、首相自身が大蔵に指示したものと言われる(朝日新聞一九七九年五月二八日)。

(229) 見込まれる赤字分を埋めるだけの増税という形で大型間接税が論じられたため、法人税や所得税の増税をとるかそれとも一般消費税の導入をとるかと、二者択一を迫る発言を大蔵省や大平が行なっている。代案として法人税増税を大蔵省が検討していることについては、例えば日本経済新聞一九七九年七月一九日。

(230) 七月一〇日。また、同時に、大平は、石油にかかる税金も諸外国に比べてかなり安い、独仏は日本の二倍だとし、ガソリン税・揮発油税などの増税で代替エネルギー開発税源をまかなう考えもあることを示した。

(231) 大平の判断は、高額所得者に対する課税率は世界的にも高く、労働意欲を損なわないぎりぎりのところまで取っており、仮に増税しても、対象が少ないので、大幅歳入増にはつながらない、もし増税するなら、国際比較の上から税率の低い年間所得二〇〇万から三〇〇万の層を中心に考えざるをえない、この階層には子供が学校に行っていないものとか夫婦だけで子供のいない人など、教育費のかからない人も多い、医師優遇税制などの手直しも税の不公平感の是正には役立っても、増収は大した額にはならない、大企業の法人税率の引き上げは、現下の経済情勢では容易ではなく、雇用不安を高める危険性があるというものであった。

(232) 消費者団体や労働団体は、総評を中心に「一般消費税反対のための中央連絡会」を組織し、これが、各地の総評の下部組織を基に、全国で都・道・府・県民会議を結成した。この組織は、この後、売上税・消費税への反対にまで連続している。

(233) 商店街組織では、七九年四月には一般消費税創設反対の全国小売商総決起大会が開かれ、三五〇〇名が参加した。また、全国中小企業団体中央会では、七九年五月の総会で、出席していた大平にあて一般消費税反対の要望を提出している（福岡中央会事業報告）。

(234) なお、ここまで日商内部では、導入反対の声は強かったものの、財政再建の代替策を示さなければ無責任ではないかという意見もあり、日商の名前でははっきりした態度表明は見送ってきた。永野会頭も、日本小売業協会長としては反対だが、日商会頭としては意見表明を避けるという使い分けを行なっている。

(235) このような転嫁の懸念は売上税反対においても主張され続けたものである。また、森下弘一消費税特別部会長（京都商工会議所会頭）をはじめ地方の商議所代表からは、前年度の売上二千万円以下の業者を免税とする例外措置について、業者相互の競争関係を乱して不合理などという反対があった。この論点も免税点を高くした売上税で論じられているものである。つまり、これらの点からすると、売上税は、このような中小企業の反対の理由を全く考慮していなかったことになる。

(236) 例えば、伊藤一九八五（中）、二一五頁。

(237) 升味一九八五、三一〇頁。

(238) 内田ほか一九八八、八〇頁。

(239) 例えば、朝日新聞のあるコラムは総選挙の日程が近づいて自民党内でも反対の声が強まっているとも見える九月三日に、流通部門や消費者大衆は最後まで反対の旗を降ろさないだろうが、経済界では一般消費税の「導入は財政再建のためには不可欠、という認識ないしあきらめ意識」が次第に浸透してきたように見えるとしている（「経済気象台」一九七九年九月三日）。

(240) 三月末に報じられた段階で、既にその賛同議員は約三〇人に上っていた（朝日新聞七九年三月二九日）。
(241) 同懇話会には約一〇〇人の参院議員が参加しているが、この要請行動には議員副会長・副幹事長を含めて全自民党参議院議員一二四人のうち半数以上の六五人が同調している。反対の理由は、物価が上昇傾向のときに一般消費税を導入すれば、諸外国の例でも明らかなように、大幅なインフレを招く、販売競争が激しいため、中小企業者は消費者価格に税金分を転嫁できず、結局利益を減らさざるを得ない、三兆円もの税金をとることで、景気が悪化する、というものであった。
(242) 衆院は二四八人中一四二人、参院は一二五人中七二人であった。
(243) 八月二三日の政府首脳の発言。
(244) 尤も、目的達成が不可能な場合は必要に応じ、税の増徴を検討するとし、増税の可能性は明記された。
(245) 天野光晴（中曽根派）、岩動道行（大平派）、鯨岡兵輔（三木派）、足立全国組織委員長（田中派）などである。
(246) 内田ほか一九八八、九一頁。
(247) 候補者は最終的に三三二人であった。
(248) 内田ほか一九八八、六五頁。
(249) 河本政務調査会会長は、もともと積極財政論者であったから、その立場から、景気を冷却するような措置には強く反対しており、大平の立場とは対照的であった（日本経済新聞一九七九年七月二七日、二九日）。
(250) 通常、各省庁は八月末までに概算要求を大蔵省に提出する。
(251) 財政再建を直接の目標としたのではない、後の中曽根改革や竹下改革では、自然増収の問題はそれほど重要な争点にはならなかったが、税制改革法案と次年度の予算とどのように結びつけるかということはやはり重要なポイントであった。竹下政権での消費税の導入成功は、税制改革を翌年の予算と切り離したことによるところもある。中曽根の売上税導入の試みにおいても、自然増収の伸びはそれほど重要な争点にはならなかったが（それでも当時自然増収が伸びていることから、売上税は必要ないという指摘は見られた）、次年度の予算と結びつけられていたために、野党が予算を「人質」にして、売上税に抵抗するという戦術が可能になったのである。
(252) 尤も、河本の見方は楽観的で、大蔵省はその根拠に首をかしげている。九月一四日には、金子蔵相は、税の自然増収は一兆円程度とし、河本の見通しに否定的な見解を示した。
(253) 自民党は首班候補を一本化できないまま臨時国会に臨むことになった。一一月六日の首班指名では、大平・田中派が大平を推し一三五票を獲得したが、福田・中曽根・三木派が福田を推し一二五票を得た。決選投票で大平が一三八票を得、一二一票の福田を破ってようやく首班指名を受け、一一月九日に大平第二次内閣が成立する（八〇年六月一二日まで）が、党内の対立は解消せず、党人事が決定するのは、ようやく一一月一六日のことであった。
(254) 八〇年五月一六日、社会党が大平内閣不信任案を提出したところ、自民党内の反主流派の六〇数人が本会議場に入らなかったため、賛成二四三、反対一八七となって可決されてしまった。このため、大平は、五月一九日に衆院を解散した。この年は、参院選が予定されていたため、史上初の衆参同日選が実現することになった。ところが、参院選公示の五月三〇日、大平が心筋梗塞で倒れ、六月一二日に死去した。六月二二日の史上初の衆参同日選挙では、自民党は二八四で圧勝した。
(255) 野中一九九五、一九頁。
(256) ただ、それでも、七九年八月一七日の幹事会では、政府税調が一般消費税大綱で示した方法では、ＥＣ型付加価値税に比べて、税額を消費者に転嫁しにくい、前年の売上高二千万円以下の業者を免税にしたり食料品を非課税にしたりするとかえって業界に混乱を招く、などの批判が出され、同友会としては、ＥＣ型の仕送り状方式に仕組を変えた上で、税率は低くても食料品に対する非課税や中小零細企業に対する免税などの例外を無くした方がよいという方向で、政府に再検討を迫る提言をまとめることになった。
(257) 尤も、それには、増税の必要があるかもしれないが、その前に政府が無駄な支出をなくし、効率的な政府にしてもらいたい、と付け加えられてはいた。
(258) 若手の学者や官僚、文化人を二〇〇人も集めて九つのブレーン組織を作った大平も、こと財政再建に関しては、専ら大蔵官僚を相手に研究していたのである。朝日新聞一九七九年九月一三日。
(259) 桜田武は日経連名誉会長・財政制度審議会長である。この発言は七月三〇日のものであるが、彼は七月一八日には「一般消費税は天下の悪税」としている。
(260) 日本経済新聞一九七九年九月二二日、夕刊。

(261) 逆に劣勢を伝えられていた野党側では公明党・民社党を中心に、候補者を厳選して選挙協力を行ない、その結果かなりの成果を上げた。公民協力の成立した二八選挙区では、一九勝九敗であった。

(262) 仙台商工会議所でのインタヴュー。

(263) 一九八八年の時点。

(264) 現行の根拠法は商工会議所法（一九五三年）、中小企業等協同組合法（一九四九年）。ただし、商工会議所に関しては、最初の法制化は一八九一年。

(265) 江戸時代の会所に起源を持つものも珍しくはない。大きな都市部の会議所は、遅くとも一八九〇年頃までには設立されている。例えば仙台商工会議所は、一八七九年に設立されたと言われている。

(266) 広島など。

(267) 例えば、専従職員を持つ商店街は多くない。

(268) なお、各地の商店街の全国組織としては、全国商店街振興組合連合会があり、これは、中小企業連絡会や税制国民会議に名を連ねており、その点で、商店街もタイプ2に属しているようにも見えるが、この組織率は約二〇%で、決して高くはない。この全国商店街振興組合連合会が、タイプ2に関係したのは、会長の並木のリーダーシップによるところが大きい。並木は売上税廃案後、会長を交代させられるが、消費税の決定過程つまり第三次前期においては、今度は全日本商店街連合会会長として反対の声を上げ続ける。この時期、全国商店街振興組合連合会としての反対の動きは弱まっている。この点からすると、これらの全国組織の動きが各地の商店街の声を集約してのものというよりは、並木個人の意向に動かされているところが大きいと思われる。

(269) 言うまでもなく、一般に中小商業者は生協に敵対的であり、消費税の導入に当たっては、自民党は中小商業者の意を迎えるために、生協への規制を強化したほどである。

(270) この時期の税調で、大型間接税導入問題が考慮されていなかったことについては、この時期には党内の関心がマル優問題に向いていたからだという指摘があるが、これでは、単に大型間接税導入問題は、それに比して重視されていなかったというに過ぎず、説明としてはトートロジーに陥っている（内田ほか一九八八、九二頁、加藤一九九七、一八六頁）。

(271) 日専連では、一般消費税以来一〇年間、よく大型間接税をくい止めてきたという自己評価が聞かれた。これは彼らが自らの影響力の弱さを自覚しての発言と思われる。
(272) これは、もともと全日商連の関係団体なのである。
(273) 「昨夏の同日選で自民党候補から大型間接税反対の誓約書まで取りながら、押し切られたという思いが強い。自民党有力者や有力財界人をトップにいただいているため、『あまり野党的になっても……』という配慮もあるようだ」とする（朝日新聞一九八七年一月一五日）。
(274) 例えば、二月五日の記者会見で「日本チェーンストア協会など一一団体が野党と共闘しているが、日商は自民党の体制の中で漸進的に行なっていく。自民党を倒してまで粉砕する考えはない」とした。二月六日にも、日本記者クラブでの講演で、「売上税については、日商で反対の機関決定をしており、私も基本的に反対である。しかし、野党と組んで反対運動をするのは、あとあとまでキズ跡を残す。あくまでも自民党体制の中で活動していく」としている。そして、実際にも二月一〇日には、東京商工会議所として、売上税について全民労協から反対の共闘を提案されたが、「（売上税は）基本的に反対だが、自由経済体制の中で反対運動していく」と拒否している。ただ、小売業協会も国民会議には名を連ねてはいる。
(275) 永野は大企業出身者であるにも拘わらず、もともと中小企業の利益代弁に熱心であった。大嶽一九七九参照。
(276) 中曽根は、五島が、反対運動との板挟みになって寿命を縮めたのではないか、と回想している（中曽根一九九六、五三五頁）。
(277) 「取れるところから取り切ったいまの税制は限界に達した。六一［一九八六］年以降は抜本的な税制改正が必要である。歳出の削減を前提にすれば大型間接税もやむをえない」というものである（八五年一二月二〇日）。
(278) 尤も、清水はチェーン協会の会長を退任してからも、税制国民会議議長を続け、また、百貨店協会やチェーンストア協会も国民会議から離脱したというわけではない。税制国民会議は第三次においても反対運動に関わったが、ただ、そのなかで百貨店協会やチェーンストア協会は第二次ほど積極的な役割を果たさなかったということである。
(279) 朝日新聞一九八七年三月二七日。
(280) 第二次後期の反対運動の中でもタイプ1とタイプ2との間でも距離があった。中小企業連絡会は野党との連携にも躊躇がなく、税制国民会議の中でも、それには「ついていけない」と感じることもあったと言う（岩﨑一九九六、三五三頁）。

(281) 報道の中には、ダンナ衆が「慣れぬハチマキをしめて」とか、デモ行進など「初めて」という記事が見える。

(282) 「実質的な」と言うのは、商工会議所は公的な団体であるので、その名を前面に出すことが出来ないため、別の名前の団体で活動するとか、或いは、商工会議所の名前は出なくても明らかに商工会議所の人脈から動員していると思われるメンバーを中核に反対組織を結成していることもあるからである。

(283) 平井一九九七。したがって、竹下税制改革では、この「誤解」を払拭する試みが成果を上げたと言えよう。

(284) その反対の中心にあったのは、主に大店法対策の組織である。全般にタイプ3は大店法に利害関心を持つ層であるが、これらが各商工会議所の中でも有力な地位を占めるとは限らない。各会議所毎に関心に相違があることは、大店法の施行・運用が各地で異なっていることにも現われている。ともあれ、大店法に対する関心を強く持つようなタイプの会議所では第二次から第三次へと継続した反対が観察された。

(285) この点で仙台や熊本の商工会議所が反対を継続し得たのは、大店法対策のために既に一定の組織的結集を持っていたからであるとも考えられる。

(286) 本書の枠組に言う稀少化の戦略によるものである。

(287) 逆に言えば、このような地域の名士層からの支持がなければ当選できないということでもある。

(288) 国税庁の報告によると、脱税の多く摘発される業種は、時代によっても異なるが、近年では、パチンコ・医師・貸金業が上位を占めており、流通業者は決して多くない。しかも税務調査に入って申告漏れ等が発見されなかった場合、それを調査件数から除外するという操作が行なわれているとされ、また、パチンコ業界などでは、調査を短期日で終わらせてもらうために、わざと申告漏れの「おみやげ」を提供することがあると言われる。このような操作によって、自営業者・中小企業者における遺漏が統計上過大に現れることが考えられる。

(289) 八七年三月一三日の衆院予算委員会での、民社党の永末副委員長の質問。西陣の有力者は自民党支持であるが、協同組合の中には一定の民社党の支持層がある。それは戦前からの労農党の伝統的な支持基盤であった。また零細業者の中には、共産党支持もある。

(290) 尤も、後に「益税」の効果が明らかになってくるにつれて、商業者の反対が弱まっているという面は否定できない。

(291) また、近年の規制緩和論者も、中小企業が保護され不合理を温存しているから数が多いと見なしており、ここに激しい競争のあることに気づいていない。この問題は、実は、日本の政治経済体制理解の根幹にかかわる極めて重要な論点である。

(292) 特に後二者では交流が大きかった。

(293) 全日本商店街連合会も第三次前期から反対を主張してはいたが、これは、会長の並木の意向によるところが大きく、この時期に必ずしも全国の商店街の消費税反対の声が強く現れているわけではない。

(294) 参院選で集票力を発揮していると言われる化粧品業界ですら、その集票力で当選させたはずの業界代表（と目される）斎藤参議院議員に、消費税反対の立場をとらせることはできなかったのである。

(295) 中小企業の要求が考慮されたとされる消費税の決定過程では、免税点の設定についても、中小企業の意向を受けて動いていると見られた議員の要求が、中小企業団体の要求と逆を向いた例があった。売上税に最も強硬に反対していた鳩山邦夫は、消費税案作成過程の六月八日の党税調で、「免税点は低い方が良い。五〇〇万円以下でも」と発言した。これは、中小企業団体中央会が、消費税容認の条件として五千万円以上としたのとまったく逆方向を向いている。免税点を高くするのは、免税業者と課税業者との対立を招き、転嫁問題を巡って再び売上税に対するのと同じような反対運動を引き起こしかねないという懸念があるから、これを低く抑えた方が長期的に見れば業界団体の利益にも適うという面もある。だが、ここで興味を引かれる問題は、ある業界の利益を擁護しようとする議員が、業界の利益として語りつつ、業界団体が主張している要望のそのままの実現に向けて努力しているわけではないという点である。

(296) 大型間接税に係わる業界の利害が特定できないということは、第三次後期における自民党議員の右往左往にも現われている。

(297) 或いはまた、バラマキ型の利益誘導政策が採られるということは、利益を供与する相手の顔が見えていないということを意味している。

(298) これを日本の一般消費税・売上税反対運動と並べて論じ、プジャードは成功しなかったが、日本の中小企業は成功したという評価も見られる（Eg. Calder 1988: p.324）。しかしある政策の成否を以てその政策に反対を表明している主体の影響力の強弱を特定することは直ちには出来ないから、一般消費税・売上税廃案を以て日本の中小企業の方がフランスのそれより有力な圧力団体であるとは言えない。

(299) 確かに、多数のプチブルの誕生は、フランス革命の一つの重要な成果である。

(300) Hoffmann 1956; Borne 1977.

(301) 篠原一九八六、猪口一九八八、中野一九八九。

(302) 小室一九九〇。現在では課税への不満は歳出に対する不満として現れている。例えば大前一九九六を見よ。

(303) 村松・真渕一九九四、加藤一九九七、岩﨑一九九四。

(304) 樋渡は日本政治において、産業化の進展に際して、仏・伊のような急進的な旧中間層の運動が現れなかったのが「奇妙」であるとし、この原因として、第一に、系列化によって中小企業セクターの党派的動員が抑制されたこと、第二に、日本の組織労働運動が中小企業主に対して敵対的な発展をしなかったことを指摘している。この樋渡の説明が、売上税消費税反対運動が急進化しなかったことにあたるかを検討してみると、系列による抑制が想定されなければならないが、系列の機能はとりわけ政治的争点では強いものではなく、また抑制があるのであれば、一貫して存在する反税運動、反大規模店運動の可能性、とりわけ八〇年代に見られた強い反対運動の存在はそもそも十分説明されないと思われる（この時期に系列化が弱まった、あるいは、それだけ危機が深刻であったという説明は、論理的にはあり得るが、それでも、反対の一貫性は説明されないと思われる）また、労働運動との連携は、全日商連・日専連などの一部には見られたが、各地で売上税反対の中心を担った層では見られず、これらの層では労働に対する距離感があったことは明らかである（樋渡一九九一、八六頁。なお、彼の認識の前提には、中小企業主、旧中間層が産業の高度化に伴って当然には競争力を失い、没落・急進化するはずであるというマクロ的な理解があると思われ、このような前提こそが、認識の誤りをもたらしているのではないかというのが本書の批判である）。

(305) Blackmer *et al.* 1975; Schain 1985.

(306) 勿論これまで強調してきたようにフランスでギルド的な伝統的組織が多く存在するということも関係している。

Berger 1981; Keeler 1987. またフランスの国家構造については、Hayward 1973; 1975; 奥島ほか一九九三、桜井一九八五、西川一九八四。

(307) 米川一九七七、原一九八〇、一九九三、遠藤一九七五、小林一九八二a、渡辺ほか一九九六。

(308) 実際、フランスでの積極的企業経営は国営企業が果たすところが大きいのであり、戦後フランス経済の高度成長の担い手も多くは国有企業が占めていたのである（原編一九九三）。

(309) 寿里一九八四。

(310) Hoffman 1956.

(311) 佐藤一九七九、佐藤ほか一九九〇、ペックマンほか一九七八。

(312) 京都上京税務署提供の資料による。

(313) 戦前（一九三四―三六年）の所得税納税人員が全納税者数で約九五万人であったのに対して、戦後は、一九五〇年の九九四万人から、一九六五年には一六九四万人、一九七九年には約三千万人へと増加している（佐藤一九七九、五六頁）。したがって日本における所得税比率の高さは、「意図せざる結果」であったとも言える面がある。実際大蔵省主税局は戦後一貫して所得税の比重を抑えることを「機関哲学」としてきた（真渕一九八九）。

(314) 加藤一九九七、二三八―二四三頁。

(315) 朝日新聞一九七九年七月八日。

(316) 朝日新聞一九七九年一月二五日。この朝日新聞の記事では、国税庁は一般消費税導入のためには、現在の国税庁職員数五万三千では対応できず、八千人の増員を検討していたというものである。これが行革に逆行、論議必至と報じられた。大蔵省で一般消費税以来、大型間接税を担当した水野は一般消費税については、この記事が痛かったことを回想している（安藤一九八七）。

(317) 話題となった『マルサの女』を見よ。重要なことは、このような調査が誰に対しても常に行なわれているかどうかという点ではなくて、そのような徹底した調査がなされ得ると、事業者が意識している点である。日本経済新聞社編一九八四、井上一九九四、TAX & MONEY 編集部一九九四。

(318) 社会保障の諸制度も、大衆課税制度の成立と同じく総力戦体制の整備の過程において実現・拡充されたものである。Skocpol 1992.

(319) 源泉徴収制度自体は、多くの先進資本主義国でも見られるものである。日本の特徴は、それが年末調整制度と結びつけられているところにある。即ち、多くのサラリーマンは、自ら確定申告を行なわなくて済むという点が重要な特徴なのである。斎藤一九九六。

(320) これがトーゴーサンとかクロヨンという言い方を一般化するものである。徴税上の不公平があるのではないかという印象がサラリーマン層に広まっていることが、それを政治的争点にしやすくする。

(321) 特に、会社に殆ど関わっていないような家族を、従業員として処理してその分税を免れているとする批判の声は強い。

(322) また、サラリーマンに対して一律に形式的に与えられている控除は、サラリーマンへの大きな優遇であるという見方もある(特に重要なのは配偶者控除である。八田一九九四、一九〇―一九五頁)。自営業者に比べてサラリーマン層が重税感を持つのは、天引きされる金額の大きいことが関係する。保険・年金や企業が肩代わりしている利益をも手取りに加えて計算すればその金額は相当程度に大きいものになるであろう。ただ、所得税の納税額にリンクして納付額が決定される諸制度の存在は、所得税の問題を一層意識させるであろう。健康保険の保険料が典型的だが、公立の保育所の保育料や入所基準、公営の住宅の入居基準に、所得税の課税対象額が大きく関係してくる。また、家賃のような、本来は可処分所得から支出される金額が、事実上固定的に大きい場合、実質的な可処分所得は小さくなるから、所得税の重さが強く意識されることになるであろう。しかしそれについても、八田は日本の税負担は決して大きいものではないと強調している(八田一九九四、三一―一八頁)。

(323) 事業者にとって、年度末に確定申告を行なわなければならないというプレッシャーは決して小さいものではない。ただそれは脱税捕捉を恐れてというよりは、煩瑣な手続きのため、という点の方が重要である。しかも不備があれば税務調査の恐れもあるのである(このような面が、企業組合化を促進する要因であった)。売上税の争点化した時期が、確定申告の時期と重なったことは中曽根と大蔵省にとって大きな不運であった。

(324) 製造業者へのインタヴュー。

(325) 伊藤大一一九八〇参照。第一線職員の理論的考察については、畠山一九八九、Lipsky 1980。

(326) Webber *et al.* 1986: Ch. 8; 9.
(327) したがって、戦後間もなくの日本での取引高税への抵抗と、八〇年代の大型間接税への反対がやや異なる側面を持っていることには注意が必要である。
(328) 尤も、民商に組織化されるような、ヨリ零細な事業者は徴税体制の外周部にあり、そこで国家の浸透に抵抗しているものと見ることが出来る。

# 第三章　日本型体制試論

# 経済活動の正当性の認証

以上では、従来様々な保護優遇措置によって自民党支持に動員されていると考えられてきた日本の中小企業は、決して組織化されているものではなく、むしろ激しい競争の中で自立的に経営を行なっている存在であり、そのように自立的であるからこそ、保守支持・自民党支持の傾向を帯びると考えられるということを論じてきた。

ここから今度は、日本における中小企業は保護・組織化されていないのに何故数が多いのかが、改めて問われることになる。この問いは、ここまで、中小企業は競争力を持つ自立的な存在であると論じてきたところからでは十分明らかになるものではない。

従来は、中小企業が何故多いのかという問いは、何故没落・衰退・消滅しないのかという問いであった。それ故、その問いには、保護・組織化されているから、という解が与えられたのであり、その解の正当性は、また、だからこそ彼らは安定的な自民党支持層であるという解釈によって補強されてきたのである。

しかし、中小企業の自立性が明らかになってきた現在では、この問いの含意は逆転する。何故彼らはそれだけ強い参入意欲を持つのか、そしてそれだけ自立的で競争力を持った企業なら、何故大企業化しないのかという問いになるからである。本章では、第一章で提示した無差別化と動員という理論枠組を用いて、この問いへの答えを模索しつつ日本における体制の像の理論的構築を試みる。

典型的な資本主義社会では事業家は次のように想定される。

彼は自らの危険で新規事業を起業し、その事業の規模を拡大することを目指す。事業規模の拡大は、株式市場で資本を、労働市場で専門能力を持った人材を調達し、必要に応じて他社を買収することで実現される。

その前提としてこの社会では、一人一人が自らの意志に基づいて、市場において評価されるような専門能力を高めること、即ち、差別化の実現に努め、その能力に対応した高収入の獲得を期待しているものと想定される（以下ではこのような経営主体から成り立つ体制をP型体制と呼ぶ）。

本書が指摘するように日本の中小企業の多くが自立的で競争力のあるものであるとしたら、それらはこのP型体制に見られるような企業と同様に成長・拡大を志向しているであろうし、そうなれば、多くの中小企業は、成長していく大企業と競争に敗れ没落する零細企業に分かれていくはずで、自立的な中小企業が中小企業のまま多数存続するという事態は必ずしも当然のこととは考えられない[二]。

本章では、経済活動を方向づける権威の系という要素に着目してこの問いにアプローチする。経済活動はそれ自体は合理的に探求されるものであるが、そこには非合理的要素が「転轍手」として関与している。言うまでもなく、禁欲的合理的に拡大再生産を志向するという選択自体は決して合理的なものではないからである。経済活動による利益の持続的拡大の実現こそが神による救済の確証であると信じられたところに西洋近代の資本主義の出発点を見、そこに宗教的エートスの関与を見出したのが、マックス・ウェーバーの業績である。このようなエートスに導かれた主体に基づいて成立したと考えられるのが、P型体制である。では、わが国における自立的で競争力を持つ（と本書がここまで想定して来たような）経営主体は、いかなる論理に誘導されているのか。本書では最後にこの問題を取り上げることで、日本における中小企業の体制内化という問題を国家論的な観点から捉え直し、現代日本の政治経済体制を比較体制論の中で位置づけることを試みる。

## 日本社会における自営業志向

今田高俊は日本社会には自営業志向が根強くあると言う。[三] 今田幸子によると、最初はどこかの企業に勤めに出て技能を身につけ、後に独立して妻や息子らの家族従業者とともに一家で販売業や製造業を営むケースが日本の職業キャリアとして制度化されており、こうしたキャリアを一つの望ましいキャリアとする価値観が多くの人々の間で共有されている。[三] 今田高俊はこれが日本における地位の非一貫性規範の現われであるとする。[四]

今田の階層構造の分析では、六つの地位クラスターが得られ、そのうち日本的な地位非一貫性の典型的なクラスターとしては次のように示されている。学歴は中卒ないし高卒で、平均所得は全体平均の一・五倍、年齢的には四〇歳台を中心にした人が相対的に多く、自営業主や現場監督などの職種についている者が多い。所得が他の地位次元に比べて特に高いのに対し、生活様式では余暇利用には積極的ではない。権力者・有力者との付き合いでは、特に町内会や自治会の役員との接触が多く、そこでの発言力・影響力が大きい。これらの層はエリートに対して、「地位は高くないけれど収入では負けない」という意識を持つ。[五]

このような今田らの研究に現われた中小企業経営者の姿は、われわれが自立的で競争力を持つ地域的ニッチに適応した——そして有力な保守支持層をなすところの——独立的な経営主体として分析してきたところと近似している。そして、これらの研究成果で注目されるのは、このようなわが国の中小企業家の独立心・成長志向は、エリートへの反発として動機づけられているという点である。

独立的経営主体の観点からは、エリートとは既存の「よい学校」・「よい会社」を志向する者と見られている。以下ではそれらエリートを誘導する論理が如何なるものかを検討し、何故独立経営主体がそれに反発するのかを明らかにすることで彼らの持つ自立志向・保守的党派性の由来を解明しつつ、日本型体制の像を浮き彫りにすることが試みられる。

## 「よい学校」「よい会社」志向

日本社会における地位の非一貫性現象の発見は、「よい学校からよい会社へ」と志向する価値観と、それに対抗する独立自営の価値観との二項対立の構図を示すものである。[六] しかし問題は何故このような二項対立となるのかということにある。日本では、一流大学への進学は既存の一流企業（あるいは官庁）への就職と結びつけられて受け止められているということは、逆に言えば、一流企業に就職を希望せず自営独立を志向する者は「よい学校」への志向を弱めるということを意味する。[七]

社会学の業績は、一般に、子供の学歴はその親の学歴との相関が高いことを明らかにしており、また、近年では、日本でも親の所得の高さが子供の学歴に相関しているという指摘があるから、独立志向とは「よい学校」の可能性から排除された者のとるオプションであるとも見え、独立志向と「よい学校」志向が対抗しているのは当然のことのようにも思える。

しかしながら、論理的に考えてみると「よい学校」を経て独立自営するという途は存在し、「よい学校」への志向が「よい会社」への志向と排他的に結びつけられているのがむしろ奇妙なことである。実際、アメリカでは、「よい学校」と目されるような一流大学の学生が卒業後直ちに（あるいは卒業を待たずに）自分で事業を開始するという選択は決して珍しいものではない。[八]

独立・自営の志向が「よい学校」へと誘導されないのは何故か、あるいは、「よい学校」を経たものが「よい会社」へと誘導されるのは何故か、その論理が、日本資本主義において巨大企業部門と中小企業部門に分化した労働力動員のメカニズムを解明するヒントとなるのではないかと考える。(九)

## J型体制構成の論理

わが国でエリートが属すると想定される官庁・会社など多くの大組織の構成原理は、終身雇用制・年功序列型賃金制として特徴づけられる。このような大組織内では総合的な能力に応じた長期的な選抜が行なわれている。(一〇)これはP型体制と対比すると、組織間での移動が稀であるという点に際立った特徴を持つ。(一一)即ちP型体制では、各人は、自己の能力において差別化を追求しそれが最大限の評価を受けるポストへの移動を目指すものであるから、したがって、経営者に向けて複数の組織を横断して上昇していくようなキャリアは必然的なことである。ところが日本においては、天下りを除くと、組織管理者は通常その組織内から選抜され、組織外から登用されるということがない（以下これをJ型体制と呼ぶ）。(一二)

組織管理者選抜のタイプに着目して整理すれば、この対比は明らかになるであろう（なお、このマトリックスにおいて得られるZ型体制は、ギルドなど、職人たちの同業者からなる組織に基づくような体制と考えることが出来る）。

日本の大組織内の人事システムは、組織内での幹部育成・選抜システムということとほぼ同義である。このシステムでは、新規参入者を、少なくとも採用当初の一定期間は、専門に特化させず、ジェネラリスト的に異動させる。そのために、大組織の内部には一定のキャリアパス、人事パターンが現れる。(一三)

このようなJ型体制におけるシステムは時間をかけて構成員の適性を見ようとするシステムであるが、逆に言

| | 全般的な能力を評価して選抜 | 専門的な能力を評価して選抜 |
|---|---|---|
| 組織内部から選抜 | Ｊ型体制 | Ｚ型体制 |
| 組織外部から（も）選抜 | （天下り） | Ｐ型体制 |

うと、そのような採用は、専門能力の対価として労働契約が結ばれたわけでないことを示している(一四)。組織内での能力開発の可能性を見込んでの採用であり、様々なニーズに柔軟に対応できるものと期待されての採用である(一五)。

人事異動は管理職に向けて方向づけられたものである。誰もが管理職へのチャンスが与えられているということが、組織目標への動員を動機づけることになる(一六)。逆に言うと、誰でも本来は、組織内で経験を積めば管理能力が高まるはずであるという期待が前提にある。

このような人事システムは、専門能力に特化しようという差別化追求の意欲を縮小し、組織内での地位向上を唯一の目標とさせることで、構成員を絶えず無差別化するものである。組織外にも通用する汎組織的な専門能力を評価するのは市場である。このような日本の大組織の人事システムは専門労働力の市場を発達させず、また、そのような市場が未発達であるために組織内での動員が試みられる(一七)。

このような制度は、各構成員に組織文化を注入し、また、差別化努力をさせないことで退出の誘因を縮小し、企業の設定する目的に企業構成員を最大動員することを可能にする。組織は一般に組織内固有の基準を持つことで自立性（＝組織外に対する遮蔽性）(一八)を実現する。組織外の基準の浸透を排除することが構成員の動員の最大化を実現する要因である。終身雇用制度と年功序列制度は、このように将来管理職に到達し得ると保証することで、限られた人数の「よい学校」出身者を大組織が包括的に囲い込んで組織の掲げる目標に向けて最大限に動員しようとする制度である。

## J型教育体制

このような無差別化の保存という制度は、大組織への参入以前の学校教育段階で既にスタートしているものである。日本で「よい学校」へと向かう競争は、原則的に所定科目の総得点によって順位が決定されるものであるから、総得点の最大化が志向され、競争参加者間の無差別化は進展する。[一九]

このような点数によってのみ決定するというのは、一面においては、極めて平等な競争である。点数さえ良ければいいのだから、出来るだけ多くに参入のチャンスを与えるものである。またここで目指されるような形式的な試験での点数の向上は、その伸び・優劣の判定が容易であり、また、比較的短期的に成果をあげることが出来るものでもある。したがって、このような得点の最大化という単一の目標の提示は、形式的で同質的な教育を全国に広げる原動力となり、国民全体を動員し、教育水準を向上させることに寄与し得る。

「よい学校」への進学後も、特に文系の学生では、差別化追求の誘因は大きいものではない。[二〇]「よい会社」の側では、「よい学校」の学生を幹部候補生として包括的に採用するからである。[二一]このような採用においては、学生に専門的な能力は期待されておらず、主に人物重視と称される選考が行なわれている。[二二]例えば体育会に所属し専らクラブ活動に専念して学生時代を過ごした者が採用で優遇されるのは、大学で教育されるはずの専門能力が重視されていないということを示している。[二三]

逆に、専門能力の高さは組織の側からは警戒される恐れすらある。社員教育や人事上、企業側が自由に彼(女)を動かすことがしにくいことがありうるからである。また、企業が期待する水準をはるかに越えた専門能力を持つ学生に対しては、途中で退社されるのではないかという懸念を企業側が抱くことがある。[二四]専門能力が高く退出

| | 組織内限りで評価される（その能力に汎組織性が乏しい） | 汎組織的な能力（その能力が組織外でも評価される） |
|---|---|---|
| 訓練の場が組織内 | Ｊ型体制 | Ｚ型体制 |
| 訓練の場が組織外 | （特定ポストが特定の天下りにのみ提供されている場合） | Ｐ型体制 |

の可能性が見込まれる学生に対しては、企業の方でも採用後投資し訓練して人材育成していこうというインセンティヴが低下する。つまりこの種の専門能力は組織外に対して汎用性があり、差別化しているために当該主体を企業固有の目的に動員する際の効率の障害となり得る。このことは先のマトリックスが上のように書き換えられることからも明らかであろう。

日本における年功序列型賃金制度・終身雇用制度の成立は、一九二〇年代であった[二五]。この時期は日本の学校制度が整備され、ほぼ全国を網羅するようになり、受験競争が広がった時期でもある。受験競争という無差別化の競争によって同質化された勝者たちを包括的に大組織（帝国大学生にとってそれはまず官庁であった）へと誘導するものとしてこれら制度は成り立ち機能したのである。逆に言えば、受験競争の勝者には個々の専門的能力の如何に拘らず、包括的に（しかし排他的に）大組織への加入と管理職へのチャンスが約束されたからこそ、受験競争が激化したのである[二六]。

受験競争とは、個々人の志望や（職業的）目標が異なるにしても、得点を極大化することがその実現の可能性を最大化するということを前提に成り立っている。評価は合計された点数によってのみなされ、各主体の無差別化が進展する。

このような無差別化の進展には、試験の形式性も大きく関係している。多数の参加者からの選抜を実現しようとするとき、選抜方式は出来る限り客観性・公平性の外観を持たなければならない。そのような試験は、形式合理的な方式（いわゆる「客観テスト」）をとることが受験者にとっても採点者にとってもコストを最小化する。入学試験に先行する教育の現場でも、類似の試験を定期的に繰り返すことが可能になり、受験生を絶えず特定の方向に動員することが期待できる。そのような形式的な試験は、形式的合理的な対応策の発達を可能にしやすい[二七]。こうして得点獲得技術が発達すれば、個々の受験者間の差異は一層縮小する[二八]。

このような試験は極端に言えば、習得された知識の内容を問うものではなくて、如何に効率的に――試験に備えて――習得したかを問うものである。習得された能力を確かめるのではなくて習得する能力を確かめるものである。このような教育・社会システムの下で、伝統的に大学（の文系学部）は特定の専門的実務能力を身につけさせることを第一次的な目標とはしてこなかった[二九]。法学部を出たからといっても企業法務を担当できるわけでもなく、経済学部を出たからといっても市場の動向を分析できるわけでもなく、経営学部を出たからといっても企業組織のマネジメントにあたれるわけでもない[三〇]。

戦後普通教育が広まり大学進学率が高まったことで、かつては少数の大卒者のみが事実上独占していた管理能力の可能性は広く社会的に拡散し、これによって、ホワイトカラー層まで包摂した年功序列制度が最終的に完成する[三一]。

竹内洋は、戦前におけるこのような――合理的な――受験制度が国家イデオロギーを冷却するものとして機能したことを指摘する[三二]。受験競争を勝ち抜いたエリート内部では、必ずしも天皇崇拝の超国家主義的イデオロギーが信奉されたわけではないし、そのようなイデオロギーへの忠誠の強さが出世への決定的要因となったわけではない[三三]。国家全体を覆った国家の正統イデオロギーが、その国家中枢部には浸透せず、そこに――特権的な――空白が生じていたのである[三四]。だが、このような形式合理的な競争システムが作られたからこそ、多くの――優秀と目されるような――国民を国家目的の方向に強力に動員することが可能になったという点は見落とされるべきではない。

このように管理者養成に方向づけられた学校教育は無差別化を促進するものであり、差別化追求の意欲とは摩擦を起こすものである。学校教育の現場では、無差別化された点数の最大化が称賛されるが(三五)、しかし、このような点数の最大化は独立自営の能力を何ら保証するものではない。独立経営とは個人が経営主体として差別化を追求しなければ成り立たないからである。このために、独立経営を志向する者は自己の差別化追求のため早期に「よい学校」志向を失うのではないかと考えられる。

## 国民を誘導する系

わが国の受験競争のように無差別化された状況での過当競争状態が成り立つのは、各主体が退出のオプションを採らない、あるいは採れない何らかの事情があるからである。

まず、トップと目される「よい会社」の採用が特定大学に排他的に結びついていること、「よい会社」間での横方向での人事異動がないことが前提になる。それにより、「よい会社」への参入を志望する人間は凡て特定大学への方向へ誘導されることになる。そして、他方では、誰でも一点でも良い点数を取ればそのような「よい会社」に雇用されうる、エリートたり得るというチャンスが開かれているということが競争参加者を拡大することになる。

だが、このシステムは、競争からの逸脱者を最小化して初めて機能し得るものである。凡ての参加者が少しでも上位にいこうと積極的に動機づけられること、つまり、ほどほどで止めようという気にさせないことが必要である。つまり、得点上の、そして社会的にも認知された学校や会社のランキングがあり、そしてその上で、少しでも上位に進むことが望ましいと考える価値観即ちエートスが社会的に存在することが前提になるのである。

よい大学のランキングとは個々の入学者がヨリ高い専門能力を身につけられるかという基準を示すものではない。また、よい会社のランキングとは給与が多い順番を示すものではない。そこにはある種の威信のランキングが反映されている。ランキングの上位に上がればそれだけ収入が拡大する可能性があるにしても、それ単独では上位に上がろうという動機づけは十分ではないからである。

このような誘導は第二次大戦終了時までは、国家的な権威によって裏打ちされていた。受験競争は、国家レヴェルでの「恩賜の…」を頂点に、末端の地域レヴェルでの各学級の級長・副級長に至るまでの、成績順の威信の体系を作り上げることで、国民を動員したのである。この方策は国民全体の能力を高めると同時に、国家目標に向けて国民全体を動員するシステムであった。目指されるべきよい学校・よい会社に威信を与えているのは国家である。大学は官立であることがランキングの重要な要素になった。これは、教員の官吏としての、及び、叙勲においての位階に如実に反映されている。また財界の主流である企業が「よい会社」であった。「よい会社」とされる会社は一般に、国家に対して一定の組織的自律性を持つ（三六）が、そのような企業のトップからなる財界の威信は、最終的には国家が与える叙勲によって担保されるものであった。

一九二〇年代とは、日本が国際社会の中で競争圧力にさらされていく時代であった。国民は、そのような圧力の中で国家の威信を高める方向に向けて動員されていったのであった。

戦後において、国家が直接に与える名誉は縮小した。しかし、戦後の荒廃から立ち直ろうという目標は、国民を奮い立たせるものであり、依然として国家の目標に向けて動員されていたと言える。多くの大企業構成員は、とりわけ海外での取引において、自らが日本国を代表するという意気込みを持っていた。まさに経済戦争の先兵としてふるまったのである。戦中までは軍人に与えられていた国家的名誉（勲位）が戦後はその分多く経済人に与えられるようになったことがその代替を象徴していよう。（三七）

これら大企業は、年功序列制と終身雇用制を持つことで組織構成員に威信を分与する。日本では大企業にのみ与えられた諸特権がある。例えば、経団連の役職は、特定の伝統ある企業「出身者」が優位を占めている。[三八]そのように特権化している最終的地位への可能性が組織構成員を今日でも誘導している。

新興企業は、そのような聖別を直ちには与えられない。このことは二つの含意をもつ。第一は仮に給料を高くしても新興企業には「よい学校」の出身者が集まりにくく、そこでは人材不足に悩まされる。第二は、新興企業経営者は、ヨリ直接的に国家からの威信を求める。国家はサラリーマンの一々を顕彰する制度を持たないが、自営業者・中小企業経営者に与えられるものは多い。[三九]大組織のメンバーは組織内での昇進の結果として名誉を得るのであり、財界人が最終的に得る国家的顕彰は、その得てきたところの確認・追認でしかないが、[四〇]中小企業経営者や自営業者では、それを自ら求めようという意欲は強い。このようにして日本における動員のシステムは権威の二系列をもたらした。[四一]

一つは学校から官庁・軍・大企業へと誘導する権威の系である。サラリーマンは組織に属することで威信を得る。もう一つは、大組織から離れ自立・独立することで威信を得ようとするものである。

この後者は、国家や大組織に帰属しないにも拘わらず、否、帰属しないが故に、国家と一体化し国家から直接的に権威づけられることを求める。

日本でも、中小企業経営者が自らを国家と同一化して捉えようという傾向が広く見られ、[四二]またファシズム分析で、新興ブルジョアジーや社会の下士官としての旧中間層が、国家拡大に自己同一化したと指摘されるのはまさにこのためである。[四三]

このようにして見ると、日本の中小企業者が独立志向・反エリート主義の価値観を持ち、体制内化され、保守支持に固執するのは、大多数を無差別化して包括的に大組織へと動員しようとする権威の系があるが故の反作用国では自立的な企業が多いにも拘わらず、それらが中小企業に止まらざるをえない。

# 近代資本主義国家における動員

ナチズムの体制は資本主義の高度化のために、国家主導によって旧中間層を強制的に解体し、国民を——最終的には軍事力として表現されるところの——国力の増強という国家目的に動員しようというシステムであった。だが、これ程国家主導性が明白ではないにせよ、ドイツに先行して近代資本主義を成立させた国家においてもそもそも資本主義は動員のシステムであったと言える。(四四)

下からの資本主義化・近代化とは各人の差別化追求努力を最大化することで大組織の形成を試みるものであるが、そのためには予め旧中間層の解体・身分制秩序の解体という形で、各人は一旦は労働力として無差別化されているのである。そして、そのような差別化追求努力は市場において各人をさらなる無差別化の圧力にさらすものである。国民国家の建設における国民の創出とは、領域内の人員を国家という観点から無差別化することにほかならず、一旦無差別化された個人は差別化追求の方向への努力を余儀なくされる。各人の差別化追求努力は当人の自由な意思に基づいてはいるが、それは現象としては、国家による労働力の効率的な動員を意味した。国民は国民となったときから無限に続く差異蕩尽のシステムに巻き込まれていったのである。(四五)そして、資本主義経済の先行国においても、このような差別化追求努力の方向づけは、しばしば戦争という形態を取る国家間競争の形で導かれ、また、国家が与える名誉・称賛によって誘導されたのである。

# J型からP型へ？

近代資本主義は領域内の住人を国民として一旦無差別化することによって各主体を競争のオルギアの中に動員し、国家的必要を達成しようとするシステムであった。典型的には各主体が差別化追求の主体となって自らが市場でヨリ高く評価される（＝収入の最大化）方向に向けて競争に励む。

日本においてはこの動員は、国家によって保証された大組織（内／へ）の動員を中心とし、それを補完するものとして国家によって直接権威づけられる（ことを求める）独立経営主体の動員という二つの系から成り立っているものと考えることが出来る。このうち前者は、組織内においても構成員の無差別化を維持することで、構成員の生活の全面的な動員を促すものであり、個々に差別化追求を志向する主体は、それに適応せず、後者の道をたどる。このようなシステムの下では大組織に誘導されない側が独立心を持ち、競争に耐え、しかも国家との一体感を持ち、体制内化する。この層こそ日本の中にいる自営業者・中小企業経営者であり、これらを取りこみ得たことが、現代日本の保守政党の強さの源泉である。

今日、わが国に見られる体制の揺らぎとは、既存の大組織への動員の系は力を失いつつあるということであり、個人は汎組織的に差別化された専門能力を身につけようという方向に動きつつある。これは、これまで二元的であった動員の系の一元化を意味するものであるから、従来中小企業部門にのみ限定されていた差別化追求の志向が社会全般に広がり、またそれと同時に、中小企業部門では、ニッチ型にとどまっていた企業がヴェンチュア化していくことを意味する。これは体制論として見れば、J型体制からP型体制への変化として把握することが出来るものである。このような変化は、学校教育や雇用のシステム、さらには結婚・家族といった制度の変容にまで連なってくるはずである。政党論の次元で考えると、ヴェンチュア型の企業は、大企業等と同じ経営主体という点で、(一層穏健化することはあり得ようが)保守的な傾向を保つであろうと予想できるから、ヴェンチュア型の優位は、むしろ、日本の左派を支えた企業内労組の解体という点で重要性を持とう。

個人が差別化を実現し得れば、従来大組織（内／へ）の動員に方向づけられていた主体も、組織からの動員の働きかけに対しても一定の自律性を確保でき(それにより競争の包括性が減少するであろう)、競争は専門毎に部分化されて行なわれ、社会全体に蔓延する競争圧力は低下するであろう。だが反面個々人は組織によって守られなくなる。これまで大組織（内／へ）の競争と、独立への競争の二元的に分化されていた方向性が、市場での価値の最大化をめぐる競争という形で一元化されることは、名誉の系と収入の系が一貫性を持つこと、つまり地位が一貫することを意味する。そのようになると、競争秩序からの落伍者（の意識）は急進化する可能性を孕む。競争の中での不安定を意識すれば急進化するであろうし、また、国家による直接的な認証を求める機運が高まるかもしれない。それは保守政党（あるいは右翼政党）の支持基盤を拡大していくモメントであるが、逆に社会民主主義的な再配分が支持を集めるチャンスでもある。

だが、競争圧力にさらされた主体がとり得る途は、個々が差別化追求を図り事業規模・売り上げ・収入の極大化を目指すというものだけではなかった。本書の枠組で言えば、供給の調整による稀少化というオプションがある。今日の社会におけるシステムの揺らぎの中には、その方向への模索も含まれているように思われる。このもう一つのオプションは、差別化追求が同質化をもたらすのに比べて、多様性を保存するという大きな相違を帰結する可能性を持つ。本書では最後に、第三の、多様性を保存するZ型体制の論理と可能性を論じて結びとする。

## 手仕事の倫理と多様性としての自由

近代資本主義は無差別化の圧力を生じさせることで絶えず差別化追求へと駆り立てるシステムである。主体は自ら自由な意志に基づく決断と活動によって、差別化を試みるが、それは絶えず他の主体に追い立てられ、見出したと思ったとたんに、その差異はすぐさま蕩尽されてしまう。この結果社会全体で見ると均質化・同質化が一層進むことになる。

このような差別化を固定的に保存するための調整を最も効果的に行なうのは、供給の調整・参入規制である。それも職能的な教育期間が最も効果的であり、これによって、特定の差別化が排他的に保存され得る。教育は参入規制として機能するだけでなく、一定の質をも確保する。そこに生じる伝統が信頼を生む。ここに現われるのが本来の意味でのブランドである。このようなブランドは、供給の拡大の制限、つまり、大規模化の拒否によって維持される。このようにして成り立つ秩序によって、多様性が確保され得る。

職能的な教育による参入規制は、同業者組織によって支えられる。この同業者組織は、互助性をも実現する。[四六]これによって、職能に応じた労働市場が維持される。歴史上この典型がギルドである。ギルドは従来自由を抑制するものとして捉えられてきた。ギルドの解体によって近代立憲主義が展開し、また、近代資本主義の発展が可能になったのでもある。ギルド的な新規参入規制は、ビジネスのチャンスが限られているという認識がメンバー間で分けもたれているときに発達するものであるので、中世都市を支配していたギルドの統制力は、ヨーロッパ諸国が海外に市場・ビジネスのチャンスを見出したとき解体していったが、ギルド的な伝統は今日のヨーロッパでも広く残存している。様々なクラフトマンシップ・伝統工芸の存在がそれを証明しており、また、生活に密着したレヴェルでは、パン屋やコックの世界には今でもギルド的な拘束は強い。

だが、ギルドの中にも或る種の自由があった。それは無差別化の圧力から解放されるという意味での自由であり、近代資本主義の自由とは対抗関係にある。「日本へ業界の友人たちと一緒に行ったとき、日本の代表的なフランス料理の店へ行っておどろきました。お客がたてこんで来たとき、会計係の女性がとび出して来て、注文取りをやりはじめた。料理の内容についての質問があったとき、会計係に説明する能力も、その義務もないはずである。第一説明をしたとしても信用されるはずはなかろう。どうしてそんなことが可能か、と私は招待主の日本人業者に訊ねた。手がすいている者は、自分の係でなくても、積極的にとび出して来て、全体のためにつくすべきだ、というのが返事でしたが…」(四七)。

ここで話し手の老フランス人が驚いて見せたレストランの光景は、日本ではごく普通に見られるものである。J型の体制では構成員を個々の専門に特化させず、柔軟な対応によって経済的合理性を最大化しようとする。そのとき、個々の職能的専門に捕われては人的資源の効率的配分を実現できない。

ヨリ長い目で見ると、このような人的資源の効率的運用とは近代資本主義を特徴づけるものである。近代資本主義は収入の最大化を志向する構成員が存在することによって成り立っている。この構成員の志向は管理者として企業を経営しようとする志向として現象する。図式的に言えば、J型体制の場合は、それが組織内での出世を目指すという形で現われ、P型体制では、自らが起業家を目指すという形で現われる。このような目標は、特定の専門的職能に固定的に特化しては実現されない(四八)。プロテスタントが近代資本主義に如何に適合的であったかが語られる中でも、次のような叙述がある。

「手工業の中でもカトリック教徒の徒弟は、いつまでも手工業に止まろうとする傾向が強く、したがって、『親方』となる機会が相対的に多いのに反して、プロテスタントの徒弟からは、相対的に多数の人々が工場に流入して、知識的（熟練）労働者の上層部や、商工業の使用人の（上層の）地位に就こうとするのである」(四九)。親方とはあくまでも職人の一員であり、組織管理者に特化したものではない。ここでプロテスタントの徒弟に現われているような、経営者に向かおうとする上昇志向のエートスが近代資本主義を支えている。

それに対して、先のフランス人が擁護するのは、秩序（l'ordre）である。「クローク係、取次ぎ係、注文取り係、葡萄酒係、料理運び係、会計係、これらは全部別人であって、細く役割分担がきまっている。テーブルの分担もきまっている。決して、たとえいそがしくても、別の相棒の境界を犯すことがない」。勿論、長期的には、これら係のそれぞれが、その店のマネージャーに出世するチャンスは開かれていよう。ただ、ここで「秩序」と語られているのは、それぞれの職能に対する応分の尊敬が払われているということである。ここでは職業は器であっても、道具ではない。

このような秩序こそギルド的なものである。勿論これを前近代的な身分制的秩序の残存と呼ぶことはできる。ただ、これを歴史的な発展の構図ではなく、理論的な比較の構図の下に置き直してみると、近代資本主義と称されているシステムとは対抗関係にあるシステムを読み取ることができる。近代資本主義を支えると考えられてきたエートスは、生産の拡大再生産を合理的に実現し所得の最大化を実現しようというものであった。それを個人のキャリアパスとして表現すれば、管理職に向けて上昇しながらの職能横断的な移動として現われる。これに対して既に本書が中小企業の保存され得る条件として明らかにしたことを踏まえれば、上で示されるようなギルド的な態度、つまり、一定の職能にそれなりの価値を認め職能の横断に消極的となる態度とは、経営として拡大再生産を——少なくとも——第一の目標とは見なさず、特定ニッチの固定的な確保を実現しようとした態度と見ることもできる。

つまり、先に示した体制の類型論は、各体制を支える大組織構成員が、経済活動においていかなる志向を持っ

| | 経営者（管理者）志向あり | 経営者（管理者）志向なし |
|---|---|---|
| 自立（独立）志向あり | Ｐ型体制 | Ｚ型体制 |
| 自立（独立）志向なし | Ｊ型体制 | （被雇用者に留まる） |

ているかというもう一つ別の観点から見ると、上のようなマトリックスにもなる。

ギルドが大量生産即ち価格競争を志向しないというのは、もともと手仕事に依存するところが大きいことによる当然の制約という面もあるが、中世のギルド内には大量生産・規模拡大を抑制する規範が存在していた。ギルドのメンバーは一定の型に従った生産が求められており、その型からの逸脱は、仮にそれが生産性の向上をもたらすものであっても、禁止されていたのである。これは、当時の都市にとって需要が限られていたことへの合理的な対応と見ることができる。また職人として伝えられる技術は、職人間の秘密に属するものでもあったから、長期に亙っての組織内での訓練の過程で伝達される「個人的な知識」「暗黙知」に類するものであったため、それが常に新規参入の調整として機能した。[五〇]

しかし、このような社会が、経済的に停滞していたわけではなく、[五一]優れた作品を作ろうとする強いモチヴェーションは存在した。それはその作品が、売り上げという基準ではなくてむしろ同業者間での職人としての名誉にかかわるものであった。[五二]

このようなギルドの結束は、相互扶助性によって実現されていた。ギルドの構成メンバーは相互に同胞であり、ギルドはメンバー間の平等の上に成立していた。参入規制によって競争が制限された空間の中に自由と平等があったのである。[五三]参入規制と拡大抑制はその中での平等な結束と表裏の関係にあった。ここでの生産が画一的なものであったわけではない。逆に、手仕事に依存し、個々の名誉を賭けた生産であったから、統一的な（ギルド外に対しては第一次的には無差別な）中にも個別性は見られたのである。[五四]

これらの職人たちからなる組織は強い自律性と同時に自立性を持つ。これは勿論排他性でもあるが、同時にこれによって国家からの独立性を可能にしたとも言える。つまり、国家からの自律性・独立性を持つからこそ、近代国家建設期に、国家と敵対的なものとして、また近代的自由の敵として、指弾の対象となったのである。[五五] しかしこのようなギルドの空間の中にはもう一つの自由と連帯があった。[五六]

ギルドの中の自由は経済競争の熱狂を抑制するが故に国家への動員も阻止し得たものである。先の老人にとって、資本主義的熱狂は今日の世界ではアメリカ人と日本人を特徴づけるものであった。それらがいなければ、と彼は言う。「この世界はどんなに平穏（calme）であろう」と。[五七]

## 権威の源泉

以上のようなギルド的秩序に対してファシズム・ナチズムとの連関で批判する論者がある。[五八] それらが、職能代表制を標榜したからである。しかし、ここまで詳述してきたように、ファシズムは国民を無差別化して動員しようというシステムであり、その点で近代資本主義の極北に立つものである。ギルドは逆に個々の差別化・多様性を保存しようというものであってそのようなシステムに障害となるものであった。問題は経済活動を認証する権威の源泉をどこに求めるかにかかっている。

プロテスタンティズムは、経済的成功が神に選ばれたことの認証だと確信し、その世俗化した形と言われるアメリカ社会では、経済的成功は市場社会からの支持という意味で読み解かれ、神ならぬ社会からの称賛の数量的表現として認証される。このため、そこでは、地位の一貫性が称揚されることになる。

日本では、それが政治権力による認証であった。多くの新興ブルジョアジーは、勃興する国家に自己を一体化してきた。官庁・軍・大企業といった大組織のメンバーは直接国家の権威に一体化を求めることはなくても、彼が大組織内での出世を追求する方向に排他的に誘導されるのは、その組織こそが構成員に威信を与える源泉であるからであり、その威信は最終的には国家によって保証されていた。

　これらに対してギルドの場合、その認証の主体は、第一次的にはギルド自身である。ギルドが特権的・排他的存在としてしばしば論難されるのは、組織が閉鎖性を実現しなければ一定の権威を実現し得ないからである。

　しかし実はこのようなギルドの権威は、歴史的には最終的に王権によって保証されたものであった。日本でも、中世における専門的職能や芸能の自由は、天皇の権威によって認証されていたのである。[五九] 勿論これこそが特権として指弾されてきた由来である。だが、その権威は現実の政治権力によっても必ずしも恣意的に動かされ得るものではなく、また、彼らを政治的に十分庇護するものでもなかった。これは国王・王家に期待される超越的な神性、王の「もう一つの身体」（カントーロヴィッチ）に由来する。それは彼らを動員しようとする現実の政治権力の要請とはしばしば対立するものであった。

　このように組織化されたギルドは高度な自律性を持つために、特定の党派性を当然に持つことはなく、むしろ、政治や国家からの一定の距離を実現するものである。それは、フランス・イタリアなどに見られるような反国家性（または、前国家性あるいは超国家性）という点から急進化し、アナキズム的な色彩という点で左翼政党と、また、反資本主義という点で右翼政党と結ぶ可能性がある。

　本書では、競争圧力にさらされる人間が、経済社会において採り得る幾つかの合理的戦略という観点から体制論構築を試みた。そして、その社会でどの戦略が優位に立つか、それによってどのような体制が成り立つかは、最終的には、その政治社会の中で国民を誘導・動員しその経済活動の正当性を認証する、それ自体は非合理的な権威の系の態様に関わっていることを明らかにした。本章の議論は、今日、日本の企業・官庁・学校などで様々に噴出しているシステムのあり方への問いが、いずれも現代日本の体制への疑いに結びついていることを示唆するものである。このような体制上の揺らぎとは、いかなる権威の系が正統性を持つべきなのか、いかなる権威が建てられるべきなのかという模索がなされていることを意味する。それは、本来、近代の政治社会・経済社会を導いてきた自由の概念の再検討にまで至らざるをえない深甚な問いであることに、われわれは気づかなければならない。

註

(1) 勿論、わが国では中小企業に成長の天井があるという面はあろう。

第一に、資金の問題がある。直接金融市場が十分発達していないため企業の規模が小さければ小さいほど、経営者の個人的な信用に依存しているところは大きく、それは創業の容易さという便宜もあるが、反面、規模拡大にとっては大きな制約となる(中小企業の社長の場合、全従業員の給料の約一年分を目安にして生命保険に加入していることが多いと言われる。これはその企業の経営が経営者個人の信用によって成り立っていることの裏面を示している)。

第二に、人材が確保しにくいという事情がある。特に初発段階では親族の人間関係に依存しなければ従業員を集めることが出来ない。日本では大企業が年功序列と終身雇用制によって人材を囲い込んでいるため個人の専門能力(管理能力を含む)に応じた労働市場が十分成立していない。大企業では人材を企業外部から調達するより企業内で養成しようとする傾向にある。これに対して、中小企業の側では企業内での人材養成システムも十分ではなく、また、企業経営が個人的信用に依存している以上後継者は血縁者に限られやすくなり、幹部候補生の採用に制約となる。

第三に、販路の問題がある。日本の流通の経路は成熟しており既に棲み分けが高度に実現されている。新規参入しようという中小企業が独自に販路を開拓するのは容易ではない(ただし近年、カード事業や宅配事業の成熟に伴って通信販売が発達してきており、さしあたり宣伝の問題をおくと、販路開拓のコストが下がってきている面がある)。営業網が大企業の系列に即して形成されており、そこでは中小企業は同等に扱われにくいという事情もある。

日本での取引は、一旦成立すれば、比較的長期的に安定した関係を期待し得るが、その反面、成立させるまでに時間がかかることは確かである。取引における危険はほぼ全面的にメーカーが負わなければならないから、中小企業の場合にはその負い得る範囲に限度があり(特に在庫負担の問題)、急速な拡大を志向することは多くのリスクが伴う（こういった事情は企業経営者に対して自己の脆弱性を強く意識させることになるから、ここに過当競争感が生まれる。だが、このような過当競争感は実は圧倒的な優位に立つ企業が成り立ちにくいということ、つまりたいていの企業にとってビジネスチャンスがあることを示しているとも言える)。

(2) 今田一九八九、一六九頁。

(3) 今田一九八二。

(4) 地位の非一貫性とは、職業的地位が高い人が必ずしも所得が高くなく、また学歴が低くても所得が高い人がいるというように、複数の地位要素のあいだに食い違いがある状態を言う。高度成長期の社会では、一般に、市場の需要や社会的余剰が、現存する地位資源の配分規則や教育制度の処理能力を上回るスピードで生み出されるため、分配ラグが生じて、多くの人々が地位非一貫的になりがちである。この結果産業化とともに学歴と所得の相関関係が次第に低下し、所得に対する学歴の直接的な影響が弱まる。地位の一貫性の度合が大きい社会では、階層の構造化が進行しやすいのに対して非一貫性の増大は階層の非構造化を引き起こし、階級境界を歪んだものに変形する。今田は日本の高度成長が社会階層に及ぼした真の効果は、格差を是正したり、開放性を高めることより、階層を非構造化することにあったと言う。

なお、地位の非一貫性は社会の不安定要因となることもあると言われる。アメリカでは地位は一貫しているべきであるという規範が社会に制度化されているため、非一貫性が社会緊張や社会不安をもたらす要因として見なされがちであった。アメリカ型の立身出世観には、富や威信や権力凡てにおいて頂点を極めようという理想があるが、日本ではすべてに秀でた超エリートを称賛する価値観はないと言われる。この点の含意については後述。今田一九八九、一六七－一七〇頁。

(5) 富永一九七九、直井ほか一九九〇。

(6) 以下に「よい会社」・企業として触れているのは、日本において優秀な人材が就職先として選ぶと一般に考えられているような大組織を概括して表現しており、官庁などを含む。

(7) 勿論、一流企業に入社後何らかの能力を身につけて独立するという選択肢はある。或いは、中小企業の経営者の子弟（後継者候補）が一定期間大企業で「修業」するということはある。業種によっては、途中で独立するはずの人間を一定の枠で採用するということもある（損保会社や不動産会社）。だが、多くの日本の大企業は通常、終身雇用制を前提にしており、多くの社員が途中で独立するというキャリアをとるということは想定していない。

(8) 例えば、東京大学経済学部を出て直ちに企業経営に関わる者はごく稀であるのに対し、ハーヴァードやコーネルのビジネススクールを修了後、企業経営を開始しようという者は少数ではない（東京大学については学士会の名簿を参照した。ハーヴァード・ビジネススクールについては、Kotter 1995。また、コーネルのビジネススクールについては、Johnson Graduate School of Management 1997)。このことは特に朝鮮系住民の就職問題を見ると示される。国籍問題から日本の「よい会社」への参入を事実上拒絶されている朝鮮系住民では、「よい学校」への志向を弱め、早期の独立自営化が志向されており、ごく若年から芸能やスポーツでの「自立」が期待される民族学校からの大学進学に困難があるという事実はある。しかし、朝鮮系の住民は日本の普通教育から排除されているわけではなく、国籍の如何に拘らず、小中高の教育を同様に受けるチャンスは開かれている。言うまでもなく、「よい学校」を経て、独立経営者を目指すというオプションはあり得るのだし、また、弁護士や医師という専門職として独立を志向するという選択は合理的である。大組織への就職差別があるにしても、「よい学校」を経て自営・独立する、あるいは、専門職に就くことで社会的な地位を向上させるという選択肢はあり、実際、北米南米での移民二世三世には多く見られるキャリアパスであるが、日本での朝鮮系住民に限ってはそのような志向が必ずしも一般的ではない（しかし、むろんそのようなキャリアを目指した者がいないということではない。近年では、孫正義の兄弟が上げられよう。アメリカについては、トゥローの『ハーバードロースクール』を参照。また、彼の『推定無罪』や『立証責任』の主人公を見よ)。また、ブラジルで日系移民が急速に社会的地位を向上させたのは、主に開拓農民である一世が二世三世に高等教育を与え、医師や弁護士という専門職に就かせたからである（日本では、農民層の貧しい親が、自己が犠牲になって有望な子弟に高い教育を施し、子はその親を思いながら苦学しつつも立身出世を図るという物語りは、多くの出世譚に見られるところである)。例えばサンパウロ大学における日系人の比率は、人口比の十倍以上である(ブラジルについては、中川ほか一九九五、また、柳田一九九七も参照)。このような教育志向は、アメリカやブラジルでの韓国系の移民にも共通して見られることであり、つまり、日本の朝鮮系住民がそのような志向をとらないことが奇妙な例外なのである（野村一九九六、閔一九九四、村上一九九七、原尻一九九七）。ただし、日本では一九五六年から七〇年代まで司法修習生は日本国籍を持つものに限っており、また、裁判官・検察官への任用は日本国籍を条件としているから、それへのモチヴェーションが低くなるのは当然という面はあった。

なお、本書が朝鮮系住民と言うのは、一般に「在日韓国人・朝鮮人」と呼ばれる人々のことである。二世三世ともなれば、彼らの意識や行動様式は多くの日本人と大きな差がなくなるため、日本国籍を持たぬにしても、また、民族は異なるにしても、（朝鮮系）日本人と呼ぶべきではないかという判断によるものである。また彼らは、多くは、当時、「朝鮮」と呼ばれた地域からの移入者であるので、現在の国籍の如何に拘らず、ここでは朝鮮系とした。

(9) Doeringer *et al.* 1985;Weiss 1988; Weiss *et al.* 1995; 熊沢一九九三、戸塚一九九三。Dore 1973; 1987; Kenny *et al.* 1993; Calder 1993.また森嶋一九七七、一九七八。

(10) Aoki 1988. 日本の官僚制内部については稲継一九九六、自民党内部については野中一九九五。

(11) Lash *et al.* 1987; ヴィンクラー一九八九、コッカ一九九二、加藤（哲）一九九四、山田一九九一、一九九三、フクヤマ一九九六、ハムデン一九九七、山田一九九六。

(12) 尤も、このように考えられてきた日本型の産業社会のシステムも近年変容しつつあると伝えられる。労働市場の流動化、転業の可能性、企業内での独立性の基礎としての実力・資格、年俸制の採用などの、サラリーマンにおけるプロフェッショナリズムの追求は一種の自営業者化であると言える。現在、日本社会での雇用は、汎用可能性の高い個別専門能力に応じたものへ転じる傾向にある。熊沢一九九七。このことの含意については後述。

(13) 以下の議論については、Simon 1976; March *et al.* 1993; Williamson 1979; 1985; 1996; Hirshman 1970; Aoki 1988。

(14) 専門能力に応じた雇用とは、請負契約に近似する。

(15) このような人事システムは、定年までに至る比較的制度化されたパターンで運用されているために、採用時の年齢が限定されることになる。一般に大企業では、大卒者の場合、最短で卒業する年齢から二年遅れまでの新卒者を採用の対象にする。また、中途採用を受け入れる場合にも年齢に上限（三五歳ぐらい）が引かれる。

(16)　しかし、これは、個々の専門能力に応じた評価ではない。管理能力はないが、個別特殊な専門能力は高いという場合は、むしろ組織内の出世競争からは傍流ということになりがちである。

(17)　言うまでもなく、このような事情が中小企業の人手不足を帰結する。

(18)　このような論理で組織された最も顕著な例が軍である。軍の組織外でいかなる人生を生きていたにせよ、徴兵されたときには彼らは単に兵力（としての労働力）という一元的な基準でのみ判断され、無差別化される。このような世俗的外皮の剝奪による「真空地帯」（野間宏）の創出は、近代的な軍隊のどこにおいても見られたものであるが、日本軍の場合、軍外での専門能力という基準の排除は、例えば米軍に比べても徹底していた。当時の日本において際立って高い語学能力をもっていた東大法学部助教授がただの二等兵とされ(丸山)、高い臨床医療の能力をもつ東大医学部助教授が看護卒とされた(沖中)。このような処遇は、日本でも例外的なものであるが、無差別化による動員が国民全体での動員にとって如何に重視されたかを示している（ただし（世俗的な）専門能力に応じた徴用とその能力に応じた処遇も、また別な形で合理的な、国民の能力の最大動員方法であることには注意）。

(19)　例えば数学だけに差別化した天才は入学試験に合格することは出来ない。小平邦彦『ボクは算数しか出来なかった』。近年では「一芸入試」と称する試験が実施されているが、目下のところこれは非頂点校における受験生獲得の試みであって、特定分野の天才を発掘し育成しようとすることを目指すところにまでは十分至っていない。

(20)　現代日本の学生は勉強しないと言われるが、実験や実習に追われる理系の学生は決して勉強していないわけではない。ただここで文系の学生を特に取り上げるのは、法・経済・商といった文系学部出身者が日本の大組織において幹部候補生として扱われるからである。

(21)　尤も、竹内洋は、大学入試の際の偏差値による大学の序列が、就職時には解体され、企業単位の再序列化が行なわれるとする(竹内一九九五)。だが、入社後のキャリアパスは、出身大学によるパターンが見られることも珍しくはない。

(22)　国家公務員Ⅰ種の、所謂キャリア採用においては、勿論、採用試験において法律や経済の専門科目で所定以上の得点をとらなければならないが、高得点をとったから当然に採用されるというわけではなく、官庁毎の面接で内定を得る必要がある。そこで言われるのも人物重視ということである。実際、官庁からの内定を得ながら、人事院の行なう二次試験の不出来のために採用されないという例は珍しいものではない。

(23) 専門的な能力が期待されていないのは、企業の側に、企業独自の社員教育の方が大学での教育よりも有効であるという自負があることを示すものでもある。なお、これは勿論、スポーツ選手としての能力の高さが評価されて企業チームのメンバーとして採用されるという場合は別である。

(24) 製造業者へのインタヴュー。

(25) それは当初、熟練工の囲い込みとして始まった。

(26) この時期の受験競争・点数競争の様子については、我妻一九九一や、原一九九五などにも興味深い叙述がある。
京都帝国大学法学部では二〇世紀初頭、高根義人の構想により、一九世紀ドイツ式の教育を目指したカリキュラム改革が行なわれた。この方式は、講義形式によって特定の知識を伝達・習得させることを目指すのではなく、ゼミナール方式で学生に特定テーマの研究を行なわせようとしたものであった。この高根の改革は、東京帝国大学で行なわれていた詰め込み教育へのアンチテーゼであった。ところがこの試みは文官高等試験の合格者数で京都帝大が東京帝大に大差をつけられたために、結局、四年で挫折し、京都帝大の教育体制も東京帝大のそれと大差ないものとなった。帝国大学学生は何より官吏になるべきものとして期待されていたこと、文官高等試験において成果を上げるための方法は詰め込み教育であったこと、そしてそれがこのように帝国大学教育の性質を規定したことが、ここから明らかである。このような基盤の上に、それ以降の受験戦争は展開されることになる。日本の大学教育制度はその後今日に至るまで基本的にはこれを維持してきた。そして、それが大学入試にたどり着くまで長く繰り返される試験の性格を規定し、教育方法をも規定してきたのである（潮木一九九七）。

(27) しばしば、国語の問題について、試験問題に採用された文章の作者自身が、その試験において正解（とされる解答）にたどりつけないことは語られる。しかし、このような試験は一定のテクニックを身につけていれば正解（とされる解答）にたどりつけるように作られているというところに意味があるのであって、そのような思考の技術を身につけているかどうかが問われているに過ぎない。極論すれば、そこに唯一の真理なるものが存在すると考える必要はないし、そのような唯一の真理が求められていると考える必要もない。特定の技術的能力からその者の持つ全般的能力を推定するという方法は決して不合理なものではないからである。このような事態を戯画化したものに、清水義範『国語入試問題必勝法』。

(28) 例えば現代の日本で最も難度の高い試験の一つと目されている司法試験においても、受験予備校が発展し、受験技術は高度に形式化している。受験生は往々、答案を時間内に作成しやすいか否かという観点から、採るべき学説を決定している。エール出版社編『私の司法試験合格作戦』『私の司法試験現役合格作戦』(各年度版)など、あまたの合格体験記を見よ。

(29) 大学生がエリートと目された時代においても、大学教育では一般教養が重視されていたということもまた、日本型のエリート養成が専門能力の育成に比重をおいていなかったことを示している。大正教養主義とは、このようにして無差別化を促進する受験競争によって作られた同質性の上に成り立ったものであった。そこで読まれていたものの著しい同質性を見よ。しかも、その教養なるものは立身出世を奨励する内容を持つものであった(筒井一九九五)。そのような教養なるものが、ヨーロッパにおける古典教育と著しい対照を示すことは言うまでもない(クルツィウス一九七一参照)。

(30) 多くの法学部では、「リーガルマインド」なるものの習得を目標とすると語られているが、それがいかなる専門能力の習得のことを指しているのかは必ずしも明確ではない。このことを捉えて、ある国立大学法学部教授は、法学部は花婿学部だからと語った。

(31) 戦後初期までは多くの企業で大卒者の給与は、それ以外の者のそれとは不連続であったし、大卒者の側での転職も必ずしも珍しくはなかった(現在では日本における大卒者と高卒者の生涯獲得賃金の格差は大きいものではない)。その当時までは大卒者の持つ専門能力(への期待)が、一定の市場的価値を持っていたことを示している。大組織による大卒者の包括的囲い込みは高度成長期に確固たるものになる。

(32) 竹内一九九五。

(33) これは陸軍幼年学校を経た陸軍エリートにも認められることである(広田一九九七)。

(34) 久野収は、これを顕教と密教の比喩で語る(久野ほか一九五六、一三二頁)。

(35) 最高得点を取る人間が管理者としての適性を持つという判断は、儒教的な徳治主義の発想を踏まえるものであろう。学問のある者は徳があり、徳を持つ者が君子として支配者たるという発想である。また、組織内に身分制的な秩序が実現されており、エリートが管理能力を発揮しなくても、封建的な従順性が期待しえたという事情もあろう。

(36) (旧)財閥系の企業は、勿論創設時には特に薩長藩閥政府と密接な関係があったことは確かであるが、企業経営が確立された後は、トップに天下りを受け入れることが少ない。これら企業は国家の直接的なコントロールを受けていない(このようなトップに到達するという可能性が確保されているからこそ、組織構成員の動員の最大化を期待できるのである)。大企業権力の政治からの自立性については言うまでもなく、大嶽一九七九。

(37) 企業の健康診断はもともと徴兵検査で採られていた方式が――学校保健法を経て――普及したものである。例えば、色覚検査は、一九一六年の徴兵検査で導入されたものが、企業の採用試験にも採用され、その検査自体は、今日でも多くの企業で残っている。

(38) このような「出身者」というアイデンティファイの仕方自体が、ある威信の体系の存在を示している。

(39) 中小企業団体中央会や業界団体の果たす重要な役割の一つに、叙勲の推薦がある。

(40) それは前例を重んじる結果、結局不可避的にインフレ化する(水沢一九九六)。

(41) これに類似の二系列は台湾にも見られる。台湾では従来、国民党政府・大企業への就職のチャンスが外省人に限られていたため、本省人の中では、独立・自営の志向が非常に強く現れており、極めて多くの中小企業が存在する。この独立心がコンピューター産業を中心にする台湾の経済成長を実現したものである(ただし、日本の場合とは異なって「よい学校」志向は台湾では独立志向と直結している。この違いは、権威の系の違いに基づくものであろう)。沼崎一九九五、Hsiung 1996. Cf. Wade 1990.

(42) 明治期の新興ブルジョアジーについて、漱石を印象的に引きながら、丸山一九六四、一四頁。また、同じことは、ドイツについて Mommsen 1990。

(43) 明治期の人間が自らの立身を、国家の将来と重ね合わせて受け止めたというのは決して珍しいことではない。例えば、南原繁にも(少年期には)そのような面があった。加藤(節)一九九七、一八頁。

(44) 「見えざる手としての国家」である(畠山一九九六)。

(45)　Hall,J. 1986; Mann 1988; Giddens 1987. また、ポランニー一九七五b、木村一九九三、山之内一九九五、ゾンバルト一九九六。国家論として国益に注目したものとして、Krasner 1978; Gourevitch 1986; Kazenstein 1985 がある。また、Smith 1991; 筒井一九九七、スコチポル一九九五などを参照。

(46)　これはエスピング-アンデルセンの福祉国家の類型論に言う保守型の福祉を実現するものでもある（Esping-Andersen 1990a）。

(47)　堀田一九九一、二二二頁。

(48)　カーストに束縛されたインド社会において、近代資本主義的組織運営に困難が生じるのも同じ理由による。

(49)　ウェーバー一九九四、七四頁。

(50)　グレーヴィッチ一九九二、二七六頁。ポランニー一九八〇、一九八五。

(51)　ルネッサンス・大航海時代までヨーロッパは経済的に停滞していたという理解は、過去のものである。中世において生じたダイナミズムについてはブローデル一九九五などを見よ。また一八世紀イギリスに起こったとされる「産業革命」を歴史上の画期と見る見方は多くの点で批判されている。斎藤一九八五、サースク一九八四、ラスレット一九八六また村上一九九二。なお、大塚一九八一も参照。

(52)　グレーヴィッチ一九九二、三〇五頁。

(53)　つまり、中世のギルド的な連帯は近代的な自由の対抗物であるというのではなく、その——一つの——起源であったと考えることも出来るのである。Gurevich 1995.

(54)　このことは保守主義が内に含むダイナミズムを示すものとも考えられる。古典的にはバーク一九七八。Macpherson 1980. またハイエク、落合一九八七、ニスベット一九九〇、添谷一九九五。

(55)　ギルドに所属するメンバーは、国家横断的に扶助し合うものであった。『ヴィルヘルム・マイスター』を想起せよ。

(56)　本稿とは逆の文脈ながら、ここに近代の自由の淵源を見るものに、増田一九九四、一九九五。

(57)　堀田一九九一、二二三頁。もう一つ、当時の彼の「平穏」の敵は、ソ連であったが。

(58)　間宮一九九六。

(59) 網野一九八四。

# 跋

学位論文が学生時代の総決算であるという謂に即するならば、長期に及んだ私の知的遍歴は本書の叙述自体に否応なく表象され、その間の知的恩義への謝意も本書での言及自体に自ずから示されていよう。ここでは、このような書物の出自・由来を明らかにすることで、特に、本書に至った機縁に対する謝辞としたい。

本書は日本学術振興会特別研究員として東北大学大学院と京都大学大学院に所属している間に行なわれた研究成果を柱としている。この間の私のわがままな研究生活が可能になったのは、研究指導教授を引き受けて下さった大嶽秀夫先生の寛容のおかげである。かくも拙いものとは言え、最初の仕事を書き下ろしの一書として作すという目論見は、経験の乏しい者には容易ならざることも多いものであった。ここまで何とか辿り着き得たのは、ひとえに先生のご配慮に与ってのことである。停滞がちの私に対し折りにつけ洋子夫人が叱咤激励くださったことも、また忘れることが出来ない。

京都大学では学位の審査にあたって村松岐夫・的場敏博の両先生から励ましに満ちた過分なまでのお言葉を頂戴した。新潟大学大学院在学時の指導教官であった新川敏光先生には本書の草稿に対しても親身なアドヴァイスを賜った。東北大学の現在の政治学系スタッフ各位からは、専門を異にする読者への対応を意識すべきことを教わった。

日本の東西で二つの研究会に参加できたことも貴重な経験であった。関西政治経済学研究会では、真渕勝・久米郁男・北山俊哉の三氏を中心とする談論風発に、特に方法という点で啓発されることが多かった。メンバーの建林正彦氏には、草稿にコメントをいただいた。畠山弘文氏を代表とする明治学院大学の近代と監視研究会では、動員というキィワードから近代を考えるという視座について裨益されるところ大であった。これらの研究会は政治学界の中でもテーマ・方法・顔ぶれという点ではまったく対照的なものであろうが、本書にとっては等しく重要なインキュベイターであった。

政策過程の経験的な分析を手がけたことのある方なら誰でも御存知のことと思うが、事例研究を理論と整合的に提示するということは、決して容易なことではない。本書の研究においても事例解釈のプロット自体は、比較的早期に出来ていたが、それを如何に理論構成するかが予想外の難事となった。結局その枠組は、様々な議論を無手勝流に寄せ集め自ら構築していかなければならなくなった（このため当初の構想は大きく変更を余儀なくされ、多くの方に要らざるご迷惑をおかけすることになってしまったことをここでお詫びしなければならない）。そのような暗中模索の中で最終的に導きとなったのは、当人においても思いがけぬことに、大学院進学以前に聞きかじったことのあったマックス・ウェーバーと新科学哲学であった。かつて、ウェーバーの世界へと誘なって下さったのは宮田光雄先生であり、科学哲学の魅惑を教えて下さったのは野家啓一先生である。どちらの領域についても、私の知識は依然入門以前のレヴェルにとどまっており、今ここでのこのような言及にはお二人とも困惑されるだけであろうが、学生時代それぞれのゼミに参加させていただくという機会がなければ本書のアイディアは生まれなかったはずである（ちなみに、本書カヴァーにあしらった「うさぎ－あひる図」は、野家先生のゼミで知ったL・ウィトゲンシュタインやN・R・ハンソンの著作に由来する。私は勝手乍らこれを自分のこの研究のシンボルマークとしていた）。また本書構想途上では、柳父圀近先生が、ウェーバーについての突拍子もない素人談義に寛大につきあって下さった。

中小企業に焦点を当てて税制改革過程を分析するという本書のテーマの成立は、当人の主観においてはまったくの偶然・僥倖によるものであった（勿論、一部の方はパロディと笑って下さった）が、本書の調査・執筆過程で出会った中小企業者たちからは、その独立自営の気概という点で強い印象を受けた。徒手空拳で研究に取り組んでいた私自身そこから励まされるところが極めて大きかったことを告白せざるを得ない。こういった中小企業者は、その位相を語る言葉を持たない。本書は、彼らにとっては「ふつうのこと」と思われるはずの事態に、理論的な言語を与えようという試みであった。それは、私にとっては、学問の世界における独立経営主体たらんとする自分自身との対話であったとも言えるものかも知れない。「なぜ〝大学の先生〟（と呼ばれて私は困惑したものである）がこんな当たり前のこと面白がって聞くのか」という顔をしつつも、快く私の取材に応じて下さった多くの中小企業者たちに最後に感謝の言葉を捧げたい。

一九九九年一一月三日

京都神楽岡無仏庵にて

著者識

# 参考文献

## 〔邦文〕

### A


赤間祐介　1989,「先進産業諸国の歳入構造――税収構成の政治的要因」『季刊行政管理研究』(47)：33－48頁；(48)：13－24頁。

安藤博　1987,『責任と限界――赤字財政の軌跡』金融財政事情研究会。

荒井一博　1997,『終身雇用制と日本文化――ゲーム論的アプローチ』中央公論社。

アルベール，ミシェル　1996,『資本主義対資本主義』(小池はるひ訳) 竹内書店新社。

網野善彦　1984,『日本中世の非農業民と天皇』岩波書店。

――　1987,『無縁・公界・楽 (増補版)』平凡社。

――　1996,『日本史再考――新しい歴史像の可能性』日本放送出版協会。

有田辰男　1990,『戦後日本の中小企業政策』日本評論社。

――　1997,『中小企業論――歴史・理論・政策』新評論。

浅田彰　1983,『構造と力』勁草書房。

浅沼万里　1989,「日本におけるメーカーとサプライヤーとの関係――関係の諸類型とサプライヤーの発展を促すメカニズム」，土屋守章・三輪芳朗編『日本の中小企業』東京大学出版会：61－78頁。


### B


ベル，ダニエル　1975,『脱工業社会の到来』(内田忠夫・嘉治元郎・城塚登・馬場修一・村上泰亮・谷島喬四郎訳) ダイヤモンド社。

ビルンボーム，ピエール　1988,『現代フランスの権力エリート』(田口富久治監訳，国広敏文訳) 日本経済評論社。

ブローデル，フェルナン　1995,『歴史入門』(金塚貞文訳) 太田出版。

バーク，エドモンド　1978,『フランス革命の省察』半沢孝麿訳，みすず書房。


### C


チャンドラー，アルフレッド・D.Jr 1979,『経営者の時代』(鳥羽欽一郎・小林袈裟治訳) 東洋経済新報社。

クロジェ，ミシェル　1981,『閉ざされた社会――現代フランス病の考察』(影

山喜一訳）日本経済新聞社。

カーチス，ジェラルド　1971,『代議士の誕生――日本式選挙運動の研究』（山岡清二訳）サイマル出版会。

――　1987,『「日本型政治」の本質――自民党政治の民主主義』（山岡清二訳）TBS ブリタニカ。

## D

ダーレンドルフ，ラルフ　1964,『産業社会における階級および階級闘争』（富永健一訳）ダイヤモンド社。
出川直樹　1997,『人間復興の工芸――「民芸」を超えて』平凡社。

## E

エグレ，ジョルジュ　1985,『付加価値税』（荒木和夫訳）白水社。
永六輔　1996,『職人』岩波書店。
遠藤元男　1961,『日本職人史の研究』雄山閣。
――　1997,「職人――国は手工業の育成保護を考えよ／職人自身も自覚と団結が必要」,『アエラ』26号（1997年6月30日）：57頁。
遠藤輝明　1975,「フランスにおける企業経営の歴史的特質」，伊東ほか編『シリーズ比較企業体制　世界の企業3　フランス・イタリアの政府と企業』筑摩書房：105－146頁。

## F

フラナガン，スコット・C.，ブラッドリーM. リチャードソン　1980,『現代日本の政治』（中川融監訳）敬文堂。
フリードマン，デヴィッド　1992,『誤解された日本の奇跡――フレキシブル生産の展開』（丸山恵也監訳）ミネルヴァ書房。
藤田敬三・竹内正巳編　1987,『中小企業論（第3版）』有斐閣（初版，1968)。
深川由紀子　1997,『韓国・先進国経済論』日本経済新聞社。
福岡安則・金明秀　1997,『在日韓国人青年の生活と意識』東京大学出版会。
フクヤマ，フランシス　1996,『「信」無くば立たず』（加藤寛訳）三笠書房。

## G

ガルブレイス，ジョン・K　1990,『ゆたかな社会』（鈴木哲太郎訳）岩波書店。
ギデンズ，アンソニー　1977,『先進社会の階級構造』（市川統洋訳）みすず書房。
ゲーテ，ヨハン・W 1958,『ウィルヘルム・マイステル』（関泰祐訳）筑摩書

房。
ゴールドソープ，ジョン・H．編　1987,『収斂の終焉――現代西欧社会のコーポラティズムとデュアリズム』（稲上毅・下平好博・武川正吾・平岡公一訳）有信堂。
五島茂編　1979,『世界の名著　ラスキン・モリス』中央公論社。
グレーヴィッチ，アーロン　1992,『中世文化のカテゴリー』川端香男里・栗原成郎訳，岩波書店。

## H

河世憲　「利益集団の当面問題と戦略――農協の事例を中心に」『東北法学』第14号：51－106頁。
芳賀徹　1990,『絵画の領分』朝日新聞社。
ホール，ジョン・A., G.ジョン・アイケンベリー　1996,『国家』（星野智・斎藤俊明訳）昭和堂。
ハムデン-ターナー，C.，A．トロンペナールス　1997,『七つの資本主義』（上原一男・若田部正澄訳）日本経済新聞社。
初田亨　1997,『職人たちの西洋建築』講談社。
八田達夫　1994,『消費税はやはりいらない』東洋経済新報社。
畠山弘文　1989,『官僚制支配の日常構造――善意による支配とは何か』三一書房。
――　1996,「見えざる手としての国家－ネオ・マキャベリ主義社会理論の射程」『明治学院論叢』（61）：77－150頁。
原輝史編　1980,『フランス経営史』有斐閣。
――　1993,『フランスの経済――転機に立つ混合経済体制』早稲田大学出版部。
原輝史・宮島喬　1993,『フランスの社会――変革を問われる文化の伝統』早稲田大学出版部。
原彬久　1995,『岸信介――権勢の政治家』岩波書店。
原尻英樹　1997,『日本定住コリアンの日常と生活――文化人類学的アプローチ』明石書店。
播久夫　1992,『実録中小企業運動史――戦前の小売商問題と戦後の中小企業問題』同文舘。
畑山敏夫　1997,『フランス極右の新展開――ナショナル・ポピュリズムと新右翼』国際書院。
橋本信之　1994,「農業政策と政策過程」，西尾勝・村松岐夫編『講座行政学第3巻　政策と行政』有斐閣：159－196頁。

林仲宣　1997,『税の社会学』税務経理協会。
ヘイワード，J.E.S. 1986／1987,『フランス政治百科』上・下，川崎信文・岩本美砂子・古川都・田口富久治訳）勁草書房。
平井俊哉　1997,『問屋が消える日』ぱる出版。
樋口兼次　1977,「戦後中小企業運動の展開」加藤誠一・水野武・小林靖雄編『組織問題と中小企業』（現代中小企業基礎講座第3巻）同友館：223－256頁。
樋口陽一　1992,『憲法』創文社。
広瀬道貞　1989,『政治とカネ』岩波書店。
——　1993,『補助金と政権党』（朝日文庫版）朝日新聞社（初版1981）。
広田照幸　1997,『陸軍将校の教育社会史－立身出世と天皇制』，世織書房。
樋渡展洋　1991,『戦後日本の市場と政治』，東京大学出版会。
——　1995,「『55年』政党制変容の政官関係」日本政治学会編『現代日本政官関係の形成過程』岩波書店：77－105頁。
ホフマン，スタンレイ　1977,『フランス現代史』全3巻（天野恒雄訳）白水社。
細井和喜蔵　1954,『女工哀史』岩波文庫（1980改版。原1925)。
堀田善衛　1991,『日々の過ぎ方』筑摩書房。

## I

市野川容孝　1996,「安全性の政治」大沢真幸編『社会学のすすめ』筑摩書房：89－119頁。
井戸正伸　1994,「コーポラティズム論を超えて——制度論からダイナミック・アプローチへ」田口富久治・加藤哲郎編『現代政治学の再構成』青木書店：151－208頁。
飯尾潤　1993,『民営化の政治経済学——臨調型改革の成果と限界』東京大学出版会。
池田謙一・西沢由隆　1992,「政治アクターとしての政党——89年参議院選挙の分析を通じて」『レヴァイアサン』（10）：62－81頁。
池上惇　1991,『文化経済学のすすめ』丸善。
——　1993,『生活の芸術化』丸善。
池上直己・ジョン・C.・キャンベル　1996,『日本の医療——統制とバランス感覚』中央公論社。
壱岐晃才・木村立夫編著　1985,『日本企業読本』東洋経済新報社。
今田幸子　1982,「職業経歴と労働市場の構造」『雇用職業研究』（19）：45－54頁。

今田高俊　1989,『社会階層と政治』東京大学出版会。
今井賢一　1989,「企業グループ」, 今井・小宮編『日本の企業』東京大学出版会：131－161頁。
今井賢一・小宮隆太郎　1989,「日本企業の特徴」, 今井・小宮編『日本の企業』東京大学出版会：3－26頁。
今井賢一・小宮隆太郎編　1989,『日本の企業』東京大学出版会。
稲継裕昭　1996,『日本の官僚人事システム』東洋経済新報社。
猪口孝　1983,『現代日本政治経済の構図――政府と市場』東洋経済新報社。
――　1988,『国家と社会』東京大学出版会。
猪口孝・岩井奉信　1987,『「族議員」の研究』日本経済新聞社。
猪瀬直樹　1990,『日本国の研究』文芸春秋社。
井上裕務編　1997a,『別冊宝島292　サラリーマン独立物語』宝島社。
――　1997b,『別冊宝島303　この資格をねらえ！』宝島社。
井上究一郎・伊沢久昭　1975,『フランス・イタリアの政府と企業』筑摩書房。
井上学編　1994,『別冊宝島192　ザ・税金』宝島社。
――　1995,『別冊宝島225　となりの創価学会』宝島社。
――　1996,『別冊宝島260　実録・流通戦線異常あり』宝島社。
井上雅雄　1989,「中小企業の労使関係像――労働者のエートスからの接近」土屋守章・三輪芳朗編『日本の中小企業』東京大学出版会：141－166頁。
井上義比古　1992,「国会議員と地方議員の相互依存力学――代議士系列の実証分析」『レヴァイアサン』(10)：133－155頁。
石井淳蔵　1989,「小売商業における企業化行動の条件」『組織科学』22（4）：26－34頁。
――　1996,『商人家族と市場社会――もう一つの消費社会論』有斐閣。
石川真澄・広瀬道貞　1989,『自民党――長期支配の構造』岩波書店。
石川経夫　1989,「賃金二重構造の理論的検討」土屋守章・三輪芳朗編『日本の中小企業』東京大学出版会：117－140頁。
板垣英憲　1987,『自民党選挙の秘密』三一書房。
伊丹敬之・加護野忠男・伊藤元重編　1993,『リーディングス日本の経済システム』全4巻, 有斐閣。
伊藤大一　1980,「税務行政と官僚制」伊藤『現代日本官僚制の分析』東京大学出版会：207－271頁。
伊藤昌哉　1985,『自民党戦国史』全3巻, 朝日新聞社。
伊藤元重　1989,「企業間関係と継続的取引」今井・小宮編『日本の企業』東京大学出版会：109－130頁。
――　1997,『消費者重視の経済学』日本経済新聞社。

伊藤之雄　1996,「書評　合理的選択モデルと近代日本研究」『レヴァイアサン』（19）：146－156頁。
岩井克人　1985,『ヴェニスの商人の資本論』筑摩書房。
岩井奉信　1990a,「税制改革の政治学」貝塚ほか編『税制改革の潮流』有斐閣：63－93頁。
――　1990b,『「政治資金」の研究』日本経済新聞社。
岩井奉信・猪口孝　1987,「税制族の政治力学」『中央公論』（３）：96－106頁。
岩﨑健久　1994,「税制改革の政治過程――大型間接税のケースを用いて」，筑波大学
――　1996,「書評　税制の政治」『レヴァイアサン』（18）：160－170頁。
岩澤孝雄　1992,『商店街活性化と街づくり――都市政策と商業政策の融合』白桃書房。

K

蒲島郁夫　1988,『政治参加』東京大学出版会。

――　1992,「89年参院選――自民大敗と社会大勝の構図」『レヴァイアサン』（10）：７－31頁。

貝塚啓明　1985,「イギリス税制の特徴――意思決定過程を中心に」社団法人財政研究所『先進諸国での税制改正にかかる基本的な考え方と論議の変遷』：３－22頁。

――　1986,「抜本的税制改革のあり方――アメリカと日本」『ジュリスト』（12月15日）：10－14頁。

――　1991,「税制改革の政治経済学――国際比較的視点から」貝塚『日本の財政金融』有斐閣：125－139頁。

貝塚啓明・石弘光・野口悠紀雄・宮島洋・本間正明編　1990,『シリーズ現代財政２税制改革の潮流』有斐閣。

梶田孝道　1988a,「国家と社会変動――P.ビルンボームの『国家社会学』」梶田『テクノクラートと社会変動』東京大学出版会：215－249頁。

――　1988b,「移民問題と国家類型」梶田『エスニシティと社会変動』有信堂高文社：105－136頁。

――　1995,「戦後フランスの国家と社会変動」柴田三千雄・樺山紘一・福井憲彦編『世界歴史大系フランス史３』：387－457頁。

神島二郎　1961,『近代日本の精神構造』岩波書店。

金子邦彦・郡司ペギオ-幸夫・高木由臣　1997,「多様性の生物学」『現代思想』（６）。

カントーロヴィチ，エルンスト・H 1992,『王の二つの身体』（小林公訳）平凡

社。
加藤淳子　1993,「多元主義と日本政治研究の新動向――自民党一党支配の終焉に際して」1993年度日本政治学会。
――　1994,「書評　新制度論をめぐる論点」『レヴァイアサン』(10)：176－182頁。
――　1995,「政策知識と政官関係――1980年代の公的年金制度改革，税制改革をめぐって」日本政治学会編『現代日本政官関係の形成過程』岩波書店。
――　1997,『税制改革と官僚制』東京大学出版会。
加藤周一　1968,『続・羊の歌　わが回想』岩波書店。
加藤節　1997,『南原繁』岩波書店。
加藤哲郎　1994,「現代レギュラシオンと国家――日本はシュンペーター主義的勤勉国家の最先端か？」田口富久治・加藤哲郎編『現代政治学の再構成』青木書店：283－316頁。
加藤陽子　1996,『徴兵制と近代日本　1868－1945』青木書店。
河合正弘・武蔵武彦・八代尚宏　1996,『経済政策の考え方』有斐閣。
慶応義塾大学曾根研究会　1992,『Law Making Odyssey』
木村雅昭　1993,『国家と文明システム』ミネルヴァ書房。
木代泰之　1985,『自民党税制調査会』東洋経済新報社。
北川紘洋と五月会　1995,『誰も知らない創価学会の選挙』はまの出版。
北野弘久・湖東京至　1994,『消費税革命・ゼロパーセントへの提言――「福祉税」構想批判』こうち書房。
北山俊哉　1985,「日本における産業政策の執行過程」『法学論叢』117（5）：53－76頁；118（2）：76－98頁。
――　1990a,「産業政策の政治学から産業の政治経済学へ－1930年代の日米政治経済(重要産業統制法と全国産業復興法)」『レヴァイアサン』(1990夏)：142－161頁。
――　1990b,「地域産業の政治経済学」関西学院大学法政学会『法と政治』41(4)：359－390頁。
――　1993,「国家のビジネス・地方のビジネス――地方自治の政治経済学へ」関西学院大学法政学会『法と政治』44（1）：119－148頁。
――　1994,「地域経済振興政策」西尾勝・村松岐夫編『講座行政学第3巻　政策と行政』有斐閣：321－352頁。
清成忠男　1971,「『営業の自由』の制限について」『社会科学の方法』4（6）：22－28頁。
――　1993,『中小企業ルネッサンス――市場経済の刷新と企業化活動』有斐

閣。
―― 1997,『中小企業読本（第3版）』東洋経済新報社。
清成忠男・田中利見・港徹雄　1996,『中小企業論』有斐閣。
小林袈裟治・米川伸一・福応健　1982a,『西洋経営史を学ぶ（上）工場経営の時代＝近代企業の確立と成熟』有斐閣。
小林袈裟治・米川伸一・福応健　1982b,『西洋経営史を学ぶ（下）現代経営の時代＝現代企業の成立と発展』有斐閣。
小林直樹　1957,「中小企業団体組織法の立法過程――立法研究の一資料として」『社会科学紀要』。
小林良彰　1991,『現代日本の選挙』東京大学出版会。
コッカ，ユルゲン　1992,『工業化・機械化・官僚制化』（加来祥男編訳）名古屋大学出版会。
小松章　1990,『企業形態論』新世社。
小宮隆太郎・奥野正寛・鈴村興太郎編　1984,『日本の産業政策』東京大学出版会。
小室直樹　1990,『悪魔の消費税』天山出版。
小室直樹　1985,『韓国の悲劇』光文社。
コーンハウザー，ウィリアム　1961,『大衆社会の政治』（辻村明訳）東京創元社。
香西泰　1981,『高度成長の時代』日本評論社。
熊沢誠　1993,『新編日本の労働者像』筑摩書房。
―― 1997,『能力主義と企業社会』岩波書店。
久米郁男　1992,「労働の参加なき勝利？――雇用政策の政治経済学」『レヴァイアサン』(11)：171－194頁。
―― 1994,「政治経済環境の変化と行政システム」西尾勝・村松岐夫編『講座行政学第3巻　政策と行政』：1－39頁。
―― 1997,「鳩山・岸路線と戦後政治経済体制」『レヴァイアサン』(20)：151－172頁。
久野収・鶴見俊輔　1956,『現代日本の思想』岩波書店。
栗林良光　1987,『大蔵省主税局』講談社。
黒田展之編　1984,『現代日本の地方政治家』法律文化社。
クルツィウス，エルンスト・R.　1971,『ヨーロッパ文学とラテン中世』（南大路振一・岸本通夫・中村善也訳）みすず書房。
草光俊雄　1995,「柳宗悦と英国中世主義――モリス，アーツ・アンド・クラフト，ギルド社会主義」杉原四郎編『近代日本とイギリス思想』日本経済評論社：123－142頁。

草光俊雄・小林康夫編　1997,『未来の中の中世』東京大学出版会。
草野厚　1992,『大店法経済規制の構造――行政指導の功罪を問う』日本経済新聞社。
忽那憲治　1997,『中小企業金融とベンチャー・ファイナンス－日・米・英の国際比較』東洋経済新報社。

## L

ラスレット，ピーター　1986,『われら失いし世界－近代イギリス社会史』（川北稔・指昭博・山本正訳）三嶺書房。
ル・ゴッフ，ジャック　1988,『煉獄の誕生』（渡辺香根夫・内田洋訳）法政大学出版局。

## M

真渕勝　1981,「再配分の政治過程」高坂正尭編『高度産業国家の利益政治過程と政策－日本』（トヨタ財団女性研究報告書）84－132。
――　1987,「アメリカ政治学における『制度論』の復活」『思想』（761）：126－154頁。
――　1989,「大蔵省主税局の機関哲学」『レヴァイアサン』（４）：41－58頁。
――　1994a,『大蔵省統制の政治経済学』，中央公論社。
――　1994b,「財政・金融政策」，西尾勝・村松岐夫編『講座行政学第３巻　政策と行政』：41－76頁。
間宮陽介　1996,「書評　『市場システムを超えて』」『エコノミスト』（96年９月３日）。
毛桂栄　1997,『日本の行政改革－制度改革の政治と行政』青木書店。
丸山真男　1952,『日本政治思想史研究』東京大学出版会。
――　1960,「忠誠と反逆」『近代日本思想史講座第６巻　自我と環境』筑摩書房。
――　1964,『現代政治の思想と行動（増補版）』未来社。
マルクス・エンゲルス　1971,『共産党宣言』（大内兵衛・向坂逸郎訳）岩波書店。
正村公宏　1985,『戦後史』中央公論社。
増田四郎　1994,『都市』筑摩書房。
――　1995,『西欧市民意識の形成』講談社。
升味準之輔　1985,『現代政治』東京大学出版会。
松原隆一郎　1997,「社会現象における『複雑系』」『大航海』（16）：83－89。
松井隆幸　1997,『戦後日本の産業政策の政策過程』九州大学出版会。

松村高夫　1995,「職人から労働者へ－イギリスの場合」歴史学研究会編『講座世界史４　資本主義は人をどう変えてきたか』東京大学出版会：11－34頁。
松下光志編　1995,『別冊宝島226　職がない！』宝島社。
――　1997,『別冊宝島M　郵便局のヒミツ』宝島社。
マートン，ロバート・K.　1961,『社会理論と社会構造』（森東吾・森好夫・金沢実・中島龍太郎訳）みすず書房。
閔寛植　1994,『在日韓国人の現状と未来』（金敬得・金容権訳）白帝社。
南博　1994,『日本人論』岩波書店。
ミルズ，C.ライト　1957,『ホワイト・カラー――中産階級の生活探求』（杉政孝訳）東京創元社。
三輪芳朗　1989a,「下請関係：自動車産業」今井・小宮編『日本の企業』東京大学出版会：163－186頁。
――　1989b,「日本の中小企業の『イメージ』,『実態』と『政策』」土屋・三輪編『日本の中小企業』東京大学出版会：39－59頁。
――　1991,『日本の取引慣行――流通と消費者の利益』有斐閣。
三輪芳朗・西村清彦編　1991,『日本の流通』東京大学出版会。
宮島洋　1986,『租税論の展開と日本の税制』日本評論社。
宮島喬・梶田孝道・伊藤るり　1985,『先進社会のジレンマ』有斐閣。
三宅一郎　1985a,『政党支持の分析』創文社。
――　1985b,「世論と市民の政治参加」，三宅一郎・山口定・村松岐夫・進藤栄一『日本政治の座標』有斐閣。
――　1989,『投票行動』東京大学出版会。
――　1992,「89年参議院選挙と『政党再編成』」『レヴァイアサン』（10）：32－61頁。
三宅一郎・村松岐夫編　1981,『京都市政治の動態――大都市政治の総合的分析』有斐閣。
宮本憲一　1990,『補助金の政治経済学』朝日新聞社。
水尾比呂志　1992,『評伝柳宗悦』筑摩書房。
水崎節文　1992,「一人区における自民党の完敗――89年参議院選挙集計データの解析から」『レヴァイアサン』（10）：82－103頁。
水沢渓　1996,『勲章制度が日本をダメにする』三一書房。
モムゼン，ヴォルフガング・J.　1977,『マックス・ヴェーバー――社会・政治・歴史』（中村貞二・米沢和彦・嘉目克彦訳）未来社。
――　1984『官僚制の時代――マックス・ヴェーバーの政治社会学』（得永新太郎訳）未来社。

森嶋通夫　1977,『イギリスと日本――その教育と経済』岩波書店。
――　1978,『続イギリスと日本――その国民性と社会』岩波書店。
百瀬恵夫・森下正　1997,『ベンチャー型企業の経営者像』中央経済社。
森本哲郎　1994,「一党優位と正統性――自民党態勢とゴーリスト体制」『レヴァイアサン』(1994冬)：139－164頁。
村川一郎　1985,『政府税調と自民党税調 「税」の舞台裏』教育社。
村松岐夫　1981,『戦後日本の官僚制』東洋経済新報社。
――　1991,「1960年代と70年代の日本政治」東京大学社会科学研究所編『現代日本社会第5巻　構造』東京大学出版会：335－370頁。
――　1994,『日本の行政』中央公論社。
村松岐夫・伊藤光利　1986,『地方議員の研究』日本経済新聞社。
村松岐夫・伊藤光利・辻中豊　1986,『戦後日本の圧力団体』東洋経済新報社。
村松岐夫・伊藤光利　1986,『地方議員の研究』日本経済新聞社。
村松岐夫・真渕勝　1994,「税制改革の政治学」(1994冬)：178－199頁。
村上泰亮　1984,『新中間大衆の時代――戦後日本の解剖学』中央公論社。
――　1992,『反古典の政治経済学』中央公論社。
村上泰亮・公文俊平・佐藤誠三郎　1979,『文明としてのイエ社会』中央公論社。
村上陽一郎　1997,「複雑系についての一つの見方」『大航海』(16)：70－73頁。
村上由見子　1997,『アジア系アメリカ人――アメリカの新しい顔』中央公論社。

## N

永久寿夫　1995『ゲーム理論の政治経済学』PHP 研究所。
中川文雄・三田千代子編　1995,『ラテンアメリカ　人と社会』新評論。
中見真里　1994／1994,「柳宗悦・クロポトキン・ギルド社会主義」『民芸』1993(9)；(11)；(12)；1994(1)。
中村真人　1993,「中小企業の労働者――企業社会の周辺部」戸塚秀夫・徳永重良編著『現代日本の労働問題――新しいパラダイムを求めて』ミネルヴァ書房：12－159頁。
中村秀一郎　1985,『挑戦する中小企業』岩波書店。
――　1992,『21世紀型中小企業』岩波書店。
中村隆英　1986,『昭和経済史』岩波書店。
――　1993,『日本経済：その成長と構造(第3版)』東京大学出版会。
中村隆英編　1989,『「計画化」と民主化』岩波書店。

中村隆英・尾高煌之助編　1989,『二重構造』岩波書店。
中木康夫　1975／76,『フランス政治史』未来社。
中木康夫編　1987,『現代フランスの国家と政治』有斐閣。
中木康夫・河合秀和・山口定　1990,『現代西ヨーロッパ政治史』有斐閣。
中野孝次　1992,『清貧の思想』草思社。
中野実　1989,『革命』東京大学出版会。
——　1992,『現代日本の政治過程』，東京大学出版会。
中曽根康弘　1996,『天地有情』文藝春秋社。
直井優・盛山和夫編　1990,『現代日本の階層構造１　社会階層の構造と過程』東京大学出版会。
日本実業出版社編　1995,『これが銀行のやり口だ！』日本実業出版社。
日本経済新聞政治部　1994,『ドキュメント族議員』社会思想社（原『自民党政調会』日本経済新聞社，1983)。
日本経済新聞社編　1984,『ザ・税務署』日本経済新聞社。
日本民芸協会編　1972,『柳宗悦選集（新装版)』全10巻，春秋社。
新川達郎　1992,「税制改革と地方自治——消費税導入と中央地方関係の変化をめぐって」『東北学院大学論集・法律学』(40）：７－57頁。
ニスベット，ロバート　1990,『保守主義——夢と現実』(富沢克・谷川昌幸訳）昭和堂。
西川長夫　1984,『フランスの近代とボナパルティズム』岩波書店。
西尾勝　1993,『行政学』有斐閣。
西山賢一　1989,『ニッチを求めて』批評社。
——　1992,『文化生態学入門』批評社。
——　1997,『複雑系の経済』日本放送出版協会。
野家啓一　1993a,『言語行為の現象学』勁草書房。
——　1993b,『無根拠からの出発』勁草書房。
——　1993c,『科学の解釈学』新曜社。
野口悠紀雄　1995,『1940年体制』東洋経済新報社。
ノーマン,E.ハーバート　1993,『日本における近代国家の成立』(大窪愿二訳）岩波文庫。
野村正實　1994,『終身雇用』岩波書店。
野村進　1996,『コリアン世界の旅』講談社。
野中尚人　1995,『自民党政権下の政治エリート——新制度論による日仏比較』東京大学出版会。
沼崎一郎　1995,「高度成長の裏側——経済と国家」笠原政治・植野弘子編『アジア読本　台湾』河出書房：70－83頁。

## O

落合仁司　1987,『保守主義の社会理論——ハイエク・ハート・オースティン』勁草書房。

尾高煌之助　1993,『職人の世界・工場の世界』リブロポート。

小川正博　1996,『創造する日本企業——環境変化と経営革新』新評論。

岡田千尋　1984,「戦時統制下の中小商業」『彦根論叢』(228•229)：334－349頁。

岡田与好　1975,『独占と営業の自由——ひとつの論争的研究』木鐸社。

岡沢憲芙　1988,『政党』東京大学出版会。

奥島孝康•中村紘一編　1993,『フランスの政治——中央集権国家の伝統と変容』早稲田大学出版部。

大前研一　1990『新・国富論』講談社（原1986)。

——　1996『税金って何だろう』ダイヤモンド社。

大西裕　1993／1994,「国家建設と住民把握——日本と韓国における住民把握制度形成過程の研究」『大阪市立大学法学雑誌』40（１）：65－105頁；40（２）：１－33頁。

——　1994,「開発モデルとしての『東アジア』工業化」『大阪市立大学法学雑誌』40（４）：200－225頁；41（１）：30－48頁。

小野二郎　1992,『ウィリアム・モリス——ラディカル・デザインの思想』中央公論社。

大薗友和　1991,『一目でわかる企業系列と業界地図』日本実業出版社。

大嶽秀夫　1978／1979,「現代政治における大企業の影響力」『国家学会雑誌』91（５・６）：271－342頁；91（９・10）：594－655頁；92（１・２）：62－127頁。

——　1979a,「日本政治研究における比較の方法——戦後政治学の方法的基礎」『UP』(３)：14－18頁；（４）：23－27頁；（６）：26－31頁。

——　1979b,「政治学における体系化の二方向」『社会科学の方法』(６)：１－７頁。

——　1979c,『現代日本の政治権力経済権力』三一書房。

——　1986,『アデナウアーと吉田茂』中央公論社。

——　1989,「テクノクラシー論の再構成——比較政治学の一枠組として」『レヴァイアサン』(４)：７－24頁。

——　1993,「細川政権を生んだ二つの政治潮流」『エコノミスト』(1993年10月19日)：34－39頁。

——　1994,『自由主義的改革の時代』中央公論社。

—— 1995,『政治分析の手法』放送大学教育振興会。

—— 1996,『戦後日本のイデオロギー対立』三一書房。

—— 1997,「産業政策の政治経済学」『UP』26（2）：30－34頁。

大嶽秀夫編 1997,『政界再編の研究』有斐閣。

大塚久雄 1968,『近代化の人間的基礎』筑摩書房。

—— 1981,『近代欧州経済史序説』岩波書店。

大山耕輔 1986,「大型店紛争における通産省・商工会議所の『調整』行動」中野実編著『日本型政策決定の変容』東洋経済新報社：50－78頁。

—— 1996,『行政指導の政治経済学』有斐閣。

## P

ペックマン，ジョセフ・A.・貝塚啓明 1978,「租税」H.パトリック・H.ロゾフスキー編『アジアの巨人・日本 2 財政・金融・租税』（石弘光監訳）日本経済新聞社：203－262頁（原1976）。

ペンペル，T.J.・村松岐夫・森本哲郎 1994,「一党優位制の形成と崩壊」『レヴァイアサン』(1994冬）：11－35頁。

ピオリ，マイケル・J，チャールズ・F・セーブル 1993,『第二の産業分水嶺』（山之内靖・永易浩一・石田あつみ訳）筑摩書房。

ポラ（ン）ニー，カール 1975a,『経済の文明史』（玉野井芳郎・平野健一郎編訳）日本経済新聞社。

—— 1975b,『大転換』（吉沢英成・野口建彦・長尾史郎・杉村芳美訳）東洋経済新報社。

ポランニー，マイケル 1980,『暗黙知の次元』紀伊国屋書店。

—— 1985,『個人的知識』ハーベスト社。

## R

ラムザイヤー，J.・マーク，フランシス・ローゼンブルース 1995,『日本政治の経済学』（加藤寛監訳）弘文堂。
リード，E． 1997,「アフォーダンス：心理学のための生態学」（細田直哉訳）『現代思想』25（7）：220－237頁。
リースマン，デヴィッド 1964,『孤独な群衆』（加藤秀俊訳）みすず書房。

## S

桜井陽二 1985,『フランス政治体制論——政治文化とゴーリズム』芦書房。
斎藤修 1985,『プロト工業化の時代——西欧と日本の比較史』日本評論社。
斎藤貴男 1996,『源泉徴収制度と年末調整制度——納税者の意識を変えられる

か』中央公論社。
佐藤誠三郎・松崎哲久　1986,『自民党政権』中央公論社。
佐藤進　1979,『日本の税金』東京大学出版会。
佐藤進・宮島洋　1990,『戦後税制史（第2増補版）』税務経理協会。
シュルフター，ヴォルフガング　1984,『現世支配の合理主義』（米沢和彦・嘉目克彦訳）未来社。
——　1987,『近代合理主義の成立』（嘉目克彦訳）未来社。
シューマッハー，E.F.　1986,『スモール・イズ・ビューティフル』（小島慶三・酒井つとむ訳）講談社。
シュンペーター，J. A.　1951,『租税国家の危機』（木村元一訳）勁草書房。
関満博　1997,『空洞化を超えて』日本経済新聞社。
関満博・吉田敬一編　1993,『中小企業と地域インキュベーター』新評論。
関満博・新籾育雄編　1997,『21世紀型中小企業の経営戦略』新評論。
関井光男・村井紀・吉田司・柄谷行人　1997,「共同討議　宮沢賢治をめぐって」『批評空間』第2期14号：6－41頁。
仙台商工会議所百年史編纂委員会編　1992,『仙台商工会議所百年史』。
清水義範　1990,『国語入試問題必勝法』講談社。
下川浩一　1990,『日本の企業発展史——戦後復興から50年』講談社。
下平尾勲　1996,『地場産業——地域から見た戦後日本経済分析』新評論。
新藤宗幸　1989,『財政破綻と税制改革』岩波書店。
新川敏光　1989,「国家と社会——制度論的アプローチをめぐって」『法政理論』21（4）。
——　1992,「政策ネットワーク論の射程」『季刊行政管理研究』(59)：12－19頁。
——　1993,『日本型福祉の政治経済学』，三一書房。
——　1994,「社会民主主義再考——スウェーデン研究を手掛かりにして」新潟大学『法政理論』26（4）：64－103頁。
篠田徹　1989,『世紀末の労働運動』岩波書店。
篠原一　1982,『ポスト産業化社会の政治』東京大学出版会。
——　1986,『ヨーロッパの政治——歴史政治学試論』東京大学出版会。
篠原三代平　1976,『産業構造論（第2版）』筑摩書房。
塩原勉　1976,『組織と運動の理論——矛盾媒介過程の社会学』新曜社。
スコチポル，シーダ編著　1995,『歴史社会学の構想と戦略』（小田中直樹訳）木鐸社。
塩田潮　1995,『大蔵事務次官の闘い——斎藤次官迷走の701日』，東洋経済新報社。

添谷育志　1995,『現代保守思想の振幅――離脱と帰属の間』新評論。
ゾンバルト，ヴェルナー　1996,『戦争と資本主義』（金森誠也訳）論創社。
曾根泰教・岩井奉信　1987,「政策過程における議会の役割」日本政治学会編『年報政治学1987　政治過程と議会の機能』岩波書店：149－174頁。
空井護　1993,「自民党一党支配体制過程としての石橋・岸政権（1957－1960年）」『国家学会雑誌』106（1・2）：107－160頁。
寿里茂　1984,『現代フランスの社会構造』東京大学出版会。
鈴木良隆　1992,「チャンドラーとウェーバー」『創文社』（332）：11－14頁。
鈴木良隆・安部悦生・米倉誠一郎　1987,『経営史』有斐閣。
庄子邦幸　1992,「二重構造」大阪市立大学経済研究所編『経済学辞典』岩波書店：1025－1026頁。

## T

館竜一郎　1991,『日本の経済』東京大学出版会。
立花隆　1982,『田中角栄研究　全記録』（上・下）講談社。
田口富久治　1969,「中政連における組織問題」田口『社会集団の政治機能』未来社：202－236（原1960）。
田口富久治・加藤哲郎編　1994,『現代政治の再構成　講座現代の政治学１』青木書店。
高村光雲　1995,『幕末維新懐古談』岩波書店。
高橋洋児　1996,『市場システムを超えて』，中央公論社。
高畠通敏　1997,『地方の王国』，岩波書店。
高崎宗司　1997,『朝鮮の土となった日本人――浅川巧の生涯』草風館（第７刷）。
高崎宗司編　1996,『浅川巧全集』草風舘。
高瀬武典　1991,「組織と集団」今田高俊・友枝敏雄編『社会学の基礎』有斐閣：97－120頁。
竹内洋　1995,『日本のメリトクラシー――構造と心性』，東京大学出版会。
瀧澤菊太郎　1992,「『本質論』的研究」中小企業事業団中小企業研究所編『日本の中小企業研究1980－1989　第１巻』企業共済協会：１－21頁。
田中明彦　1996,『新しい中世』日本経済新聞社。
田中康夫　1980,『なんとなくクリスタル』，河出書房。
田中善一郎　1986,「税制改革の政治学」『ジュリスト』（1986年12月15日）：15－21頁。
建林正彦　1991／1992,「小売流通政策の形成過程――大型店規制政策の変遷と政治」『法学論叢』130（３）：61－82頁；130（５）：75－101頁。

―― 1994,「産業政策と行政」西尾勝・村松岐夫編『講座行政学第３巻 政策と行政』有斐閣：77－114頁。

―― 1995「国家論アプローチを超えて――比較政治経済学における合理的選択制度論の射程」『公共選択の研究』(26) ：45－57頁。

―― 1997「中小企業政策と選挙制度」日本政治学会編『年報政治学1997 危機の日本外交－70年代』岩波書店：177－196頁。

TAX&MONEY 編集部編 1994,『これが税務署のやり口だ！』日本実業出版社。

巽信晴 1992,「企業系列」大阪市立大学経済研究所編『経済学辞典（第３版）』岩波書店：204－205頁。

ターケル，スタッズ 1983,『仕事！』(中山容ほか訳) 晶文社。

寺岡寛 1997,『日本の中小企業政策』有斐閣。

サースク，ジョオン 1984,『消費社会の誕生――近世イギリスの新企業』(三好洋子訳) 東京大学出版会。

遠田雄志 1985,『あいまいだからおもしろい――組織と情報のブリコラージュ』有斐閣。

東北大学法学部法政資料室 1989,「宮城県における自民党県議会議員の代議士系列――1985年県議会議長選挙及び1989年知事選挙をめぐって」『法学』53（４）：65－93頁。

富永健一 1997,『経済と組織の社会学理論』東京大学出版会。

富永健一編 1979,『日本の階層構造』東京大学出版会。

戸塚秀夫・徳永重良編著 1993,『現代日本の労働問題――新しいパラダイムを求めて』ミネルヴァ書房。

鳥越皓一 1994,『地域自治会の研究――部落会・町内会・自治会の展開過程』ミネルヴァ書房。

土屋守章 1989,「情報化と中小企業」土屋・三輪編,『日本の中小企業』東京大学出版会：99－113頁。

土屋守章・三輪芳朗編 1989,『日本の中小企業』東京大学出版会。

辻清明 1969,『日本官僚制の研究（新版）』東京大学出版会。

辻中豊 1988,「税制改革の集団配置」辻中『利益集団』東京大学出版会：173－186頁。

恒川恵市 1996,『企業と国家』東京大学出版会。

鶴見俊輔 1994,『柳宗悦』平凡社。

鶴田俊正 1982,『戦後日本の産業政策』日本経済新聞社。

鶴田俊正・矢作敏行 1991,「大店法システムとその形骸化」三輪・西村編『日本の流通』東京大学出版会：283－324頁。

筒井清忠　1995,『日本型「教養」の運命』, 岩波書店。
筒井清忠編　1997,『歴史社会学のフロンティア』人文書院。

## U

内田健三・金指正雄・福岡政行編　1988,『税制改革をめぐる政治力学――自民優位下の政治過程』, 中央公論社。
内田健三・金原左門・古屋哲夫編　1990,『日本議会史録 6』第一法規出版。
植草益　1982,『産業組織論』筑摩書房。
梅棹忠夫　1997,『行為と妄想――わたしの履歴書』日本経済新聞社。
潮木守一　1997,『京都帝国大学の挑戦』 講談社。

## W

我妻栄　1991,『私法の道しるべ』コンメンタール刊行会。
若田恭二　1981,『現代日本の政治と風土』ミネルヴァ書房。
和田亮介　1998,『扇子商法』中央公論。
和田八束　1991,「『税制改革』と租税特別措置――1980年代」和田『租税特別措置』有斐閣。
渡邉昭夫編　1995,『戦後日本の宰相たち』中央公論社。
渡辺尚・作道潤編　1996,『現代ヨーロッパ経営史――地域の視点から』有斐閣。
渡部純　1993,「インクリメンタリズム再考――ポストプルラリズムの展望下にて」,『東北法学』。
綿貫譲治　1967,「『旧中間層』の政治と意識」綿貫『日本の政治社会』東京大学出版会：115－136頁。
ウェーバー, マックス　1994,『プロテスタンティズムの倫理と資本主義の〈精神〉』(梶山力訳・安藤英治編) 未来社。
ヴェーバー, マックス　1998,『歴史学の方法』(祇園寺信彦・祇園寺則夫訳) 講談社。
ヴィンクラー, ハインリヒ・A　1989,『組織された資本主義』(保住敏彦・近藤潤三・丸山敬一・後藤俊明・河野裕康訳) 名古屋大学出版会。
――　1994,『ドイツ中間層の政治社会史　1871－1990』(後藤俊明・杉原達・奥田隆男・山中浩司訳) 同文舘。
ウィトゲンシュタイン, ルードヴィヒ　1976,『哲学探求』(全集第 8 巻。藤本隆志訳) 大修館。

## Y

柳田利男編　1997,『リマの日系人』明石書房。
山田鋭夫　1991,『レギュラシオン・アプローチ——21世紀の経済学』藤原書店。
——　1993,『レギュラシオン理論——経済学の再生』講談社。
山田信行　1996,『労使関係の歴史社会学——多元的資本主義発展論の試み』ミネルヴァ書房。
山口定　1979,『ファシズム』有斐閣。
——　1985,「戦後日本の政治体制と政治過程」三宅・山口・村松・進藤『日本政治の座標』有斐閣：57－170頁。
山本景英　1980,「昭和初期における中小小売商の窮迫と反百貨店運動」『国学院経済学』28（1）：1－25頁；28（2）：47－102頁。
山本夏彦　1997,『私の岩波物語』文芸春秋。
山之内靖　1995,「方法的序論——総力戦とシステム統合」山之内靖・ヴィクター・コシュマン・成田竜一編『総力戦と現代化』柏書房。
鎗田英三　1992,『ドイツ手工業者とナチズム（第2版)』九州大学出版会。
安原顕　1993,『しつこくふざけんな！』, 図書新聞。
安場保吉・猪木武徳編　1989,『高度成長』岩波書店。
米川伸一編　1977,『経営史』有斐閣。
吉田敬一　1996,『転機に立つ中小企業——生産分業構造転換の構図と展望』新評論。
吉田司　1997,『宮沢賢治殺人事件』太田出版。
吉森賢　1993,「企業経営の思想と行動」原輝史編『フランスの経済』早稲田大学出版部：127－153頁。

# 〔欧文〕

## A

Acs, Zoltan J., Bo Carlsson and Roy Thurik. 1996. *Small Business in the Modern Economy*. Cambridge: Blackwell.
Aoki, Masahiko. 1988. *Information, Incentives, and Bargaining in the Japanese Economy*. Cambridge: Cambridge University Press.
Arian, Alan and Samuel H. Barnes. 1974. "The Dominant Party System: A Neglected Model of Democratic Stability". *The Journal of Politics*.

36(3):592-614.

Ashford, Douglas E. 1982. *Policy and Politics in France: Living with Uncertainty*. Philadelphia: Temple University Press.

B

Bagnasco, Arnaldo and Charles Sable eds. 1995. *Small and Medium-Size Enterprises*. London: Pinter.

Beason, Richard and Dennis Patterson. 1991. "The Political Economy of Government Aid to Small Medium sized Firms and its Impact on Effective Interest Rates". (mimeo)

Bechhofer, Frank and Brian Elliot. 1981. *The Petite Bourgeoisie: Comparative Studies of the Uneasy Stratum*. London: Macmillan Press.

Bell, Daniel. 1988. *The End of Ideology*. (with a new afterword) Cambridge: Harvard University Press.

Bendix, Reinhard. 1996. *Nation-Building and Citizenship: Studies of Our Changing Social Order*. enlarged edition. New Brunwich and London: Transaction Publishers.

Berger, Suzanne. 1972. *Peasant against Politics: Rural Organization in Britanny, 1911-1967*. Cambridge: Harvard University Press.

——ed.1981. *Organizing Interest in Western Europe: Pluralism, Corporatism, and the Transformation and Politics*. Cambridge: Cambridge University Press.

Berger, Suzanne and Michael J. Piore. 1980. *Dualism and Discontinuity in Industrial Society*. Cambridge and London: Cambridge University Press.

Birnbaum, Pierre. 1982. *La Logique de l'Etat*. Paris: Fayard.

Blackmer, Donald L. and Sidney Tarrow eds. 1975. *Communism in Italy and France*. Princeton: Princeton University Press.

Borne, Dominique. 1977. *Petits Bourgeois en Revolte? : Le Mouvement Poujade*. Flammarion.

Braybrook, David and Charles E. Lindblom, 1963. *A Strategy of Decision*. New York: The Free Press.

C

Cain, Bruce, John Farejohn and Morris Fiorina. 1987. *The Personal Vote: Constituency Service and Electoral Independence*. Cambridge: Harvard

University Press.

Calder, Kent E. 1988. *Crisis and Compensation: Public Policy and Political Stability in Japan, 1949-1986.* Princeton: Princeton University Press.

——. 1993. *Strategic Capitalism: Private Business and Public Purpose in Japanese Industrial Finance.* Princeton: Princeton University Press.

Callon, Scott. 1995. *Divided Sun: MITI and the Breakdown of Japanese High-Tech Industrial Policy, 1975-1993.* Stanford: Stanford University Press.

Campbell, John Creighton. 1992. *How Policies Change: The Japanese Government and the Aging Society.* Princeton: Princeton University Press.

Chandler, Alfred. 1977. *The Visible Hand.* Cambridge: Harvard University Press.

Coase, Ronald Harry. 1988. *The Firm, the Market, and the Law.* Chicago: Chicago University Press.

Cox, Gary W. and Mathew D. McCubbins. 1993. *Legislative Leviathan: Party Government in the House.* Berkeley, Los Angels and London: University of California Press.

## D

Dahl, Robert. 1961. *Who governs? : Democracy and Power in American City.* New Haven : Yale University Press.

Dahl, Robert and Charles E. Lindblom. 1976. *Politics, Economics and Welfare.* 2nd ed. Chicago: The University of Chicago Press.

Della Porta, Donatella. 1995. *Social Movements, Political Violence, and the State: Comparative Analysis of Italy and Germany.* Cambridge: Cambridge University Press.

Doeringer, Peter and Michael J. Piore. 1985. *Internal Labor Markets and Manpower Analysis.* New York: M.E. Sharpe.

Dore, Ronald. 1973. *British Factory – Japanese Factory: The Origins of National Diversity in Industrial Relations.* Berkeley and Los Angels: University of California Press.

——. 1987. *Taking Japan Seriously: Confucian Perspective on Leading Economic Issues.* Stanford: Stanford University Press.

## E

Ehrmann, Henry W. 1976. *Politics in France.* 3rd ed. Boston: Little

Brown.

Ehrmann, Henry W. and Martin A. Schain. 1992. *Politics in France.* 5th ed. New York: Harper Collins.

Esping-Andersen, Gøsta. 1985. *Politics against Markets: Social Democratic Road to Power.* Princeton: Princeton University Press.

——. 1990a. *The Three Worlds of Welfare Capitalism.* Cambridge: Polity Press.

——. 1990b. "Single Party Dominance in Sweden: The Saga of Social Democracy". in *Uncommon Democracies: The One Party Dominant Regimes,* ed. by T. J. Pempel. Ithaca and London: Cornell University Press.

## F

Finegold, Kenneth and Theda Skocpol. 1995. *State and Party in America's* New Deal. Madison: University of Wisconsin Press.

Flanagan, Scott C. et al. 1991. *Japanese Voter.* New Haven: Yale University Press.

Friedman, David. 1988. *The Misunderstood Miracle: Industrial Development and Political Change in Japan.* Ithaca and London: Cornell University Press.

## G

Gershenkron, Alexander. 1962. *Economics Backwardness in Historical Perspectives.* Cambridge: The Belknap Press.

Giddens, Anthony. 1987. *The Nation-State and Violence.* Berkeley and Los Angels: University of California Press.

Glassman, Ronald M. 1995. *The Middle Class and Democracy in Socio-Historical Perspective.* Leiden: E. J. Brill.

Goldthorpe, John H. 1984. *Order and Conflict in Contemporary Capitalism.* Oxford: Clarendon Press.

Gourevitch, Peter. 1986. *Politics in Hard Times: Comparative Responses to International Economic Crises.* Ithaca and London: Ccornell University Press.

Gurevich, Aaron. 1995. *The Origins of European Individualism.* Oxford: Blackwell.

## H

Haggard, Stephan. 1990. *Pathways from the Periphery : The Politics Growth in the Newly Industrializing Countries.* Ithaca and London: Cornell University Press.

Hall, John A. ed.1986. *States in History.* Oxford: Basil Blackwell.

Hall, Peter. 1986. *Governing the Economy: The Politics of State Intervention in Britain and France.* New York: Oxford University Press.

Hayward, Jack E. S. 1973. *Governing France: The One and Indivisible Republic.* London: Weidenfeld and Nicolson.

——. 1975. *Planning, Politics and Public Policy: The British, French and Italian Experience.* Cambridge: Cambridge University Press.

Hinrichs, Harley H. 1966. *A General Theory of Tax Structure Change during Economic Development.* Cambridge: The Law School of Harvard University.

Hirshman, Albert O. 1970. *Exit, Voice and Loyalty: Responses to Decline in Firm, Organizations, and the States.* Cambridge: Harvard University Press.

——. 1992. *Rival Views of Market Society and other recent Essays.* Cambridge: Harvard University Press.

Hoffmann, Stanley. 1956. *Le Mouvement Poujade.* Paris: Armand Colin.

Hsiung, Ping-Chun. 1996. *Living Rooms as Factory: Class, Gender, and the Satellite Factory System in Taiwan.* Philadelphia: Temple University Press.

## J

Johnson, Chalmers. 1982. *MITI and the Japanese Miracle: The Growth of the Industrial Policy.* Stanford: Stanford Press.

Johnson, Chalmers, Laura D'Andrea Tyson, and John Zysman eds. 1989. *Politics and Productivity: How Japan's Development Strategy Works.* New York: Harper Business.

Johnson Graduate School of Management. 1997. *Placement Report.* Cornell University.

## K

Kato, Junko. 1995. "Institutions and Rationality in Politics: Varieties of

Neo-Insutitutionalists". *British Journal of Political Science.*

Katzenstein, Peter J. 1978. *Between Power and Plenty.* Madison: University of Wisconsin Press.

——. 1985. *Small States in World Markets: Industrial Polity in Europe.* Ithaca and London: Cornell University Press.

——. *Cultural Norms and National Security: Police and Military in Postwar Japan.* Ithaca and London: Cornell University Press.

Keeler, John T.S. 1987. *The Politics of Neocorporatism in France: Farmers, the State, and Agricultural Policy-making in the Fifth Republic.* New York: Oxford University Press.

Kenny, Martin and Richard Florida.1993. *Beyond Mass Production: The Japanese System and its Transfer to the US.* New York: Oxford University Press.

Kitshelt, Herbert. *The Radical Right in Western Europe: A Comparative Analysis.* Ann Arbor: The University of Michigan Press.

Kotter, John P. 1995. *The New Rules: Eight Business Breakthroughs to Career Success in the 21st Century.* New York: Free Press.

Krasner, Stephen D. 1978. *Defending the National Interest: Raw Materials Investments and U.S. Foreign Policy.* Princeton: Princeton University Press.

Krauss, Eliss S. 1980. "Opposition in Power: The Development and Maintenance of Leftist Government in Kyoto Preference". Pp. 383-424 in *Political Opposition and Local Politics in Japan,* ed. by Kurt Steiner, Ellis S, Krauss, and Scott C. Flanagan. Princeton: Princeton University Press.

## L

Lash, Scott and John Urry. 1987. *The End of Organized Capitalism.* Cambridge: Polity Press.

Levite, Ariel and Sidney Tarrow. 1983. "The Legitimation of Excluded Parties in Dominant Party Systems". *Comparative Politics.*15(3):295-327.

Lindblom, Charles E. 1977. *Politics and Markets: The World Political-Economic Systems.* New York: Basic Books.

Lipsky, Michael. 1980. *Street-Level Bureaucracy: Dilemmas of the Individual in Public Services.* New York: Russel Sage Foundation.

Lowi, Theodore J. 1964. "American Business, Public Policy, Case Studies, and Political Theory". *World Politics,* 16(4) : 677-715.

——. 1970. "Decision Making vs. Policy Making: Toward an Antidote for Democracy". *Public Administration Review,* 30(3) : 314-325.

——. 1972. "Four Systems of Policy, Politics, and Choice". *Public Administration Review,* 32(4) : 298-310.

Luebbert, Gregory. 1986. *Comparative Democracy: Policymaking and Governing Coalitions in Europe and Israel.* New York: Columbia University Press.

——. 1991. *Liberalism, Fascism, or Social Democracy: Social Classes and the Political Origins of Regimes in Interwar Europe.* New York: Oxford University Press.

## M

Macpherson, C. B. 1980. *Burke.* Oxford: Oxford University Press.

Mann, Michael. 1986. *The Source of Social Power.* vol. 1 Cambridge: Cambridge University Press.

——. 1988. *States, War and Capitalism: Studies in Political Sociology.* Oxford: Blackwell.

——. 1993. *The Source of Social Power.* vol. 2 Cambridge: Cambridge University Press.

March, James and Herbert Simon. 1993. *Organizations.* 2nd ed. Cambridge: Harvard University Press.

March, James E and Johan P. Olsen. 1976. *Ambiguity and Choice in Organizations. Bergen,* Oslo and Tromsø: Universitetsforlaget.

——. 1989. *Rediscovering Institutions: The Organizational Basis o Politics.* New York: The Free Press.

McAdam, Doug, John D. McCarthy and Mayer N. Zald eds. 1996. *Comparative Perspectives on Social Movements: Political Opportunities, Mobilizing Structures and Cultural Framings.* Cambridge: Cambridge University Press.

Migdal, Joel S. 1988. *Strong Societies and Weak State: State-Society Relations and State Capabilities in the Third World.* Princeton: Princeton University Press.

Mink, Gwendolyn. 1986. *Old Labor and New Immigrants in American Political Development: Union, Party and State, 1875-1920.* Ithaca and

London: Cornell University Press.

Miwa, Yoshiro. 1995. "Policies for Small Business in Japan". In *The Japanese Civil Service and Economic Development: Catalyst and Change,* ed. by Kim, Hyung-Ki, Michio Muramatsu, T. J. Pempel and Kozo Yamamura. Oxford: Clarendon Press.

Mommsen, Wolfgang J. 1990. *Imperial Germany 1867-1918: Politics, Culture, and Society in an Authoritarian State.* Tr. by Richard Deveson. London: Arnold.

Moore, Barrington, Jr. 1966. *Social Origins of Dictatorship and Democracy: Lord and Peasant in the Making of the Modern World.* Boston: Beacon Press

Muramatsu, Michio and Masaru Mabuchi. 1991. "Introduction a New Tax in Japan". In *Parallel Politics: Economic Policymaking in the United States and Japan,* ed. by Samuel Kernell. Washington D.C. : Brooking Institution.

Musgrave, Richard A. 1969. *Fiscal Systems.* New Haven and London: Yale University Press.

## O

Offe, Claus. 1984. *Contradiction of the Welfare State.* Cambridge: The MIT Press.

Okimoto, Daniel I. 1989. *Between MITI and the Market: Japanese Industrial Policy for High Technology.* Stanford: Stanford University Press.

Olson, Mancur. 1965. *The Logic of Collective Action: The Public Goods and the Theory of Groups.* Cambridge: Harvard University Press.

## P

Pempel, T. J. 1982. *Policy and Politics in Japan: Creative Conservatism.* Philadelphia: Temple University Press.

Pempel, T. J. and K. Tunekawa. 1979. "Corporatism without Power". Pp. 231-270 in *Trends toward Corporatist Intermediation,* ed. by P. C. Schmitter and G. Lehmbruch.

Piore, Michael. 1995. *Beyond Individualism: How Social Demands of the New Identity Groups Challenge American Political and Economic Life.* Cambridge: Harvard University Press.

Piore, Michael J. and Charles F. Sabel. 1983. "Italian Small Business

Development". In *American Industry in International Competition: Government Policies and Corporate Straegies,* ed. by John Zysman and Laura Tyson. Ithaca and London: Cornell University Press.

——. 1984. *The Second Industrial Devide: Possibilities for Prosperity.* New York : Basic Books.

## R

Ramseyer J. Mark and Frances Rosenbluth. 1993. *Japan's Political Market Place.* Cambridge: Harvard University Press.

——. 1995. *The Politics of Oligarchy: Institutional Choice in Imperial Japan.* Cambridge: Cambridge University Press.

## S

Sable, Charles F. 1982. *Works and Politics: The Division of Labor in Industry.* Cambridge: Cambridge University Press.

Salisbury, Robert H. 1975. "Interest Group". Pp. 171-228 in *Handbook of Political Science.* vol.4. Addison-Wesley.

Samuels, Richard J. 1987. *The Business of the Japanese State : Energy Markets in Comparative and Historical Perspective.* Ithaca and London: Cornell University Press.

Schain, Martin A. 1985. *French Communism and Local Power: Urban Politics and Political Change.* London: Frances Pinter.

Schmitter, P. C and G. Lehmbruch eds. 1979. *Trends toward Corporatist Intermediation.* Beverly Hills: Sage Publications.

Sheridan, Kyoko.1993. *Governing the Japanese Economy.* Polity Press.

Simon, Herbert.1976. *Administration Behavior: A Study of Decision-Making Processes in Administrative Organization.* 3rd ed. New York: The Free Press.

Skocpol, Theda. 1992. *Protecting Soldiers and Mothers: The Political Origins of Social Welfare Policy in the United States.* Cambridge: Belknap Press.

Smith, Dennis.1991. *The Rise of Historical Sociology.* Cambridge: Polity Press.

Steinmo, Sven. 1989. "Political Institution and Tax Policy in the United States, Sweden and Britain", *World Politics.* 41(4):500-535.

——.1993. *Taxation and Democracy: Swedish, British and American*

*Approach to Financing the Modern State.* New Haven and London: Yale University Press.

Steinmo, Sven, Kathleen Thelen and Frank Longstreth eds. 1992. *Structuring Politics: Historical Institutionalism in Comparative Analysis.* Cambridge: Cambridge University Press.

T

Tarrow, Sidney. 1994. *Power in Movement: Social Movements, Collective Action and Politics.* Cambridge: Cambridge University Press.

——. 1996. "States and Opportunities: The Political Structuring of Social Movements". Pp. 44-61 in *Comparative Perspectives on Social Movements: Political Opportunities, Mobilizing Structures and Cultural Framings,* ed. by Doug McAdam, John D. McCarthy and Mayer N. Zald. Cambridge: Cambridge University Press.

Thoreau, Henry D. 1966. *Walden and Resistance to Civil Government.* New York: W. W. Norton & Company.

Thompson, E. P. 1955. *William Morris: Romantic to Revolutionary.* London: Merlin Press.

——. 1991. *The Making the English Working Class.* (1st : 1963). London: Penguin Books.

——. 1993. *Customs in Common.* London: Penguin Books.

Tilton, Mark.1996. *Restrained Trade : Cartel in Japan's Basic Materials Industries.* Ithaca and London: Cornell University Press.

Tocqueville, Allexis de. 1955. *The Old Regime and French Revolution.* tr. by Stuart Gilbert. New York: Doubleday.

Trimberger, E. K. 1978. *Revolution from Above.* Transaction Press.

U

Uriu, Robert M. 1996. *Troubled Indutries: Confronting Economic Change in Japan.* Ithaca and London: Cornell University Press.

W

Wade, Robert. 1990. *Governing the Market: Economic Theory and the Role of Government in the East Asian Industrialization.* Princeton: Princeton University Press.

Wharman, Dror. 1995. *Imaging the Middle Class: Political Representation*

*of Class in Britain, c. 1780-1840.* Cambridge: Cambridge University Press.

Weaver, R. Kent and Bert A. Rockman. 1993. "Assessing the Effects of Institutions". Pp. 1-41 in *Do Institutions Matter?: Government Capabilities in the United States and Abroad,* ed. by R. Kent Weaver and Bert A. Rockman. Washington D.C. : the Brooking Institution.

Webber, Carolyn and Aaron Wildavsky. 1986. *A History of Taxaion and Expenditure in the Western World.* New York: Simon and Schuster.

Weber, Max. 1991. *Die Protestantische Ethik I.* (8., durchges. Aufl.). Hamburg: Gütersloher Verlagshaus.

Weiss, Linda. 1988. *Creating Capitalism: The State and Small Business since* 1945. Oxford: Basil Blackwell.

Weiss, Linda and John M. Hobson. 1995. *States and Economic Development: A Comparative Historical Analysis.* Cambridge: Polity Press.

Williams, Raymond. 1958. *Culture and Society, 1780-1950.* Chatto & Windus.

Williamson, Oliver E. 1979. *Markets and Hierarchies: Analysis and Antitrust Implications.* New York: The Free Press.

——. 1985. *The Economics Institutions of Capitalism: Firms, Markets, Relational Contracting.* New York: The Free Press.

——. 1996. *The Mechanism of Governance.* New York: Oxford University Press.

Wolferen, Harel van. 1989. *The Enigma of Japanese Power.* London: Macmillan.

## Y

Yoffie, David B. 1983. *Power and Protectionism: Strategies of the Newly Industrializing Countries.* New York: Columbia University Press.

## Z

Zeigler, Harman. 1979. *The Politics of Small Business.* New York : Arno Press.

Zysman, John. 1983. *Governments, Markets and the Growth: Financial Systems and the Politics of Change.* Ithaca: Cornell University Press.

## 著者略歴

渡部　純（わたなべ　じゅん）

1962年　宮城県仙台市生
1986年　東北大学法学部卒業
1991年　新潟大学大学院法学研究科修了
1995年　東北大学大学院法学研究科退学
1993-1998年　日本学術振興会特別研究員
1999年　京都大学博士（法学）
現　在　京都大学法学研究科研修員

企業家の論理と体制の構図

2000年３月28日第一版第一刷印刷発行©

著者との了解により検印省略

著者　渡部　純
発行者　能島　豊
発行所　㈲木鐸社
印刷　㈱アテネ社　製本　関山製本社
〒112-0002　東京都文京区小石川5-11-15-302
電話・ファックス（03）3814-4195番　振替　00100-5-126746

乱丁・落丁本はお取替致します。

ISBN4-8332-2289-2-C3031